톡톡
Talk? Talk!

누구나 쉽게 따라할 수 있는 프로젝트 수업

프로젝트 학습으로
배움을 두드리다

누구나 쉽게 따라할 수 있는 프로젝트 수업

프로젝트 학습으로 배움을 두드리다

발행일	2018년 7월 1일 초판 1쇄 발행
지은이	최미리나, 이성준, 김지원, 조수지, 심혜민
발행인	방득일
편 집	신윤철, 박현주, 박정화, 문지영
디자인	강수경
마케팅	김지훈
발행처	맘에드림
주 소	서울시 도봉구 노해로 379 대성빌딩 902호
전 화	02-2269-0425
팩 스	02-2269-0426
e-mail	momdreampub@naver.com

ISBN 978-89-97206-99-5 93370

Talk? Talk!

누구나 쉽게 따라할 수 있는 프로젝트 수업

프로젝트 학습으로 배움을 두드리다

최미리나 ·이성준 ·김지원
조수지 ·심혜민   지 음

맘에드림

자발적 배움을 두드리는 프로젝트 학습

교사에게 가장 중요한 덕목은 무엇일까? 그것은 바로 수업 능력이 아닐까? 4차 산업혁명을 이끌어갈 미래 인재들을 길러내야 할 교사들에게 있어 학생들이 자발적으로 탐구하며 배움에 임하게 만드는 수업 방법을 찾는 것이야말로 더없이 중요한 과제일 것이다. 그리고 이 책은 그 답을 프로젝트 수업에서 찾으려고 한다!

교직 # 1
엉망진창 초보 교사… 수업으로 REPLAY!

교직에 첫발을 내딛던 그 설렘 가득한 순간을 떠올리면, 아마 누구나 마음속에 나름대로 이상적인 교사상 하나쯤은 가지고 있었을 것입니다. 저에게도 그런 교사상이 존재했습니다. 바로 아이들에게 꿈과 희망을 심어주는 교사가 되는 것! 발령을 받기도 전에 수도 없이 교사로서의 제 모습을 떠올리며 설레곤 했지요. 친절하고 다정한 선생님, 아이들에게 관심과 사랑을 주는 선생님, 아이들과 함께 행복한 학교생활을 하는 선생님… 그런 모습이 제 미래의 모습일 거라 착각하며 설레는 마음으로 발령받았던 때가 떠오릅니다.

그러나 막상 현실은 너무나 달랐습니다. 전 그저 모든 게 낯설고 어설프며 학교 업무 하나 제대로 이해하고 처리하는 것조차 버거운 초보 교사일 뿐이었으니까요. 또한 아이들도 어떻게 지도해야 할지 전혀 감을 잡지 못해 막막하기만 했습니다. 나름대로 노력한다고 좌충우돌하던, 무질서하고 모든 게 엉망이던 제 초임 시절 교실 안 모습들이 문득 떠오릅니다. 저는 그 안에서 아이들에게 꿈과 희망을 주는 교사는커녕 모든 잘못을 아이들 탓으로 돌리며, 매일매일 그들과 전쟁을 치르는 심정으로 그저 시간만 보내는 나쁜 교사가 되어가고 있었습니다. 교직에 입문할 때 가졌던 꿈이나 희망은 사라진 지 오래였고, 그저 하루하루를 힘들게 버티기에 급급했던 시절이었습니다.

그 뒤로 연이어 4년을 제대로 망치고 나니 '교사로서가 아니라 한 인간으로서 과연 난 무엇을 할 수 있는 사람인가?' 하는 생각과 함께 자괴감마저 들었던 게 사실입니다.

바로 그때 저에게 운명 같은 기회가 찾아왔습니다. 그 기회란 바로 교과전담 교사였지요.

교과전담교사를 하면서 교직 생활 5년 만에 처음으로 수업에 대해 제대로 고민하고 준비해서 임하게 되었습니다. 당시 매번 무질서한 학급 분위기 속에서 싸우고 우는 아이들만 보다가 준비된 수업 활동을 통해 즐거워하고 행복해하는 아이들을 보니 저 또한 너무나 흐뭇하고 행복했습니다. 그 시기를 통해 행복한 교직 생활을 하려면 무엇보다 수업 능력을 갖추는 게 제일 중요하다는 것을 뼈저리게 깨닫게 된 저는 그때부터 지금까지 좋은 수업을 만들기 위해 부단히 준비하고 노력해왔다고 자부합니다.

교직 # 2
수업에 대한 뼈저린 반성과 프로젝트 학습과의 만남

그렇게 몇 년간 열심히 수업을 준비하고 실행한 결과 아이들로부터 수업에 대한 칭찬과 호평을 많이 듣게 되었습니다. 그런데 아이들이 제 수업을 기다린다는 말이나 수업을 잘한다는 말을 많이 듣게 되다 보니, 어느덧 저만의 편한 수업 방식을 고집하는 버릇이 생겨버리고 말았습니다.

도입은 어떻게 하고 전개는 어떤 활동을 넣고 자료는 이렇게 준비하고 마무리는 이렇게 하고, 그러면 아이들 대부분의 반응은 열광적이었고, 수업에서 아이들이 너무나 즐거워하는 모습이 보였습니다.

하지만 이렇게 몇 년간 수업을 하다 보니 또다시 뭔가 문제가 있다는 생각이 들었습니다. 아이들의 기대치를 맞추려고 나름 수업 준비는 열심히 하는데, 정작 아이들의 '배움'은 뒤로한 채 아이들의 '흥미'에만 초점을 맞춰 수업을 구성하고 있는 제 모습을 발견한 거죠. 나름 잘하고 있다며 자만하고 있었는데, 막상 제 수업을 찬찬히 돌아보니 겉만 화려하고 알맹이는 남는 게 없는, TV 프로그램으로 치면 가벼운 시간 때우기용 예능 같은 수업을 하고 있었던 것입니다.

'이게 정말 제대로 가르치는 건가?', '이게 과연 좋은 수업인가?', '이렇게 수업을 하면 내 수업을 통해 과연 아이들은 무엇을 배울 수 있는가?' 하는 회의와 반성이 교직 생활 15년 만에 처음으로 뼈저리게 들었던 순간이었습니다.

그러는 사이 교육 패러다임도 전환되고 있었습니다. 미래를 살아갈 수 있는 역량을 갖춘 학습자로 키워주는 것이 교육의 화두로 떠오른 것입니다. 저 역시 수업 방법을 바꿔 아이들에게 스스로 배움이 일어나는 교육을 해야 한다는 생각이 절실하던 때였습니다. 그리고 그때 관심을 갖게 된 수업 방법이 바로 프로젝트 학습입니다.

프로젝트 학습은 학생들이 학습할 흥미와 가치가 있는 주제를 선정해 스스로 필요한 정보와 자료를 찾아서 공부하고, 서로 다양한 생각을 나누면서 특정 주제에 대해 깊이 있는 학습 활동이 이루어집니다. 그렇기 때문에 프로젝트 학습만큼 학습자가 주체인 교육도 없다는 확신이 들었습니다.

교직 # 3
6학년 드림팀과 함께 학년 전체 프로젝트 학습 도전기

사실 저는 예전에도 프로젝트 수업을 많이 해보았습니다. 다만 그동안은 '○○ ○ 프로젝트'라는 식으로 이름만 거창하게 붙이고, 특정 단원을 배우는 과정에서 활동 시간이 부족하면 활동지 몇 장을 던져주고 모둠끼리 조사해와서 발표하라는 과제 형식으로 진행했지요. 그 결과 정작 학습동기를 불러일으켜서 스스로 탐구하게 만들어 지식을 구성해나가는 프로젝트 학습의 장점은 제대로 살리지 못한 채, 학생들에게 부담스러운 과제만 강요하는 시간이 되었던 것 같습니다. 그래서 앞으로는 프로젝트 학습의 의미를 살려 프로젝트 학습 방법을 좀 더 연구하여 학생들의 역량을 키워줄 수 있는 제대로 된 프로젝트 수업을 진행해보자는 생각을 하게 되었습니다.

여기에서 제일 먼저 든 생각은 '어떻게 학생들이 스스로 탐구를 하게 만들까?', '어떻게 학생들에게 탐구해보고 싶다는 생각을 하게 만들까?' 하는 것이었죠. 우선 학생들이 원하는 교과를 선택해 프로젝트 학습을 진행하면 이 자체가 가장 큰 동기부여가 되지 않을까 하는 생각이 들었습니다. 그래서 같은 학년 선생님들과 함께 여러 교과로 나누어 프로젝트 수업을 진행해보고 함께 연구하여 의미 있는 수업으로 만들어보고 싶었습니다.

이러한 뜻을 같은 학년 선생님들께 전달했더니 다들 흔쾌히 한번 해보자며 마음을 모으게 되었습니다. 그래서 각 선생님들의 흥미와 전문성을 고려해 국어, 사회, 미술, 음악, 영어 5개 교과를 나누어 맡아 프로젝트 학습을 지도하게 된 것입니다.

프로젝트 학습에 그다지 전문적이지 않은 5명의 교사가 모여서 함께 공부하고, 또 서로 아이디어를 나누고, 각 차시별 수업에 대해 함께 준비하고 함께 성찰하면서 우리만의 프로젝트 수업을 만들어나갔습니다. 지도하는 과정에서 어렵고 힘든 부분도 많았고 시행착오도 많이 겪었지만, 학생들에게 역량을 키워줄 수 있는 학습자 중심 교육을 실현한다는 자부심과 또 학생들이 프로젝트 학습 과정에서 변화하는 모습에 보람을 느끼며 모두 한마음이 되어 열정적으로 연구하고 지도했습니다.

수업을 지도하는 과정에서 매 순간 느끼게 된 것은 '프로젝트 학습이야말로 학생들 스스로 배움이 일어나게 하는 가장 효과적인 수업 방법이다!'라는 것과 '교사가 노력하고 준비한 만큼 학생들에게 의미 있는 변화를 불러일으키는 것이 프로젝트 학습이다!'라는 것이었습니다.

교직 # 4
우리만의 노하우를 담은 프로젝트 수업 책 탄생기

사실 프로젝트 수업 방법에 대한 책을 쓴다는 것은 우리 집필진한테는 다소 무모한 도전이었습니다. 대부분 교육용 도서의 저자 분들은 그 분야에서 나름

유명하고 또 깊은 전문적인 지식을 가진 분들이라는 것을 잘 알고 있기 때문입니다. 하지만 교육현장에서는 원론적인 내용을 다룬 책들도 필요하지만, 수업에 바로 적용할 수 있는 실전용 책들도 많이 필요한 게 사실입니다.

프로젝트 학습에 대해 열심히 연구해서 나름의 방법을 터득해나가며 프로젝트 수업을 실천하다 보니, 우리가 만든 프로젝트 학습 방법이나 시행착오를 통해 겪었던 교수-학습 방법들을 엮어서 실전용 책을 만들면 프로젝트 수업에 도전해보고 싶은 현장의 많은 교사들에게 분명 도움이 될 거라는 생각이 들었습니다. 또한 프로젝트 수업을 연구하면서 어려웠던 점 중에 하나가 프로젝트 수업에 참고할 만한 실전용 책들이 별로 많지 않으며, 이미 시중에 출판된 프로젝트 학습에 관한 책은 대부분 번역서가 많다는 것이었습니다. 이에 우리 집필진들은 현장에 있는 교사들이 바로 수업에 활용할 수 있고, 누구나 쉽게 읽고 따라해보고 싶은 프로젝트 수업 책을 만들어보기로 의기투합했습니다.

교직 # 5
《톡?톡! 프로젝트 학습으로 배움을 두드리다》 이렇게 활용하세요!

이 책은 10차시로 프로젝트 학습을 할 수 있도록 집필했습니다. 프로젝트 학습을 10차시로 계획해 차시별로 책에 나온 수업 방식을 그대로 한번 따라해본다면 프로젝트 학습에 대한 감을 익히는 데 분명 도움이 될 거라고 생각합니다.

또한 프로젝트 학습은 단기, 중기, 장기 등 다양한 차시로 구성해서 진행할 수 있는 만큼 꼭 이 책처럼 10차시로 해야 하는 것은 아닙니다. '계획하기-탐구하기-발표하기'를 기본적인 프로젝트 학습 단계로 두고 차시는 각 프로젝트의 특성에 맞게 얼마든지 조정해서 수업을 진행할 수 있습니다. 프로젝트의 계획이나 진행 단계에서 아이디어를 얻거나 프로젝트 학습에 필요한 여러 자료들을 제작하고 싶을 때, 프로젝트 수업을 진행하면서 어려움을 겪을 때 이 책을 한번 활용해보기 바랍니다!

교직 # 6
좋은 수업을 꿈꾸는 모든 선생님들에게

초임 시절, 저는 정말 좋은 교사가 되고 싶었지만 그 방법을 잘 몰랐던 것 같습니다. 혹시 학급의 규칙이 문제인가 싶어 여러 가지 규칙을 만들어보기도 하고, 상벌제도를 다양하게 시행해보기도 하고, 아이들에게 여러 가지 이벤트를 마련해보기도 했지만 하나같이 다 실패하고 말았지요. 여러 번 실패를 반복하면서 든 생각은 '혹시 나에게 교사로서 자질이 없는 건 아닐까?' 하는 절망적인 의문이었습니다.

그렇게 몇 년의 뼈아픈 실패를 거치고 나서야 결국 교사의 자질 중 가장 핵심은 '수업 능력'을 키우는 것이라는, 너무나 기본적인 사실을 겨우 깨닫게 된 것입니다. 그래서 수년간 정말 제가 쓸 수 있는 거의 모든 시간을 수업 준비에 쏟았다고 해도 과언이 아닐 만큼 수업에 대해 진심으로 고민했고, 잘하려고 노력해왔습니다. 그 덕분에 수업을 통해 환희와 보람도 맛볼 수 있었지요. 그러면서 확신하게 된 건 수업만으로 충분히 학생들의 마음을 사로잡을 수 있다는 것입니다.

"좋은 수업이란 무엇일까?"

이 질문에 대한 답은 사람마다 의견이 분분할 것입니다. 그리고 사실 정답도 없는 질문이기도 합니다. 하지만 제 나름대로 생각해볼 때, 좋은 수업이란 준비한 수업이라고 생각합니다. 교사가 수업을 잘 기획하고 준비할 때 그 수업에 생명력이 생긴다고 생각합니다.

성심껏 수업을 준비해서 좋은 수업을 만들었을 때의 그 희열과 보람을 느껴본 교사라면 누구나 수업을 잘 준비해서 가르치는 것이 얼마나 행복한 일인지 잘 알고 있을 것입니다. 특히 제대로 준비된 프로젝트 수업에 도전해본다면 아마 그 보람과 희열은 다른 어떤 수업보다 클 거라고 확신합니다!

뭐든 열심히 하면 잘할 수 있습니다. 잘하면 하고 있는 일이 즐거워집니다. 그리고 하는 일이 즐거워지면 인생이 행복해집니다!

현장에서 행복한 교사가 되고 싶나요? 그럼, 수업을 준비하십시오! 준비하는 만큼 학생들과의 수업이 행복해질 것입니다!

저자 대표

최미리나

목 차

3장 도전! 프로젝트 수업 10차시 무작정 따라하기

4장 실전! 교과별 프로젝트 수업 따라잡기

1장

시작!
프로젝트 수업 이해하기

대다수의 학생들은 공부에 재미를 느끼지 못한다. 학생들에게 '공부에 대해 떠오르는 이미지를 물어보면

아마도 하기 싫은 일, 귀찮은 일, 미루고 싶은 일, 어려운 일 같은 대답이 이어질 것이다. 그 이유는 무엇

일까? 또 왜 대부분의 학생들은 학교에서 배운 내용들을 지루하고 따분하게 여기며, 전혀 도움이 되지 않

는다고 생각하는 걸까? 아이들이 그렇게 생각하는 이유는 그들이 학교에서 배우는 지식이 자신의 삶과

분리되어 있기 때문이다. 프로젝트 수업은 아이들의 배움이 아이들의 삶과 분리되지 않는 데 초점을 맞

춘 살아 있는 수업을 지향한다.

Why PBL?
What PBL?

"선생님, 이건 왜 배워요?"

"선생님, 공부는 왜 해야 해요?"

수업을 하다 보면, 학생들은 간혹 위와 같은 질문을 던지곤 한다. 위 질문에 담긴 함축적 의미를 해석하면 '이 지식을 배워봤자 아무 쓸모도 없는데 굳이 배울 필요가 있느냐'는 뜻이 담겨 있다. 제대로 활용할 수 없으니 굳이 배워야 할 필요성을 느끼지 못하는 것이다.

학생들이 이런 질문을 하면 나는 아이들에게 공부하는 이유를 역으로 다시 물어본다. 이 질문에 대한 학생들의 답변이 혹시 예상되는가? 학생들은 좋은 대학에 가기 위해서, 좋은 직장을 얻기 위해서, 돈을 많이 벌기 위해서, 꿈을 이루기 위해서, 시험 잘 보기 위해서 등 다양한 이유를 이야기한다. 그러나 '공부가 재미있어서' 또는 '배우는 것이 즐거워서'라고 답하는 학생은 그동안 만나보지 못했다. 프로젝트 수업을 만나기 전까지는 말이다.

만약 학생이 교사인 여러분에게 이렇게 질문을 한다면, 어떻게 대답해주시겠는가? 그저 "공부해두면 언젠가는 다 쓸모가 있을 거야!"라고 대답해줄 것인가?

아이들은 왜 공부를 재미없어 하는가?

한 가지 질문을 더 해볼까 한다. 학생들에세 공부란 무엇일까? 학생들에게 공부는 어떤 의미일까? 혹시 공부를 떠올렸을 때, 지루함이나 걱정, 불안, 시험, 성적, 엄마, 잔소리 등과 같은 단어들이 떠오르지는 않았는가? 2016년 2월 15일 EBS에서 〈다큐프라임〉 '공부의 재구성: 세계의 PBL'이란 프로그램이 방영되었다. 전 세계에서 진행되고 있는 프로젝트 학습에 대한 내용이었다. 방송에 나오는 학생들은 하나같이 모두 공부에 대해 이렇게 이야기한다. 공부가 즐겁고, 공부를 하면 할수록 재미있고 신이 난다고 말이다. 신기하지 않은가? 대체 무엇이 공부를 즐겁고 재미있는 것으로 만든 것일까?

하지만 불행하게도 대다수의 학생들은 공부에 그다지 재미를 느끼지 못한다. 그 이유는 무엇일까? 또한 왜 대부분의 학생들은 학교에서 배운 내용들을 지루하고 따분하게 여기며, 전혀 도움이 되지 않는다고 생각하는 걸까?

학생들이 그렇게 생각하는 이유는 그들이 학교에서 배우는 지식이 자신의 실제적 삶(맥락)과 분리되어 있기 때문이다. 단지 지식을 위한 지식이라든지, 시험을 위한 지식으로 여겨질 뿐 사람이 살아가면서 배워야 할 필요한 지식들이 아니기 때문에 재미도 못 느끼고 일상생활과도 연결시키지 못하는 것이다.

또한 교사 중심의 일방적 지식 전달 수업은 학생을 수동적인 존재로 만들었다. 여러분도 학창 시절을 한 번 떠올려보라. 초등학교, 중학교, 고등학교, 대학교를 거치는 동안 어떤 수업이 기억에 남아 있는가? 아마도 자신이 직접 참여하고 행동하고 움직인 수업일 것이다. 예컨대 어떤 모임에 갔을 때 그 모임에서 사람들과 말도 많이 하고 자유롭게 활동할수록 그 모임은 더 재밌고 다음에 또 참여하고 싶은 마음이 들 것이다. 만약 모임에 참여했는데 다른 사람이 일방적으로 늘어놓는 이야기만 듣다가 와야 한다면, 아마 다시는 그 모임에 참여하고 싶지 않을 것이다. 학생들도 마찬가지이다. 수업 활동에 주도적으로 직접 참여해서 말하고 행동해야 더 재미있고 즐겁다고 느낀다. 그렇다면 우리는 무엇을, 어떻게 가르쳐야 할까?

배움이 아이들의 삶과 동떨어져서는 안 된다

우선 지식이 사용되는 상황과 함께 지식 그 자체를 목적이 아니라 도구로서 가르쳐야 한다. 즉 실제 생활 속에서 접할 수 있고 일어날 수 있는 문제, 지식을 활용하고 적용할 수 있는 과제를 다루는 수업을 해야 하는 것이다. 실제적인 과제는 학생의 경험과 맞닿아 있기 때문에 친숙하고 이해하기도 쉬워서 동기가 부여된다. 또한 배운 내용을 실제적 상황에 적용함으로써 지식의 전이가 일어나며 과제를 해결하면서 고차원적 사고력을 키울 수 있다.

실제적 과제를 다루며, 학습자의 맥락과 상황 속에서 학습을 할 수 있는 방법이 바로 이 프로젝트 학습(PBL: Project Based Learning)이다. 1960~1970년대 미국에서는 학습자 스스로가 지식을 끊임없이 구성하며 만들어나가는 구성주의가 등장하는데, 이러한 구성주의의 실천으로 2000년대 재조명된 교수-학습법이 바로 이 프로젝트 학습이다. 미국의 교육학자 존 듀이가 말하는 실천학습(Learning by doing)을 가장 잘 구현하고 있는 학습법이기도 하다.

강의가 중심이 되는 수업의 한계에 대한 인식이 높아지면서 교육 현장에서 프로젝트 학습법이 강조되고 있다. 프로젝트 학습은 학습자에게 실질적인 문제를 제시하고 이를 공동으로 해결하는 과정에서 스스로 학습이 이뤄지게 하는 학습자 중심의 학습을 의미한다. 이 교육 방법은 옥스퍼드, 케임브리지 대학의 튜토리얼을 기반으로 미국의 배로우(H. Barrow) 교수에 의해 처음 정리되었다. 그는 프로젝트 학습을 다음과 같이 정의했다.

> 학습자들에게 실제적인 문제를 제시하고, 그 제시된 문제를 해결하기 위해 학습자들 상호간에 공동으로 문제해결 방안을 강구하고, 개별 학습과 협동 학습을 통해 공통의 해결안을 마련하는 일련의 과정에서 학습이 이루어지게 되는 학습 방법이다(1985).

프로젝트 학습으로 만드는 수업은 교사가 주도해서 강의식, 주입식으로 가르쳤던 정형화된 수업 방식의 틀을 깬다. 즉 실생활 프로젝트를 통해 학생이 주

그림 1-1 미래 핵심 역량 4Cs

도적으로 문제를 이해하고 협동하며 풀어가는 방식으로 진행되는 것이다.

다양한 지식이 넘쳐 나고 창의융합의 4차 산업혁명 시대에는 '무엇을 할 수 있는가?'에 대한 관심이 더욱 높아지고 있다. 또한 막대한 양의 정보와 지식을 기억하기보다는 그것을 활용해 실생활에서 직면하게 되는 문제를 얼마나 잘 해결할 수 있느냐 하는 쪽으로 초점이 옮겨가고 있다. 이런 관점에서 볼 때 학습자의 자기주도적인 협력과 문제해결이 바탕이 되는 프로젝트 학습은 상당한 의미를 가진다고 할 수 있다. 프로젝트 학습을 통해 21세기 미래 핵심 역량으로 꼽히는 4Cs(Creativity·창의력, Communication·의사소통 능력, Critical Thinking·비판적 사고력, Collaboration·협업 능력)를 키울 수 있기 때문이다.

프로젝트 학습 vs 프로젝트 수업

프로젝트 학습과 프로젝트 수업은 같은 의미이지만 주체에 따라서 부르는 이름이 달라진다. 수업을 계획하고 진행하는 교사의 입장에서는 프로젝트 수업, 배우는 학생의 입장에서 프로젝트 학습이라고 부르지만, 혼용되어 활용되고 있다.

2

프로젝트 수업은
어떤 수업인가?

물고기 한 마리를 준다면 하루밖에 살지 못하지만

물고기 잡는 방법을 가르쳐준다면 한평생을 살아갈 수 있다.

- 유태인 속담

지금까지 교실에서 해온 수업은 비유하자면 물고기 한 마리를 주는 수업이었다. 그런데 물고기를 주는 것보다 물고기를 어떻게 잡는지 그 방법을 알려주는 것이 훨씬 더 중요하다.

학생들이 살아가면서 배우고 알아야 할 지식의 양은 셀 수 없을 만큼 많다. 그러나 학교에서 배우는 지식의 양은 한정되어 있다. 그렇기 때문에 지식을 전달해주는 것도 중요하지만, 직접 자신이 알고 싶고 배우고 싶은 분야에 대해 스스로 탐구할 수 있는 방법을 가르치는 것이 훨씬 더 중요하다. 프로젝트 학습이야말로 물고기를 잡는 방법을 알려주는, 지식을 탐구하는 방법을 습득하고 배우는 학습법이다.

다음 표에서 볼 수 있듯이 프로젝트 수업을 전통적인 수업과 비교해보면 그 특성을 더 잘 이해할 수 있다.

표 1-1 전통적인 수업과 프로젝트 수업의 비교

전통적인 수업	VS	프로젝트 학습
지식 전달부터 시작	학습의 시작	문제로부터 시작
수업 내용을 잘 이해했는지 확인하기 위한 구조적, 인위적, 단순한 문제	문제의 성격	전문가의 사고 과정 및 문제해결 능력을 반영한 복잡하고 실제적인 문제
교수자 중심	학습자 환경	학습자 중심
지식 전달자	교사의 역할	안내자, 조력자, 코치
전체 학습, 모둠 활동	활동 모습	팀 활동, 자기주도적 학습
결과 중심 평가	평가의 성격	과정 중심 평가

학습의 시작이 다르다!

전통적인 수업은 학습목표가 있고, 그 목표에 수반하는 배워야 할 학습내용이 있다. 이에 교사는 교과서와 활동지 그리고 여러 교구들을 활용해 학생들에게 지식을 전달한다. 이때가 학습이 시작되는 때이다. 이러한 수업에서 교사는 학습내용을 최대한 쉽게 그리고 효율적으로 가르치는 것이 중요하다. 학생은 중요한 내용에 체크해가며 필기도 하고 반복해서 이야기하거나 암기한다.

  하지만 프로젝트 수업은 학생들에게 문제를 제시하는 것부터 학습이 시작된다. 즉 문제를 접한 학생들은 문제를 해결하기 위해 스스로 공부하고 탐구한다. 예를 들어 6학년 1학기 국어-㉮ '5. 광고 읽기' 단원을 배운다고 생각해보자. 만약 전통적인 수업이라면, 광고의 표현 특성에 대해 배우고, 광고의 신뢰성을 평가하는 방법에 대해 배우고, 광고의 신뢰도를 평가해보고, 광고를 만들게 될 것이다. 그러나 프로젝트 수업에서는 학생들에게 먼저 다음과 같은 문제를 제시함으로써 학습을 시작한다.

당신은 광고 제작사에서 근무하는 광고 제작자입니다.

어느 날 TV에서 초등학교 학생 간 학교폭력에 관한 뉴스가 보도되었습니다. 초등학교에서 학교폭력이 발생하는 횟수가 점점 늘어나고 있고, 폭력의 방법도 다양해지고 있으며, 폭력의 심각성도 더 깊어진다는 것이었습니다.

뉴스를 보고 나서 당신은 학교폭력을 줄이고 예방할 수 있는 광고를 제작해야겠다는 생각을 하게 되었습니다.

어떤 광고를 제작할 것인지, 광고 제작 계획서를 작성하고 학교폭력 예방 광고를 제작하여 직접 초등학생들에게 광고를 보여주십시오.

프로젝트 학습에서 학생들은 문제가 제시된 후에 문제를 이해하고, 문제 속에서 중요하게 생각해야 할 부분을 고려하면서 문제를 해결하기 위해 아이디어를 공유한다. 그리고 학습해야 할 내용들을 파악하고 자료 수집 및 학습 계획을 세우는 것이다.

문제의 성격이 다르다!

[1]전통적인 수업에서 문제는 그 시간에 학습한 내용을 잘 이해했는지 확인하기 위해서 제시된다. 즉 수업 중간 혹은 수업을 정리하면서 보는 평가가 바로 그것이다. 학습한 내용에 대한 확인 문제이므로 단순하며, 평가를 위해 만든 문제이므로 인위적이고 구조적인 성격을 띤다. 예컨대 '광고의 표현 특성에 대해 서술하시오'와 같이 정답이 정해져 있어 주어진 상황과 관계없이 출제자가 정해놓은 답만이 정답으로 인정되며, 그 외의 다른 정답과 정보는 불필요하다.

---

1. 강인애·정준환·정득년, 《PBL의 실천적 이해》, 문음사, 2007

반면 프로젝트 학습에서 제시되는 문제는 왼쪽에 제시되었던 광고 제작 프로젝트의 문제처럼 구체적이고 실제적인 상황과 관련되어 있어 맥락성을 띠고 있다. 또한 비구조적인 성격을 지닌다. 비구조적인 문제는 문제를 파악하는 것이 쉽지 않고 학습자마다 해결 방안이 다를 수 있으며 여러 가지를 고려해야 하는 복합적인 성격을 띤다.

표 1-2 구조적인 문제와 비구조적인 문제의 비교

구조적 문제	비구조적 문제
• 한두 가지 개념이나 원리가 적용 • 문제해결을 위해 고려해야 할 조건, 제한점이 분명하게 제시 • 주어진 상황과 관계없이 일반적인 규칙, 개념을 적용하여 해결 가능 • 해결하는 사람마다 정답이 일치하고 해결 방안이 고정됨	• 여러 가지 개념이나 원리가 적용 • 문제 파악이 쉽지 않고 문제해결 과정에서 새로운 조건이나 제한점 발견 • 학습자마다 해결 방안이 다를 수 있고 여러 조건과 제한점을 고려해야 하는 복합적인 문제

프로젝트 수업에서 볼 때, 좋은 문제란 실생활과 관련되어 있어 학생의 경험에 기초하고 다양한 해결 방안이나 전략이 포함되어 있는 문제라고 할 수 있다.

학습자 환경과 교사의 역할이 다르다!

전통적인 수업에서 수업의 중심은 교사였다. 즉 교사 주도로 수업을 계획하면서 학습내용, 학습 방법, 학습 속도, 학습 자료 등을 오직 교사 혼자 결정했던 것이다. 교사는 수업을 주도하며 일방적으로 지식을 전달하기도 하고, 때론 학생과의 상호작용을 통해 지식을 전달하기도 한다.

하지만 프로젝트 수업에서는 학습의 주체인 학생 주도로 수업이 이루어진다. 따라서 프로젝트 수업에서는, 학생이 자율적이고 능동적이며 적극적으로 활동해야 한다. 즉 학생은 수업에서 수동적 존재에 머물지 않고, 스스로 수업을 디자인하게 되는 것이다. SDL(Self-Directed Learning), 즉 학생은 자기주도적 학습으로 자신에게 필요한 지식을 스스로 찾고 문제를 해결하기 위해 탐구하고 토론하며 책임감 있는 주체가 된다. 이때 교사는 학생의 학습을 도와주는 조언자, 학습 촉진자의 역할을 하게 된다.

표 1-3 프로젝트 수업에서 학생과 교사의 역할

학생의 역할	교사의 역할
• 문제해결자 • 자기주도적 학습자 • 협력적 학습자	• 프로젝트 설계자 • 학습 촉진자 • 학습 과정 및 결과 평가자

교사의 역할에 대해 조금 더 자세히 살펴보면, 다음과 같다.

- 프로젝트 수업 내용 및 방법에 대한 소개
- 허용적이고 자율적인 학습 분위기 형성
- 학생들의 학습을 촉진하기 위한 질문
- 학생들의 학습 과정 중 발생하는 어려운 점을 진단 및 중재
- 학생들의 적극적이고 고른 참여를 유도
- 학생들의 학습 속도 및 수준을 조절
- 팀 내 대인관계 조정을 유도

교사와 학생이 이러한 역할을 잘 수행할 때 프로젝트 수업은 더욱 원활하게 이루어진다.

활동 모습이 다르다!

전통적인 방식의 수업 활동을 살펴보면, 주로 교사가 학생 다수를 대상으로 지식과 정보를 제공하는 전체 학습과 단위 차시 내에서의 모둠 활동으로 진행되어왔다. 사실 전체 학습에서는 학생 개개인의 개성이나 창의성이 드러나기 어려운 구조였다. 그리고 단위 차시 내에서의 모둠 활동은 일시적인 모둠이므로 협력이나 협업, 의사소통 등이 이루어지기에는 턱없이 부족했다.

프로젝트 학습에서는 제시된 문제를 해결하기 위해 학생들이 팀을 이루어 상호 협력하며 공동으로 문제해결 방안을 마련한다. 팀별로 문제를 해결하기 위한 계획을 각각 세우고 구체적으로 실천하므로 프로젝트 활동은 자기주도적으로 이루어진다.

평가의 성격이 다르다!

[2]전통적인 수업에서의 평가는 지식, 정보, 공식 등을 얼마만큼 기억하고 있는지, 이해하고 있는지, 활용할 수 있는지를 평가한다. 평가의 주체는 교사이며 학습을 마친 후에 이루어지므로 결과 중심 평가이고, 학생들의 학습 상태를 정확하게 진단하는 것이 목적이므로 양적 평가 방법을 중시한다. 그러다 보니 자연스럽게 평가 결과를 상대적으로 비교하는 서열화가 일어나게 되었다.

하지만 프로젝트 학습에서의 평가는 문제해결 능력, 창의력, 비판적 사고력, 의사소통 능력, 협업 능력 등 핵심 역량 및 고등 사고 기능을 평가한다. 학습의 시작부터 끝까지 이루어지는 과정 중심 평가이며, 지속적인 평가이다. 학습의 과정을 평가하므로 양적 평가 방법보다는 질적 평가 방법을 중시하고, 일정 기간 이

---

2. 〈장경원 교수와 함께하는 PBL로 수업하기〉, 서울특별시교육청 연수 자료

루어지는 프로젝트 활동을 통해 개개인의 특성과 장단점을 파악해서 평가하는데, 교사뿐만 아니라 자신, 팀 동료 등 다양한 주체가 평가에 참여한다.

표 1-4 전통적인 수업과 프로젝트 수업에서의 평가

전통적인 수업에서의 평가	프로젝트 학습(수업)에서의 평가
• 지식, 정보, 공식 등의 기억, 인출, 재생산의 평가 • 결과(Product)에 중점 • 양적 평가 방법 중시 • 상대적 서열화에 포인트 • 평가의 주체는 교사	• 문제해결 능력, 창의력, 비판적 사고력, 의사소통 능력, 협업 능력 등 핵심 역량 및 고등 사고 기능 평가 • 과정(Process)에 중점 • 질적 평가 방법 중시 • 개개인의 특성과 장단점에 유의 • 평가의 주체는 교사, 자신, 팀 동료 등 다양함

3

구성주의로 알아보는 프로젝트 학습의 원리

학습자는 흥미 있는 문제를 접하게 되면

스스로 탐구하고 사고하는 방법을 배우게 된다.

존 듀이(John Dewey, 교육학자, 철학자)

프로젝트 학습의 이론적 근거는 **구성주의**이다. 따라서 프로젝트 학습의 원리를 잘 이해하려면 구성주의에 대해 살펴볼 필요가 있다.

구성주의(Constructivism)란 학습자가 그들 자신의 지식을 끊임없이 구성하며 교사, 또래, 학습 환경과의 교류를 통해 지식을 만들어간다고 보는 관점이다. 구성주의를 통해 알 수 있는 것은 앉아서 수동적으로 지식을 받아들이기보다 동료 간 상호작용을 하는 데서 학생들은 더 큰 흥미를 보이고, 이러한 상호적 학습이 큰 영향력을 발휘한다는 사실이다.

뭔가를 한다는 것은 무엇인가를 구성한다는 것이다. 구성주의에서 교사는 학생들이 지식을 구성하도록 학생들에게 경험을 제공하고 학습을 촉진한다.

구성주의의 핵심 이론은 다음의 표 1-5와 같다.

표 1-5 구성주의의 핵심 이론

학습자 중심의 학습 이론	• 학습의 주체가 외부 지식 전달자(교사)가 아닌 학습을 하는 학생임 • 자율적이고 능동적인 학습자 • SDL(Self Directed Learning) • 상대주의적 인식론: 인간이 지식을 형성하고 습득하는 과정은 개인적인 인지적 작용의 결과
선(先) 지식의 중요성	• 학습의 주체가 이미 지니고 있는 지식, 경험, 이해를 바탕으로 함 • 선 경험을 바탕으로 한 새로운 지식의 유입으로 동화, 조절, 평형의 과정으로 이해 틀의 변화 • 이해 틀의 변화로 인한 지식 구성: 인지적 혼란 → 인지적 혼란 중재가 교사의 역할이며 새로운 지식 구성의 출발점
'검증된' 개별적 지식 구성	• 개별성을 강조하는 동시에 사회 공동체의 중요성 역시 강조 • 그룹 속에서 학습이 진행된다는 점에서 자신이 지닌 지식을 타인으로부터 검증받는 기회를 가짐 • 유용하고 생존력 있는 지식으로 이루어가는 과정임 • ZPD(근접발달영역): 다른 사람과의 상호작용을 통해 더 높은 발달 수준으로 도달할 수 있음
맥락성	• 실제 맥락을 바탕으로 하는 문제의 해결 과정을 통한 비판 및 창의적 사고력의 증진 • 현실 적용성 고취: 학습과 삶의 연계성 • 비판적 사고: 주어진 문제 상황을 그대로 받아들이지 않고 조사하고 탐구함 • 학습에 대한 경험과 자기성찰, 그 후에 일반화하는 과정을 통한 학습

구성주의 수업의 기본 전제는?

구성주의에서 학습은 학습자가 학습 상황에 가지고 오는 사전 이해에 의존하며, 무엇을 얼마나 학습하느냐는 것은 학습이 일어나는 맥락에 의존한다. 다시 말해 학생들이 이미 가지고 있는 지식이나 경험, 이해를 통해 실제 맥락을 바탕으로 문제를 해결하는 과정 속에서 학습이 일어난다는 뜻이다.

수업은 학생들의 현재 수준을 바탕으로 하여 더 높은 지식과 이해 수준으로 향상시킬 수 있도록 진행된다. 수업의 과정에서 교사는 학생들의 적극적인 지식 촉진을 위한 다양한 수업 방법을 활용한다. 학생들 간 또는 교사와 학생들 간의 대화와 토론, 협상을 통한 공유된 이해를 통해 지식을 구성하게 된다. 지식은 문화 및 사회적 맥락에 따라 구성된다고 제안하며, 오직 유용한 지식 구성에만 관심을 둔다.

구성주의 수업의 특징은 무엇인가?

구성주의 수업의 특징은 학생들의 사전 지식과 경험을 고려한다. 그리고 학생들에게 다양한 형식으로 스스로를 표현할 기회를 부여한다. 수업은 서로 협력하고 토론하는 학습의 장으로 만들어가며, 지식은 문제해결 과정을 통해 획득되고 구성된다.

구성주의 수업에서 학습자는 자기 조직적, 자기 의존적, 자율 생산적인 존재로서 구체적이고 실제적인 문제해결을 통해 자신의 생각을 실험하고 검증한다. 따라서 수업에서는 학습자의 인지 구조에 평형화를 초래한 후, 자기주도적이고 협동적인 노력을 통해 인지적 평형화를 이룰 수 있는 환경을 조성하는 데 중점을 둔다.

구성주의에서 교사의 역할과 학습자의 역할은?

구성주의 수업에서 교사는 전통적인 수업에서처럼 주도적인 역할을 수행하지 않는다. 교사는 학생들의 문제해결 과정에서 조력과 중재의 역할을 수행할 뿐이다. 교사는 교과의 전문가이며, 다양한 지식의 원천 중 하나일 뿐이다. 교사는 학생들에게 유의미한 개념과 자료를 제시해 그들에게 흥미와 관심을 불러일으킬 수 있는 환경을 제공해주고, 학습은 학생 스스로가 할 수 있도록 해야 한다. 즉 교사는 학생들끼리의 상호작용을 돕는 조력자와 안내자의 역할을 수행한다.

구성주의 수업에서 학생은 자신의 개인적·사회적 맥락에서 지식을 구성하는 과정에 적극적으로 참여한다. 스스로 지식의 원천이 되어서 동료들과 더불어 지식을 공동으로 생성하고 구성하는 것이다. 문제를 해결하는 과정에서 동료 학습자들과의 협동과 토론을 통해 공동의 이해를 성취해간다. 즉 구성주의 수업에서 학생은 적극적인 사고가, 설명자, 해석자, 질문자가 된다.

> 아이들의 인지 발달에 있어서 사회문화적 교류가 기초적인 역할을 하며
> 개인의 학습 지식 범위보다 교사나 동료의 협조에 의해 지식 발달 범위가
> 더 넓어진다.
>
> 레프 비고츠키(Lev Semonovich Vygotsky, 교육심리학자)

그림 1-2 EBS 〈다큐프라임〉 '공부의 재구성: 세계의 PBL' - PBL 콘텐츠 삼각형

4

프로젝트 수업에 대한 편견을 부숴라!

PBL은 실제적이고 복잡한 질문, 문제, 과제 등을 집중적으로

탐구함으로써 학습자가 지식과 기술을 배우는 교수법이다.

BIE (Buck Institute for Education)

편견 하나

지식이 부족해지지 않을까요? 아이들이 놀기만 하는 거 아닌가요?

프로젝트 수업을 관찰해보면 교과서를 통해 배우기보다 활동 중심으로 수업이 진행된다. 그러다 보니 얼핏 보기에는 마치 배우는 건 하나도 없는 것 같고, 학생들은 그저 산만하게 떠들기만 하는 거 같아서 수업이 끝난 후 아무것도 남는 게 없는 것 같기도 하다. 만약 이런 방식으로 계속 수업을 했다가는 행여나 학력이 떨어지지 않을까 걱정이 되는 것이다.

그렇다면 반대로 교실에서 교과서와 활동지로 수업을 진행하면 배움이 훨씬 더 잘 일어날까? 이제 우리는 교사가 조용한 교실에서 혼자 목소리를 높이며

학생들에게 강의식 수업을 진행해야 학습이 더 잘 일어날 거라는 고루한 생각에서 벗어나야 한다. 즉 배움에 대한 고정관념을 깨고 최신 트렌드에 맞춰 학생들을 가르쳐야 한다는 뜻이다.

아래 그림 학습 효율성 피라미드는 가히 충격적인 내용을 보여준다. 이 피라미드는 같은 내용을 가르쳐도 어떤 방법을 선택하는지에 따라 학습의 효율이 달라지는 것을 보여준다. 교사인 우리가 아무리 열심히 계획하고 가르쳐도 강의식 형태의 수업은 학생들에게 5%만 남을 뿐이다. 그러나 프로젝트 수업은 학습자 중심의 팀 활동으로 주로 집단 토의, 실제 경험, 상호 대화와 협력을 통해 수업이 진행된다. 집단 토의는 50%, 실제 해보기는 75%, 서로 설명하기는 무려 90%의 학습 효율을 보여주니, 어떤 방법이 더 배움이 잘 일어나게 하는지는 굳이 더 이상 설명할 필요도 없을 것이다.

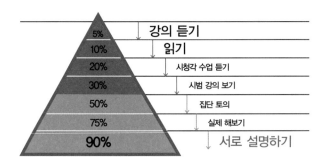

출처: NTL(National Traning Laboratories)

그림 1-3 학습 효율성 피라미드

수학에서 곱셈을 배우려면 우선 덧셈을 이해하고 있어야 한다. 이와 마찬가지로 프로젝트 수업에서도 프로젝트를 진행하려면 기초 지식이 필요하다. 그래서 프로젝트 수업을 진행하기 전에 필요한 기본적인 지식이나 내용에 대해 가르쳐도 된다. 또한 학생들은 프로젝트를 진행하는 과정 속에서 프로젝트를 해결하기 위해 스스로 지식을 탐구하기도 한다. 누군가가 전달해주는 지식을 수동적으로 받는 게 아니라, 스스로 탐구하는 지식이라면 학생들에게 훨씬 더 오래도록 기억될 것이다.

교사는 프로젝트 수업을 진행하기 전에 수업을 통해 학생들이 알아야 할 지식이나 기술 등을 명확하게 인지하고, 필요에 따라서 프로젝트 시작 전, 프로젝트 진행 중에도 가르치고 지도할 수 있다. 그리고 탐구하는 과정에서도 지식이 습득될 수 있도록 수업을 계획하고 운영해야 할 것이다.

편견 둘
학생들을 지도하고 관리하는 것이 힘들지 않을까요?

거듭 강조하지만, 프로젝트 수업은 학습자 중심의 수업 방법이다. 어떤 지식을 탐구할 것인지, 또 어떤 방법으로 지식을 탐구할 것인지, 어떻게 결과물을 제작할 것인지 이 모든 것을 학생들이 생각하고 결정한다. 그러다 보니 학생들 간의 대화도 더 많아질 수밖에 없고, 활동을 진행하다 보면 자주 움직이고 이동하는 등 자칫 교실이 꽤 산만하다고 느껴질 수도 있다. 이런 겉모습은 교사들로 하여금 프로젝트 수업이 학생들을 지도하고 관리하기에 힘든 수업이라고 여기게 만드는 요인이 된다.

하지만 이렇게 생각하기에 앞서 교사는 학생들의 소란스러움이나 산만함이 프로젝트 활동을 해서 생겨난 것인지, 아닌지를 파악해야 한다. 자유분방한 분위기 속에서 학생들은 더욱 창의적으로 사고할 수 있고, 더욱 유연하게 문제를 해결할 수 있다. 교사가 학생들을 신뢰하고 믿어줄 때, 학생들은 자신이 가진 잠재력 그 이상의 것을 보여준다.

다만 수업에서 벗어난 언행에 대해서는 규칙을 정해두고, 이를 지킬 수 있도록 꾸준히 지도해야 한다. 만약 학생들이 프로젝트 수업에는 참여하지도 않으면서 수업 분위기만 산만하고 소란스럽게 하고, 수업 진행을 어렵게 만들고 있다면 교사는 프로젝트 수업을 다시 되돌아봐야 한다.

학생들이 프로젝트 수업에 몰입하지 못하는 대표적인 이유 몇 가지가 있다.

첫째, 프로젝트가 너무 어렵거나 반대로 너무 쉬워서 학생들의 수준에 맞지 않는 경우이다. 둘째, 학생들이 무엇을 해야 할지 명확하게 제시되지 않은 경우이다. 셋째, 프로젝트 수업에 동기부여가 되지 않는 경우이다.

따라서 교사는 이러한 함정에 빠지지 않도록 학생들에게 구체적인 목표를 주고 학생들이 자신의 역할에 충실할 수 있도록 해야 한다. 학생들의 수준에 맞춰 너무 쉽거나 너무 어렵지 않게 프로젝트 수업을 계획하고 운영해야 한다. 프로젝트 수업을 시작하기 전, 중, 후에서 어느 단계에서든지 학생들에게 지속적으로 동기부여를 해주어야 한다.

편견 셋
모든 교과 및 단원에 적용하기는 어렵지 않을까요?

프로젝트 수업은 일부 교과 또는 일부 단원에서만 적용할 수 있는 방식이라고 생각할 수도 있을 것이다. 물론 프로젝트 학습이 더욱 빛날 수 있는 교과나 단원이 있는 게 사실이다. 그리고 프로젝트 수업이 좋다고 해서 모든 교과나 단원에 적용할 필요도 없다. 각 교과 및 단원, 차시에 따라 가장 효율적인 방법을 찾고 프로젝트 학습이 적합하다고 생각되면 적용하면 되는 것이다.

그리고 프로젝트 수업을 절대 적용할 수 없는 교과나 단원은 없다. 수업의 핵심인 학생 스스로가 문제를 인식하고, 해결 방안을 찾고 협력하며 조사하고, 결과를 공유하는 수업의 형태를 갖는다면 어떤 교과든 간에 모두 적용할 수 있기 때문이다.

편견 넷
교사가 준비해야 할 게 너무 많지 않나요?

어떤 수업이든 준비 없는 수업은 없다. 프로젝트 수업뿐만 아니라 모든 수업에는 준비가 필요하고, 좋은 수업을 위해 교사는 연구를 게을리해선 안 된다. 준비하는 내용 또는 방법이 다를 뿐 수업을 준비하는 노력의 양에는 다를 것이 없다고 생각한다. 다만 어떻게 하면 동일한 노력으로 학생들에게 더욱 효과적으로 배움이 일어나는 수업을 할 수 있을지를 끊임없이 고민해야 할 것이다.

프로젝트 수업을 진행하려면 그에 맞는 준비가 필요하다. 프로젝트의 기획, 교육과정 재구성, 프로젝트 팀 구성, 프로젝트 평가 등 기존의 수업과는 다른 부분이 있기 때문에 처음에는 준비해야 할 것들이 기존 수업에 비해 다소 많게 느껴질 수 있다. 그러나 교사가 프로젝트 학습을 시작하기 전에 교육과정을 구성하고 기획을 잘 해놓는다면, 학습이 시작된 이후로는 학생들을 중심으로 수업이 이루어지므로 교사는 안내자 또는 조력자 역할을 하게 되어 오히려 수업 시간 내에 교사의 부담이 줄어들게 된다.

편견 다섯
학생들이 프로젝트 활동 중 많이 싸우거나 다투지는 않나요?

프로젝트 수업에서는 학생들 간 상호작용을 통해 협력해서 문제를 풀어가다 보니, 서로 의견이 충돌해 갈등이 생기거나 싸우는 경우도 종종 있다. 이러한 일을 예방하려면 예상 가능한 범위 내에서 프로젝트 활동 규칙을 세워두는 것이 좋다. 또한 프로젝트 학습을 시작할 때 팀 빌딩 활동을 진행함으로써 팀원끼리 서로 신뢰하고 협력하는 분위기를 조성하려는 노력도 중요하다.

효과적인 의사소통은 싸움이나 갈등이 전혀 없는 의사소통을 의미하지 않는다. 싸움 또는 갈등을 잘 해결해나가는 것이야말로 효과적인 의사소통이다. 학생들은 의견 충돌 상황을 맞닥뜨리고 이를 해결하는 과정에서 의사소통 능력을 키워간다. 학생들끼리 잘 해결되지 않는 문제는 교사가 중재자로서 개입해 각 학생들의 입장을 듣고 이해해주면서 팀 프로젝트 결과에 한층 더 긍정적인 영향을 주는 쪽으로 의견을 모아간다.

편견 여섯
프로젝트 학습은 결과만 잘 나오면 되는 거 아닌가요?

물론 프로젝트 수업에서도 결과는 중요하다. 수업 결과란 곧 학생들의 탐구 집약체이기 때문이다. 하지만 과정은 더욱 중요하다. 프로젝트를 진행하는 과정에서 학생들은 서로 질문하고, 학생들 스스로 문제를 인식하고 해결 방안을 구체화하는 과정에서 사고력과 문제해결 능력을 길러간다. 프로젝트의 과정을 잘 거쳐야만 결과 또한 잘 나올 수 있다. 과정에서 연구가 부족했다거나 노력이 부족한 경우 결과 또한 미흡할 때가 많다.

그렇기 때문에 교사는 끊임없이 프로젝트 과정에 학생들과 함께 참여하여 상호작용하며 학생들에게 안내하고 도움을 주어야 한다. 좋은 결과를 내는 것도 중요하지만, 과정상 올바른 방법을 통해 프로젝트가 진행될 수 있도록 하는 것이 더 중요함을 잊지 말아야 한다.

2장

준비!
프로젝트 수업 계획하기

교사가 학생들에게 그저 과제나 던져주고, 어떤 식으로 해결해나가는지 확인도 하지 않은 채 정해진 날

짜에 결과물을 발표하게 하고, 발표 결과만으로 평가한다면 그건 그저 무늬만 프로젝트 수업일 뿐, 진정

한 의미의 프로젝트 수업이 아니다. 진정한 프로젝트 수업은 결과물만으로 평가하는 게 아니라 수업의

전 과정을 배움의 일부로 보고 각 과정 하나하나를 중요하게 여겨야 한다. 그런데 어떻게 해야 이런 수업

을 꾸려갈 수 있을까? 이 장에서는 성공적인 프로젝트 수업을 위한 준비의 모든 것을 살펴보려 한다.

프로젝트 수업, 어떻게 **계획**할 것인가?

아마도 교사들 대부분은 프로젝트 수업을 진행해본 경험이 있을 것이다. 프로젝트 수업은 대체로 모둠별로 과제를 제시하고, 적당한 기간이 지난 뒤에 발표를 하게 하는 방식으로 진행된다. 그런데 여기서 교사가 어떻게 프로젝트 수업을 계획하고, 또 어떤 역할을 수행하는지에 따라서 프로젝트 학습을 통해 얻게 되는 학생들의 경험은 굉장한 차이를 가져오게 된다.

성공적인 프로젝트 수업을 이끄는 꿀팁

우리도 예전에는 프로젝트 수업이라는 미명하에 학생들에게 무작정 과제를 던져주고 아이들이 어떻게 과제를 해결하고 있는지 확인도 하지 않은 채 그저 정해진 날짜에 결과물을 받아서 학생들의 발표만 듣고 오로지 결과물로 평가하곤 했다. 모든 건 학생들이 알아서 하면 된다고 생각하니 교사로서 참 편한 수업 방법이 프로젝트 수업이라고 착각했던 것이다.

그러나 프로젝트 수업을 이런 방식으로 진행하니 여러 가지 문제점을 경험하게 되었다. 말하자면 학생들의 고차원적인 사고력, 핵심 역량 등을 키워주기 위한 방법으로 선택했던 프로젝트 수업이건만 수업 후 아이들이 무엇을 얻어 간 것인지, 과연 얻어간 것이 있기는 한 건지에 대한 고민에 빠지게 된 것이다. 이런 문제점들을 어떻게 하면 해결할 수 있을까 고민을 거듭한 끝에 모색한 나름의 해결 방안을 소개하고자 한다.

꿀팁 하나
☞ 교육과정의 내용 요소와 성취 기준을 바탕으로 계획하라!

프로젝트 수업은 교육과정의 내용 요소와 성취 기준을 바탕으로 계획되어야 한다. 교육과정을 무시한 채 프로젝트 수업을 설계하다 보면 그저 흥미 위주의 활동 중심 수업으로 끝나버리기 쉽다. 프로젝트 학습의 가장 큰 장점은 학생들이 주제를 심도 있게 탐구하면서 고차원적인 사고 능력을 함양하는 것인데, 흥미 위주의 수업으로는 이러한 장점을 제대로 살릴 수 없다. 교육과정상의 성취 기준에서 제시된 지식이나 기술에 도달할 수 있도록 프로젝트 주제를 정하고, 그 성취 기준에 도달하기 위한 방법으로 프로젝트 학습이 어떻게 이루어질 것인지를 미리 계획해야 한다. 따라서 교사는 교육과정을 분석해 프로젝트 학습에 적합한 단원이나 차시를 선정하고 프로젝트 학습 방법이 적용될 수 있도록 교육과정을 재구성해 차시별 지도 계획을 미리 수립해놓아야 한다.

꿀팁 둘
☞ 학생들에게 자율적 선택권을 최대한 많이 주도록 계획하라!

성공적인 프로젝트 수업을 위한 가장 중요한 요소는 학습자로 하여금 학습에 대한 흥미와 관심을 불러일으키는 것이다. 즉 프로젝트를 제시했을 때 학생들에게 '와, 이거 정말 해보고 싶다!'라는 마음을 불러일으킨다면 이미 절반은 성공한 것이나 다름없다고 생각한다.

프로젝트에 관심을 불러일으키는 가장 좋은 방법은 학생들에게 선택권을 가능한 한 많이 부여하는 것이다. 대부분 정해진 교과, 정해진 단원, 정해진 주제, 정해진 탐구 방법, 정해진 결과물 제작 방식 등 학생들 입장에서 뭐 하나 새로울 게 없다면, 그저 프로젝트 학습이라는 미명하에 새로운 아이디어를 내고 멋진 결과물까지 완성해야만 하는 부담스러운 과제로만 다가갈 수 있다. 따라서 교사는 수업을 계획할 때 학습자가 주체가 되도록 학생의 자율적인 선택권을 최대한 부여하는 것이 좋다.

특히 정해진 교과와 단원에서 프로젝트 학습 활동을 해야 한다면 학생들이 그 안에서 자유롭게 탐구 주제를 찾고, 다양한 방식으로 탐구하고 결과물을 제작하도록 하는 것이 좋다. 학교 현장에서 여러 선생님들이 함께 뜻을 모아 프로젝트 수업을 계획해서 학생들이 원하는 교과를 선택하는 것부터 시작한다면 학생들의 흥미를 유발시키는 데 큰 효과를 거둘 수 있을 것이다.

꿀팁 셋
☞ **지속적으로 동기를 유발할 수 있는 다양한 제도를 기획하고 끊임없이 확인하라!**

학생들에게 프로젝트 과제를 제시하면 대부분의 학생들은 처음에는 의욕이 불타오른다. 그러나 막상 과제를 해결하는 과정에 돌입하면 학생들은 그 과정이 결코 쉬운 일이 아니라는 것을 금방 깨닫게 된다. 계속 생각을 해야 하고, 아이디어도 내야 한다. 또한 그 아이디어를 실현시키려면 많은 시간과 노력이 필요하고, 팀원들끼리 서로 화합도 해야 한다. 이런 과정 속에서 어느새 프로젝트 학습은 흐지부지되어버리기 일쑤이다.

그렇기 때문에 교사는 학생들이 학습을 끝까지 수행할 수 있도록 동기를 유발할 수 있는 다양한 제도를 마련해둘 필요가 있다. 예컨대 학습 과정 전반을 평가할 수 있는 평가 시스템의 구축, 우수 산출물을 발표한 팀에 대한 시상, 학생들의 프로젝트 산출물을 다른 학생들에게 발표할 수 있는 전시회 및 강연회 기획 등 프로젝트 학습을 끝까지 끌고 가도록 동기를 유발할 수 있는 다양한 제도를 마련해두고 시작하는 것이 좋다.

또한 교사가 학생들에게 과제만 던져주고 점검을 제대로 하지 않으면 많은 학생들이 중도에 학습을 포기해버리고 말 것이다. 교사의 역할은 <u>끊임없는 확인</u>

과 피드백을 통해 학생들이 끝까지 과제를 완수할 수 있게 돕는 것이다.

꿀팁 넷
☞ **프로젝트 학습 평가 방법 및 도구를 계획하라!**

교사들이 프로젝트 학습을 평가할 때 프로젝트 결과물에만 중점을 두는 경우가 많다. 그러나 훌륭한 결과물을 만들어내는 것도 중요하지만, 그 결과물을 만들어내기까지의 탐구 과정도 매우 중요한 것이다. 따라서 평가는 매시간 이루어져야 하고, 평가의 목적은 학생들의 학습을 개선하는 것이 되어야 한다.

또한 매시 수업 활동 시간에 이루어지는 활동 상황을 평가하거나 과제를 점검함으로써 더욱 충실한 학습이 가능하도록 도와주어야 한다. 즉 프로젝트의 전 과정을 평가할 수 있도록 계획을 세우고 자기평가, 동료평가, 관찰 체크리스트 등 다양한 평가 도구를 사전에 개발해 프로젝트를 시작함과 동시에 평가가 이루어질 수 있도록 해야 한다.

꿀팁 다섯
☞ **학생들의 능력과 성향을 미리 파악해 고르게 팀을 구성하라!**

각 프로젝트는 개인별로도 진행할 수 있지만, 학교 현장에서는 팀(모둠)을 구성해서 진행하는 경우가 더 많다. 그 이유 중 하나는 각 학급마다 혼자서는 과제 수행에 어려움을 겪는 학생들이 있으므로 팀을 구성함으로써 반 전체가 학습에 참여할 수 있도록 돕기 위함이다.

팀으로 프로젝트를 진행할 때 가장 많이 들려오는 불만 사항은 "쟤는 아무것도 안 해요!", "저 혼자 다하고 있어서 너무 힘들어요!" 같은 볼멘소리이다. 사실 팀원 중에는 아무런 역할도 하지 않거나 자기 역할에 불성실한 학생들이 있기 마련이다. 이에 성실한 팀원 한두 명이 불성실한 팀원들의 역할까지 모두 떠맡게 되어 힘들어하는 상황을 종종 목격하게 된다.

그래서 팀 프로젝트 학습에서는 무엇보다 **팀 구성**이 중요하다. 교사가 팀원의 성향이나 능력을 미리 파악해 팀별로 고르게 학생들을 구성해주어야 한다.

그리고 교사는 프로젝트를 수행하는 과정에서 역할 분담이 제대로 이루어지고 있는지 수시로 점검함으로써 학생들 각자 맡은 역할을 성실히 이행할 수 있도록 하고, 개인별 역할 분담 정도와 수행 결과를 개별 평가에 반영하는 것이 필요하다.

프로젝트 수업 계획의 절차는?

프로젝트 수업을 계획할 때 반드시 정해진 절차는 없다. 하지만 대략 다음의 표와 같은 절차로 사전에 체계적으로 계획하는 것이 좋다.

표 2-1 프로젝트 수업의 계획 절차 예시

프로젝트 수업 계획	내 용
교육과정 재구성하기	• 교육과정을 분석하여 프로젝트 학습에 적합한 지도 내용 추출하고 교육과정 재구성하기 • 차시별 학습 지도 계획 수립하기 • 학생들의 흥미를 끌 만한 프로젝트 이름 정하기
↓	
프로젝트 학습 기획하기	• 프로젝트 학습 동기부여를 위한 다양한 제도 기획하기 • 프로젝트 학습 평가 계획 수립하고 평가 도구 개발하기
↓	
프로젝트 학습 자료 준비하기	• 프로젝트 학습에 필요한 학습 자료 및 양식 구안하기 • 프로젝트 학습이 원활히 이루어지도록 교실 환경 구성 및 사이버 공간 개설하기
↓	
프로젝트 학습 홍보하기	• 학부모 및 학생들에게 프로젝트 학습에 대해 안내하기 • 학생들이 프로젝트 학습 방법을 이해할 수 있도록 연수하기
↓	
팀원 구성하기	• 학생들의 흥미, 성향, 능력 등을 고려하여 팀원 구성하기

2

교육과정을 분석하고 재구성하라!

전문성 있는 교사란 어떤 교사일까? 첫 번째는 단연 잘 가르치는, 즉 수업을 잘하는 교사라고 생각한다. 교사의 임무는 여러 가지가 있지만, 그중 가장 중요한 임무는 가르치는 일이기 때문이다.

수업을 잘하기 위해 교사가 해야 할 고민은 '무엇을 가르쳐야 하는가?'와 '어떻게 가르쳐야 하는가?'의 두 가지일 것이다. 그리고 두 가지 고민의 해결 방안은 모두 교육과정에 있다.

'무엇을 가르쳐야 하는가?'에 해당하는 것이 바로 **교육과정**이고, '어떻게 가르쳐야 하는가?'에 해당하는 것이 바로 **교육과정 재구성**이다. 전문성 있는 교사라면 교육과정의 내용 체계와 성취 기준을 파악하여 가르치되 교육과정을 재구성하여 학생들의 핵심 역량을 키워줄 수 있고, 유의미한 학습 경험을 제공해줄 수 있도록 수업을 구성해야 한다.

교사는 가르치기에 앞서 교육과정을 보면서 주요 학습목표, 내용 체계, 성취 기준 등을 파악하고 학생들의 수준과 실태를 고려함으로써 이에 도달하기 위한 가장 적절한 수업 방법이나 자료가 무엇일지 고민해보는 과정이 필요하다. 그리고 이런 과정을 통해 자신만의 교육과정을 디자인하여 수업을 만들어나가는 것이 중요하다.

여기에서는 프로젝트 수업을 위해 교육과정을 어떻게 재구성할 것인지, 그 방법에 대해 구체적인 사례를 통해 알아보려 한다.

1단계
교육과정을 분석하여 프로젝트 주제를 선정하라!

프로젝트 주제를 선정할 때 교육과정을 분석하여 성취 기준이나 학습목표에서 아이디어를 얻어서 선정하는 경우도 있고, 학생들의 흥미나 실생활과 연계해서 선정하는 경우도 있다.

후자처럼 프로젝트 주제를 선정한 경우에는 프로젝트 목적에 가장 적합한 교육과정상의 성취 기준을 찾아서 연계하는 것이 필요하다. 교육과정과 동떨어진 프로젝트 수업은 학생들이 해당 학년도에서 배워야 할 교육과정 및 수업 시수를 무시한 채 진행되는 것이므로, 또 다른 의미의 수업 결손을 초래할 수 있다. 따라서 프로젝트 주제를 선정할 때는 되도록 교육과정을 분석하여 그 안에서 아이디어를 얻는 것이 좋다.

먼저, 지도서의 전 단원 성취 기준 및 차시별 학습 요소를 보면서 프로젝트 학습 방법이 적용될 수 있는 적합한 단원을 찾는다. 사실 프로젝트 학습은 모든 단원에 다 적용할 수 있지만, 모둠별로 탐구해서 발표할 수 있는 단원이나 실생활과 연계해서 체험 중심으로 활동하는 것이 필요한 단원으로 선정하는 것이 더 좋다.

표 2-2 6학년 국어 교과에서 프로젝트 주제 선정하기 예시

교과	교육과정 성취 기준	단원	차시별 학습목표 및 학습 요소
국어	• 국1611-3. 뉴스를 듣고 내용이나 관점에 대한 자신의 의견을 말할 수 있다. • 국1632-1. 주제와 목적을 고려하여 글을 조직하는 방법을 알 수 있다. • 국1632-2. 주제와 목적에 맞게 내용을 생성하여 조직할 수 있다.	10. 뉴스와 생활	• 뉴스가 우리 생활에 미치는 영향 알기 • 관심 있는 문제에 대하여 텔레비전 뉴스 취재 계획 세우기 • 텔레비전 뉴스의 짜임을 생각하며 뉴스 기사 작성하기 • 텔레비전 뉴스 만들어 발표하기 • 텔레비전 뉴스가 우리 생활에 미치는 영향을 생각하며 뉴스 평가하기

↓

〈프로젝트 학습 주제〉

관심 있는 문제를 취재하여 우리 생활에 영향을 미치는 뉴스를 만들어 발표하기

2단계
교육과정을 재구성하여 프로젝트 학습목표와 시수를 결정하라!

교육내용 구성에 따라 여러 형태로 재구성할 수 있는데, 동일한 교과 내에서 다른 단원과 통합할 수도 있고, 다른 교과와 통합하여 재구성할 수도 있다. 또한 교과와 창의적 체험활동과도 연계해 재구성할 수도 있다. 만약 여러 교과나 단원을 통합해서 프로젝트 학습으로 재구성한다면 성취 기준은 몇 가지 핵심만 추려서 선정해야 한다. 그래야 심도 있는 학습이 가능하고, 평가 또한 용이하게 이루어질 수 있기 때문이다. 또한 교육과정 분석을 통해 핵심 역량을 추출하여 이를 기를 수 있도록 프로젝트 학습목표를 선정해야 할 것이다.

이렇게 선정된 학습목표에 도달하기 위해 프로젝트 학습을 얼마의 기간 동안, 몇 차시로 할지를 결정한다.

표 2-3 6학년 국어 교과에서 프로젝트 학습목표 선정하기 예시

교과	관련 단원	성취 기준	차시별 학습목표 및 학습 요소	핵심 역량	시수
국어	2. 자료를 활용한 발표	☑ 국1616. 매체를 활용하여 효과적으로 발표한다. ☐ 국1617. 매체를 통한 소통의 특성을 알고, 매체 언어 예절에 맞게 대화한다. ☐ 국1633. 적절한 설명 방법을 사용하여 대상의 특징이 드러나게 글을 쓴다.	☐ 자료를 활용하여 발표하는 방법을 알 수 있다. ☐ 자료를 활용하여 발표할 계획을 세울 수 있다. ☑ 발표할 내용과 상황에 알맞은 자료를 활용하여 발표할 수 있다. ☐ 주제에 맞는 영상 자료를 만들어 발표할 수 있다.	문제해결 정보처리 의사소통	4
국어	10. 뉴스와 생활	☑ 국1611-3. 뉴스를 듣고 내용이나 관점에 대한 자신의 의견을 말할 수 있다. ☐ 국1632-1. 주제와 목적을 고려하여 글을 조직하는 방법을 알 수 있다. ☐ 국1632-2. 주제와 목적에 맞게 내용을 생성하여 조직할 수 있다.	☑ 뉴스가 우리 생활에 미치는 영향을 알 수 있다. ☑ 관심 있는 문제에 대하여 텔레비전 뉴스 취재 계획을 세울 수 있다. ☐ 텔레비전 뉴스의 짜임을 생각하며 텔레비전 뉴스 기사를 작성할 수 있다. ☑ 텔레비전 뉴스를 만들어 발표할 수 있다. ☑ 텔레비전 뉴스가 우리 생활에 미치는 영향을 생각하며 뉴스를 평가할 수 있다.	문제해결 정보처리 의사소통	4
창체	자율 활동	☑ 다양한 협의 및 실천 경험을 통해 문제를 합리적으로 해결할 수 있으며, 민주적인 의사 결정의 기본 원리를 익힌다.		문제해결 의사소통 협업	2

〈교육과정 분석을 통한 프로젝트 학습목표〉

• 우리 생활에 영향을 미치는 뉴스 주제를 선정하고 뉴스 제작 과정과 원리에 대해 깊이 있게 연구하여 뉴스를 제작할 수 있다. [문제해결 능력]
• 팀을 이루어 협력하여 취재 계획을 세워 뉴스를 제작할 수 있다. [협업 능력]
• 다양한 협의를 통해 뉴스를 제작하여 발표하고 평가할 수 있다. [의사소통 능력]

3단계
프로젝트 수업 세부 계획을 세우고 수업 예상 흐름도를 생각하라!

교육과정을 분석해서 프로젝트 주제와 프로젝트 학습목표를 정했다면 이제 프로젝트 수업을 시작할 준비를 거의 마친 셈이다. 그렇다면 남은 과제는 프로젝트 수업을 구체적으로 어떻게 할 것인가에 대한 계획을 세워야 한다. 교사는 프로젝트 수업을 미리 예상해보고, 차시별로 어떤 활동을 할 것인지를 세부적으로 계획해놓아야 프로젝트 수업이 체계적이고 원활하게 진행될 수 있다. 프로젝트 수업의 세부 계획을 세울 때는 차시별로 주요 학습내용, 프로젝트 학습 활동 내용, 산출물, 평가, 진행 및 관리 등을 고려해야 한다. 다음의 표를 보면 프로젝트 수업의 세부 계획과 수업의 흐름을 한눈에 파악할 수 있다.

표 2-4 프로젝트 수업 세부 계획 세우기 예시

차시	단계	주요 학습 내용	프로젝트 학습 활동 내용	관련 교과	산출물	평가	진행 관리
1	준비하기	준비 및 소집단 구성	• 학습내용 안내 및 프로젝트 탐구 계획 수립 - 프로젝트 학습 주제 및 방법 안내 - 팀 구성 및 팀 역할 정하기, 팀 서약서 쓰기, 토의하는 방법 익히기	창체	서약서	관찰 자기	팀 구성 및 역할 배분 점검
2	준비하기	주제 결정 및 활동 계획	• 탐구하고 싶은 주제 선정 및 주제망 짜기 • 뉴스가 우리 생활에 미치는 영향을 알아보고 뉴스 제작 토의하기 및 뉴스 제작 활동 계획하기	국어 10단원	마인드맵, 계획서	계획서 관찰	계획서 점검
3	실행하기 I	탐구 활동	• 선정한 뉴스 주제에 대해 조사해온 내용을 토대로 탐구하고 토의하기	국어 10단원	조사 내용	관찰	팀별 역할 점검

차시	단계	주요 학습 내용	프로젝트 학습 활동 내용	관련 교과	산출물	평가	진행 관리
4	실행하기 I	탐구 활동	• 조사해온 내용을 토대로 토의하기 • 결과물 제작 방법 협의하기 • 중간발표를 위한 팀별 역할 분담 및 발표 자료 만들기	국어 2단원	조사 내용	보고서 관찰	활동 중간 점검 (팀별 미팅)
5		중간 탐구 결과 발표	• 중간 탐구 결과 발표하기 - 지금까지 탐구해온 내용을 팀별로 발표 - 선생님의 의견 및 다른 팀의 의견을 듣고 세부적인 활동 방법 수정 및 보완	국어 2단원	중간 보고서, PPT 발표 자료	발표 자료 관찰 동료 자기	팀별 평가 및 피드백
6	실행하기 II	산출물 제작 계획	• 다양한 방법을 활용하여 뉴스 제작 기획하기 • 탐구 계획 세운 대로 뉴스 만들기	국어 10단원	뉴스	관찰	팀별 역할 점검
7		최종 보고서 작성 및 산출물 제작	• 뉴스 완성하기 • 최종발표 프레젠테이션 준비 및 역할 분담하기	국어 10단원	뉴스	관찰	역할 분담 점검
8		산출물 발표 준비	• 좋은 발표에 대해 생각해보기 및 발표 방법 알아보기 • 프레젠테이션 준비 및 역할 분담하기 • 발표 방법 협의 및 프리젠테이션 최종 점검하기	국어 2단원	활동지	활동지 보고서	산출물 최종 점검 (팀별 미팅)
9	발표하기	결과 발표	• 탐구 과정 및 결과물 발표하기 • 다른 팀의 발표를 경청하고 질문하기 • BEST 뉴스 선정하고 평가하기	국어 2단원	최종 보고서, PPT 발표 자료, 뉴스 (영상)	산출물 발표 자료 관찰 동료 자기	팀별 평가 및 피드백
10		활동 반성	• 프로젝트 활동 반성 및 소감 나누기	창체	성찰 일지	동료 자기	팀별 격려

4단계
학생들의 흥미를 유발하는 프로젝트 이름과 탐구 문제를 고안하라!

교육과정을 분석해서 프로젝트 주제 및 학습목표를 선정하고, 수업의 세부 계획을 세워 프로젝트 수업이 어떻게 흘러갈 것인지에 대해 그려보았다면 프로젝트 학습을 시작할 준비는 거의 끝났다고 할 수 있다. 여기에 양념 같은 요소를 한 가지만 더 첨가하면 프로젝트 학습을 성공적으로 시작할 수 있다. 앞에서도 언급했듯이 성공적인 프로젝트 학습을 위해 가장 중요한 요소는 학습자에게 학습에 대한 흥미와 관심을 불러일으키는 것이다. 즉 '아, 이 프로젝트 정말 해보고 싶다!'라는 생각이 들 수 있게끔 학생들의 호기심을 자극하고 흥미를 유발할 수 있는 프로젝트 이름과 해결하고 싶은 의욕이 샘솟는 탐구 문제를 생각하여 제시하는 것이 좋다.

표 2-5 6학년 국어과에서 제안한 프로젝트 이름과 탐구 문제의 예시

프로젝트 이름	나는 학생기자다!
탐구 문제	우리가 학생기자로서 우리 생활에 영향을 미치는 뉴스를 어떻게 제작할 수 있을까?

오늘날 우리가 살아가는 세상에서 없어서는 안 될 것 중의 하나가 바로 뉴스입니다. TV를 틀면 뉴스가 나오고, 스마트폰, 라디오를 통해서도 뉴스는 쉽게 접할 수 있습니다. 뉴스는 세상을 보는 창입니다. 뉴스를 통해 세계 각지에서 일어난 여러 가지 일들을 알게 되고, 뉴스를 통해 우리의 생각이 더욱 확고해지거나 바뀌기도 합니다. 이처럼 뉴스는 많은 사람들에게 영향을 주기 때문에, 뉴스를 제작하고 보도하는 기자의 역할은 매우 중요해지고 있습니다.
여러분은 지금부터 학생기자가 되어 우리의 생활 주변에서 보도할 만한 가치가 있다고 생각하는 사건에 대해 뉴스 취재 계획을 세워 뉴스를 취재하게 됩니다. 취재한 내용을 바탕으로 뉴스를 만들고 보도하게 됩니다.
근데 여러분! 혹시 그거 알고 있나요? 셀 수 없을 정도로 많은 뉴스들이 제작되고 있지만, 그중 일부만이 사람들에게 보여지고 기억됩니다. 여러분도 이제 팀을 이루어 뉴스를 제작하게 될 텐데, 어떤 뉴스가 가장 영향력이 큰 뉴스가 될 수 있을까요? 지금부터 학생기자로서 우리 생활에 영향을 미치는 뉴스를 제작하여 보도해주세요!

3

프로젝트 학습의 평가, 어떻게 진행할 것인가?

학생의 평가 방식은 더 이상 줄 세우기를 위한 도구가 아닌 '학생의 학습과 성장을 돕는 평가' 및 수업의 한 형태로서의 개선이 필요하다.[1] 즉 학생평가는 단순히 점수 매기는 데 목적이 있는 것이 아니라 학습한 성과를 확인해 학생의 교육적 성장을 돕기 위한 자료로 활용됨은 물론 향후 교수-학습 계획을 수립하는 데 있어서 중요한 기초 자료로 사용되어야 하는 것이다.

　프로젝트 학습에 대한 평가도 이와 같은 맥락에서 이루어져야 한다. 그저 프로젝트의 결과물만을 가지고 점수를 매기는 것보다는 프로젝트를 수행하는 과정에서 학생들의 성과를 확인하고 학생의 성장을 돕는 피드백을 제공하는 데 초점을 맞춰야 한다. 프로젝트 수업에서 학생들을 평가할 수 있는 가장 좋은 방법은 학생들의 학습 전 과정에 걸쳐서 다양한 방법으로 평가를 하는 것이다. 프로젝트 학습을 시작하기 전에 미리 평가 항목, 평가 기준, 평가 도구, 평가 결과 통지 방법 등을 마련하여 프로젝트 학습과 평가가 동시에 이루어질 수

---

1. 〈창의성을 위한 학생평가 어떻게 할까요?〉, 한국교육과정평가원, 2015

있도록, 여기에서는 교사들이 프로젝트 수업을 진행함에 있어 효과적인 평가 방법, 평가 기준, 평가 도구들을 소개하고자 한다.

프로젝트 학습, 무엇을 평가할 것인가?

과정 중심 평가는 학습 과제를 해결하는 과정에서 교육과정이 추구하는 지식, 기능, 태도에 관련된 학생들의 발달 정보를 수집하고 피드백을 실시하여 학생의 성장을 도와주는 평가이다. 과정 중심 평가는 학습 과제 수행 과정에 대한 평가를 실시하고 수업의 진행 과정에서 수시로 평가한다. 과정 중심 평가가 추구하는 것은 평가를 통해 개인의 능력과 성장을 촉진하고 즉시적인 피드백을 제공하는 것이다. 이에 학생은 자신의 학습을 성찰하고 평가 결과를 활용하여 학습의 질을 개선한다.

프로젝트 학습은 각 과정마다 모두 중요한 배움이다. 그렇기 때문에 프로젝트학습에서는 각 과정마다 교사의 적절한 피드백이 제공되는 과정 중심 평가가 반드시 필요하다. 프로젝트 학습을 시작하기 전에 평가할 항목과 배점을 미리 정해두어 학생들이 프로젝트 전 과정을 성실하게 수행할 수 있도록 하여야 한다.

표 2-6 프로젝트 학습 시 과정 중심 평가 배점표 예시

항목	과제 수행도	태도	워크북	중간 탐구 결과 발표	최종산출물 발표	총점
점수	10	10	10	20	50	100
세부 사항	매 수업 시 과제 수행도	매 수업 시 참여도, 경청 및 협력 태도	워크북 작성도	중간보고서: 10점 발표 및 질의응답: 10점	최종산출물: 20점 최종보고서: 10점 최종발표: 10점 청중평가: 10점	

앞의 표에서 예시한 평가 항목을 살펴보면 과제 수행도, 태도, 워크북, 중간 탐구 결과 발표, 최종산출물 발표 등으로 정했지만 진행하는 프로젝트 학습의 특성, 기간 등에 따라서 평가 항목 및 배점은 얼마든지 바꿀 수 있다. 우리는 실제 수업에서 표 2-6의 평가 항목에 따라 학생들의 프로젝트 전 과정을 평가하였다.

☞ 프로젝트 학습에서의 평가 항목

과제 수행도의 평가는 매 수업 차시마다 진행되는 학습 과제의 수행 정도를 확인하고 피드백하는 것이다. 프로젝트 학습은 학습 과제의 수행을 통해 학습자 스스로 배움을 만들어나가는 것이다. 따라서 과제 수행도를 평가 항목에 넣어서 과제를 성실히 수행할 수 있도록 도와야 한다. 수업 시간 내의 태도나 워크북의 평가는 학생들이 적극적이고 협력적으로 참여하고 프로젝트 학습의 진행 과정에서 성실하게 임할 수 있도록 하는 데 효과적이다. 중간 탐구 결과 발표의 평가에서는 자신들의 탐구 과정의 부족한 부분을 보완하고 향상시킬 수 있는 '피드백'에 집중하여 평가를 진행하여야 한다.

최종산출물 평가에서는 제출한 결과물의 평가 이외에도 주어진 탐구 문제를 달성하기 위한 '과정'과 중간 탐구 발표 후 학생들이 얼마나 더 성장했는지 파악하여 피드백을 제공하는 게 바람직하다. 또한 학생들의 학습 동기, 흥미, 자신감 등을 신장시킬 수 있도록 정의적 측면의 피드백도 함께 제공해야 한다.

☞ 태도의 평가 기준

어떤 수업 태도가 바른 수업 태도인지 명확하게 말하기 어려운 만큼 수업 시 학생들의 태도에서 명확한 평가 기준을 정하기란 쉽지 않다. 그래서 교사는 프로젝트 수업을 통해 학생들에게 어떤 역량을 키워줄 것인가를 먼저 생각해 보고 학생들에게 키워주고 싶은 역량을 평가 기준으로 정하는 것이 좋다. 우리는 실제 수업에서 능동적으로 참여하는 참여성과 프로젝트 활동에서 자신의 역할에 최선을 다하는 책임감, 팀 내에서 상호 협력하며 상대방을 배려하는 공동체 및 상호작용 이렇게 3가지의 역량을 학생들에게 키워주고 싶어서 평가 기준으로 정하여 지도하고 평가하였다.

표 2-7 태도의 평가 항목 예시

참여성	모둠 활동에 바른 태도로 능동적으로 참여한다.
책임감	모둠 활동에서 자신의 역할에 최선을 다한다.
공동체 및 상호작용	모둠 내에서 상호 협력하여 상대방을 배려한다.

☞ **탐구 보고서의 평가 기준**

프로젝트 학습에서의 보고서는 자신의 탐구 과정을 체계적으로 정리한 결과물로 다른 사람들에게 자신의 탐구 과정 및 결과를 효과적으로 알리는 데 중요한 역할을 한다. 실제 수업에서 우리는 탐구 보고서의 평가 기준을 가치 있는 탐구를 계획했는지, 다른 팀과는 다른 새롭고 독특한 아이디어를 제시했는지에 관한 독창성과 탐구 과정이 논리적으로 타당한지에 관한 논리성, 문제를 해결하기 위해 문제를 파악하고 적절한 방법으로 문제를 해결했는지에 관한 문제해결력으로 정하여 평가를 진행하였다.

표 2-8 탐구 보고서의 평가 기준

독창성	• 가치 있는 탐구를 계획하였는가? • 새롭고 독특한 아이디어를 제시하는가?
논리성	• 탐구 과정이 논리적으로 타당한가?
문제해결력	• 문제를 해결하기 위한 조사가 충분히 이루어졌는가?

☞ 탐구 결과 발표의 평가 기준

프로젝트 학습에서 자신의 탐구 결과를 다른 사람 앞에서 발표하는 과정은 반드시 필요하다. 이러한 과정을 통해 학생들은 발표 자료를 효과적으로 제작하는 정보처리 능력이나 자신의 의견을 전달력 있게 표현할 수 있는 의사소통 능력을 많이 신장시킬 수 있다. 실제 수업에서 우리는 탐구 결과 발표의 평가 기준을 의사소통 능력과 정보처리 능력 2가지로 정했다. 의사소통 능력은 프로젝트 탐구 과정에 대하여 자신의 생각과 의견을 전달력 있고 명확하게 표현하는지, 친구들의 질문에 적절하게 대답하는지, 발표 시간을 지켜서 발표하는지를 평가하는 것이다. 정보처리 능력은 발표할 내용을 효과적으로 전달할 수 있는 자료를 제작하고 활용했는지를 평가한다.

표 2-9 탐구 결과 발표의 평가 기준

의사소통 능력	• 자신의 생각과 의견을 전달력 있고 명확하게 표현하는가? • 친구들의 질문에 적절하게 대답하는가? • 발표 시간을 지켜서 발표하는가?
정보처리 능력	• 발표할 내용을 효과적으로 전달할 수 있는 자료를 제작 및 활용하여 발표하는가?

☞ 최종산출물의 평가 기준

프로젝트 학습에서 최종산출물이란 탐구 문제를 해결한 결과물로서 탐구 문제를 해결하기 위해 노력한 전 과정의 총 집결체라고 할 수 있다. 일반적으로 최종산출물을 평가할 때는 얼마나 완성도 있는 산출물을 제작했느냐에 초점을 맞추기 쉽다. 하지만 그렇게 되면 학생들은 산출물 완성도에만 집중하게 되어 소수 아이들의 아이디어나 노력으로만 산출물을 제작하게 되는 부작용이 있다. 그래서 산출물 평가에는 팀원들이 모두 참여할 수 있도록 함께 협력하여 산출물을 완성했는지에 대한 평가 기준을 넣어야 한다.

우리는 실제 수업에서 최종산출물 평가 기준을 문제해결력과 협업 능력 두 가지로 정했다. 문제해결력은 최종산출물이 탐구 목적이 달성된 적절한 산출물인지, 가치 있는 산출물인지, 새롭고 독특한 아이디어의 산출물인지 여부를 통해 평가했다. 그리고 협업 능력은 탐구의 전체적인 진행 과정에서 역할을 적절하게 분담했는지, 협력하여 산출물을 완성했는지 여부를 통해 평가했다.

표 2-10 **최종산출물의 평가 기준**

문제해결력	• 탐구 목적이 달성된 적절한 산출물인가? • 가치 있는 산출물인가? • 새롭고 독특한 아이디어의 산출물인가?
협업 능력	• 탐구의 전체적인 진행 과정에서 적절하게 역할 분담을 했으며, 협력적으로 산출물을 완성했는가?

프로젝트 학습, 어떻게 평가할 것인가?

무엇을 평가할지 결정했다면, 어떻게 평가할 것인지 평가의 방법을 결정해야 한다. 평가는 평가 주체에 따라 교사평가가 될 수도 있고, 학생평가가 될 수도 있다. 학생이 평가할 때에 평가의 대상이 본인일 경우 자기평가가 되고, 동료를 평가한다면 동료평가가 된다. 어떻게 하면 평가의 내용을 효율적으로 평가할 수 있을지에 따라 다양한 평가 방법을 활용할 수 있다.

여기에서는 관찰평가, 자기평가, 동료평가에 대해 소개하고자 한다. 평가는 절대적이지 않고, 평가의 목적, 시기 등에 의해서도 다른 방법을 활용할 수 있다.

☞ 관찰평가

평가표를 만들면 좀 더 효율적으로 평가를 진행할 수 있다. 과제 수행도와 태도를 수시로 평가할 수 있도록 표 2-11과 같은 관찰 체크리스트를 제작하여 사용했다. 과제의 수행 여부를 쉽게 확인할 수 있도록 했고, 학습 태도를 3단계로 평가할 수 있도록 했다.

표 2-11 정의적 영역 관찰 체크리스트 예시

정의적 영역 관찰 평가													
팀	이름	참여성	책임감	공동체 상호작용	과제	행동 발달 및 특기 사항	팀	이름	참여성	책임감	공동체 상호작용	과제	행동 발달 및 특기 사항
지구촌구조대	변○○						사회별수호단	유○○					
	남○○							김○○					
	김○○							이○○					
	김○○							박○○					
난민	김○○						지구촌박물관	박○○					
	조○○							유○○					
	황○○							김○○					
2B 2G	유○○							변○○					
	임○○						지온맞	황○○					
	주○○							정○○					
	김○○							홍○○					
수행평가 척도: 상○, 중△, 하×													
수행평가 척도													
참여성	모둠 활동에 바른 태도로 능동적으로 참여한다.												
책임감	모둠 활동에서 자신의 역할에 최선을 다한다.												
공동체 및 상호작용	모둠 내에서 상호 협력하여 상대방을 배려한다.												

☞ **자기평가**

매 차시 수업 후 학생들이 자신의 활동 태도를 평가해서 기록할 수 있다면 프로젝트를 통한 성장에 도움이 될 것이다. 이에 학생 워크북을 제작하게 되었다. 평가 항목은 탐구 활동 이해, 타인 존중 및 협력, 적극적 참여로 선정하여

3단계 자기평가가 가능하도록 했다. 또한 중간 탐구 발표회, 최종 탐구 발표회가 끝난 후 성찰일지를 작성해 3단계 자기평가를 할 수 있게 했고, 프로젝트를 수행하면서 배운 점이나 본인이 잘한 점 또는 부족한 점, 앞으로 더 탐구해야 할 점 등에 관해 생각해보고 반성할 기회를 제공했다. 자기성찰 평가를 통한 프로젝트 성찰일지 작성은 학생의 성장을 가장 가감 없이 잘 보여주는 방법이라고 생각한다.

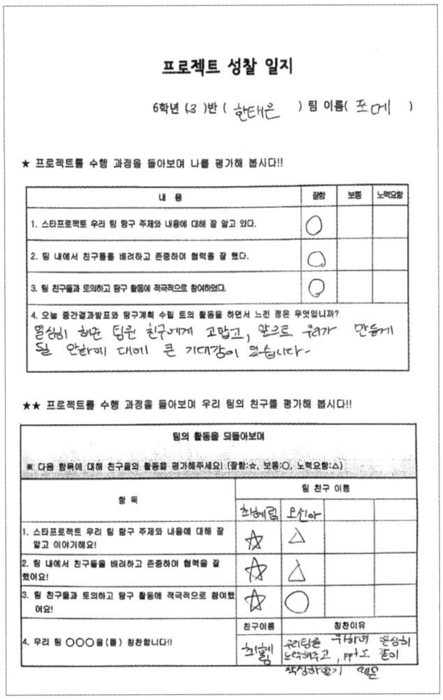

프로젝트 성찰 일지

6학년 (3)반 (한태은) 팀 이름(포메)

★ 프로젝트를 수행 과정을 돌아보며 나를 평가해 봅시다!!

내 용	잘함	보통	노력요함
1. 스타프로젝트 우리 팀 탐구 주제와 내용에 대해 잘 알고 있다.	○		
2. 팀 내에서 친구들을 배려하고 존중하여 협력을 잘 했다.	○		
3. 팀 친구들과 토의하고 탐구 활동에 적극적으로 참여하였다.	○		

4. 오늘 중간결과발표와 탐구계획 수립 토의 활동을 하면서 느낀 점은 무엇입니까?
열심히 해준 팀원 친구에게 고맙고, 앞으로 우리가 만들게 될 안내판에 대해 큰 기대감이 있습니다.

★★ 프로젝트를 수행 과정을 돌아보며 우리 팀의 친구를 평가해 봅시다!!

팀의 활동을 되돌아보며

※ 다음 항목에 대해 친구들의 활동을 평가해주세요! (잘함:☆, 보통:○, 노력요함:△)

항 목	팀 친구 이름			
	최혜림	오신아		
1. 스타프로젝트 우리 팀 탐구 주제와 내용에 대해 잘 알고 이야기해요!	☆	△		
2. 팀 내에서 친구들을 배려하고 존중하여 협력을 잘 했어요!	☆	△		
3. 팀 친구들과 토의하고 탐구 활동에 적극적으로 참여했어요!	☆	○		
4. 우리 팀 ○○○을(를) 칭찬합니다!!	친구이름	칭찬이유		
	최혜림	우리팀을 위하여 열심히 노력해주고, ppt도 같이 작성하였기 때문		

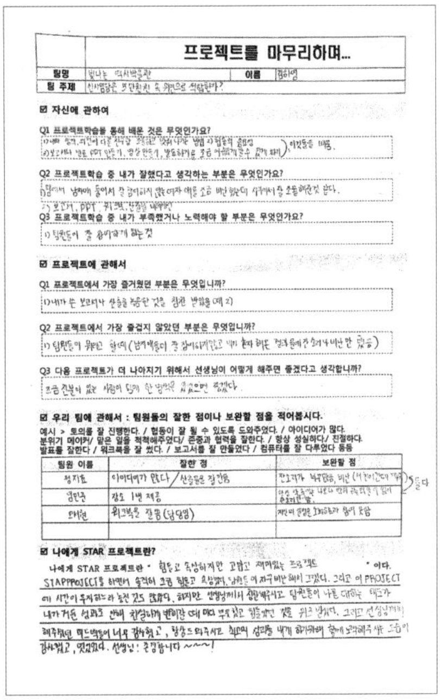

프로젝트를 마무리하며...

팀명	빛나는 역사박물관	이름	김하영
팀 주제			

☑ 자신에 관하여

Q1 프로젝트학습을 통해 배운 것은 무엇인가요?

Q2 프로젝트학습 중 내가 잘했다고 생각하는 부분은 무엇인가요?

Q3 프로젝트학습 중 내가 부족했거나 노력해야 할 부분은 무엇인가요?

☑ 프로젝트에 관해서

Q1 프로젝트에서 가장 즐거웠던 부분은 무엇입니까?

Q2 프로젝트에서 가장 즐겁지 않았던 부분은 무엇입니까?

Q3 다음 프로젝트가 더 나아지기 위해서 선생님이 어떻게 해주면 좋겠다고 생각합니까?

☑ 우리 팀에 관해서 : 팀원들의 잘한 점이나 보완할 점을 적어봅시다.

예시 > 토의를 잘 진행한다. / 협동이 잘 될 수 있도록 도와주었다. / 아이디어가 많다. 분위기 메이커/ 맡은 일을 척척해주었다/ 존중과 협력을 잘한다. / 항상 성실하다/ 친절하다. 발표를 잘한다 / 워크북을 잘 썼다. / 보고서를 잘 만들었다 / 컴퓨터를 잘 다루었다 등등

팀원 이름	잘한 점	보완할 점
	아이디어가 많다	
	워크북을 잘씀	

☑ 나에게 STAR 프로젝트란?

나에게 STAR 프로젝트란 " 힘들고 속상하지만 고맙고 재미있는 프로젝트 " 이다.

그림 2-1 프로젝트 성찰일지 예시

☞ **동료평가**

중간발표 및 최종발표 후 자신의 팀원에 대해 탐구 활동에 대한 이해, 타인 존중 및 협력, 적극적 참여 여부의 3가지 항목을 평가하도록 했다. 또한 다른 팀의 발표를 듣고 3가지 항목(탐구 성실성, 산출물, 발표)에 대해 3단계 동료평가를 실시했다. 학생들의 동료평가 결과는 최종 점수에 반영해 지식나눔강연회 진출팀을 선정하는 데 활용했기 때문에 학생들은 형식적으로 평가를 하지 않고, 평가 기준에 따라 진지하고 객관적인 태도로 평가에 임하는 모습을 보여주었다.

표 2-12 동료평가의 평가 기준 예시

평가 기준	
1) 탐구가 성실하게 잘 진행되었으며, 탐구 주제 해결을 위한 조사가 충분히 이루어졌는가? (3점)	
2) 탐구 주제와 연관된 적절하며 관심을 끄는 산출물인가? (3점)	
3) 발표를 명확하고 설득력 있게 했는가? (3점)	
표기 방법	○: 3점 △: 2점 ×: 1점

팀 이름	팀원명 / 팀 탐구 주제	1) 탐구 성실성 (3점) (○, △, ×)	2) 산출물 (3점) (○, △, ×)	3) 발표 (3점) (○, △, ×)	합계 (9점) 모든 팀 1점 플러스 (총 10점)

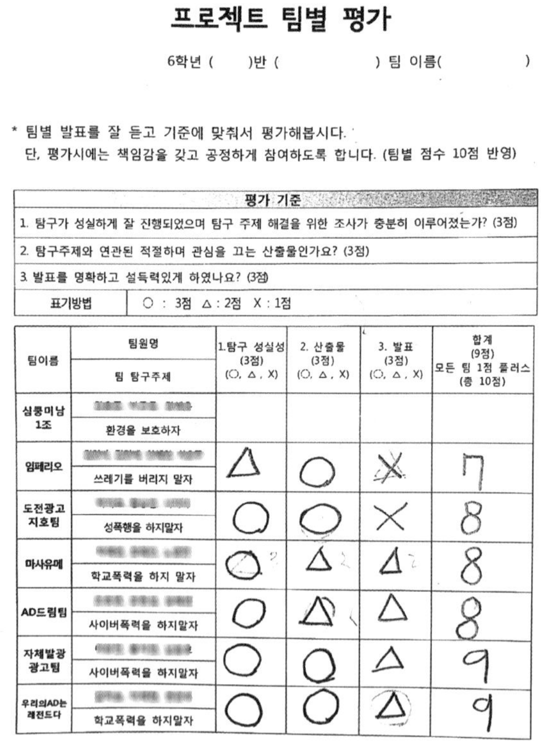

프로젝트 팀별 평가

6학년 (　　)반 (　　　　　　) 팀 이름(　　　　　　)

* 팀별 발표를 잘 듣고 기준에 맞춰서 평가해봅시다.
단, 평가시에는 책임감을 갖고 공정하게 참여하도록 합니다. (팀별 점수 10점 반영)

평가 기준	
1. 탐구가 성실하게 잘 진행되었으며 탐구 주제 해결을 위한 조사가 충분히 이루어졌는가? (3점)	
2. 탐구주제와 연관된 적절하며 관심을 끄는 산출물인가요? (3점)	
3. 발표를 명확하고 설득력있게 하였나요? (3점)	
표기방법	○ : 3점 △ : 2점 X : 1점

팀이름	팀원명 / 팀 탐구주제	1.탐구 성실성 (3점) (○, △, X)	2. 산출물 (3점) (○, △, X)	3. 발표 (3점) (○, △, X)	합계 (9점) 모든 팀 1점 플러스 (총 10점)
심쿵미남 1조	[illegible] / 환경을 보호하자				
임페리오	[illegible] / 쓰레기를 버리지 말자	△	○	X	7
도전광고 지호팀	[illegible] / 성폭행을 하지말자	○	○	X	8
마사유메	[illegible] / 학교폭력을 하지 말자	○	△	△	8
AD드림팀	[illegible] / 사이버폭력을 하지말자	○	△	△	8
자체발광 광고팀	[illegible] / 사이버폭력을 하지말자	○	○	△	9
우리의AD는 레전드다	[illegible] / 학교폭력을 하지말자	○	○	△	9

그림 2-2 동료평가 예시

프로젝트 학습 평가 결과, 어떻게 통지할 것인가?

프로젝트 학습에서 결과 통지의 목적은 학생의 인지적, 정의적 측면에 대해 발전할 수 있는 정보를 제공함으로써 학생들의 전인적 성장을 돕기 위함이다.

프로젝트 학습 결과를 통지할 때는 학생들의 장점, 발전한 점, 개선할 점 등에 대한 구체적인 피드백을 제공함으로써 장점은 격려하고 약점은 보완해나갈 수 있도록 해야 한다. 통지 방법으로는 개인 통지표 제작, 산출물 전시, 학생 및 학부모 상담, 포트폴리오 가정 통지 등의 다양한 방법이 있다. 우리가 실제로 사용했던 통지 방법 몇 가지를 여기에 소개하고자 한다.

☞ **프로젝트 학습 개인 통지표**

배움이 일어나는 ○○ 6학년!!			
나의 프로젝트 활동			

2017학년도 1학기

6 학년   반   교과   이름

평가내용					
평가 영역	평 가 항 목	상	중	하	
문제 해결 능력	1. 탐구 주제에 적절하게 탐구 과정이 전개되었는가?		○		
	2. 다양하고 창의적인 방법으로 문제를 해결하려고 하는가?	○			
	3. 문제가 발생하면 해결방법을 차근차근 생각하고 성실하게 처리하는가?	○			
의사 소통 능력	4. 말 또는 글을 통해 자신의 의견을 명확하게 전달할 수 있는가?	○			
	5. 자신의 생각과 의견을 다양한 방법을 이용하여 효과적으로 표현할 수 있는가?	○			
	6. 다른 사람들의 의견을 신중하게 듣고 상호작용하며 의미를 파악하는가?	○			
협업 능력	7. 팀 활동 시 적극적으로 참여하는가?	○			
	8. 팀 내에서 상호협력하며 상대방을 배려하는가?	○			
	9. 팀의 공동 목적을 달성하기 위하여 자신의 맡은 임무에 책임감을 갖고 최선을 다하는가?	○			

지도교사 종합 의견
- 해결 하여할 문제를 이해하는 속도가 빠르며, 해결과정에서 창의적인 아이디어를 제시하고 다양한 관점에서 접근하여 해결하는 능력을 지니고 있습니다.
- 팀원들과 협력하여 자신의 맡은 역할에 최선을 다합니다.
- 탐구 과정을 체계적이고 논리적으로 정리하여 보고서로 작성하는 능력이 우수합니다.

지도교사

니에게 한마디!

그림 2-3 개인별 통지표 예시

프로젝트 학습은 주로 팀 단위로 이루어지므로 활동 결과 역시 팀 단위로 발표되는 경우가 많다. 하지만 그렇다고 팀원이 모두 똑같은 평가를 받는 것은 아니다. 같은 팀이라도 프로젝트 활동 시 각 개인의 능력과 참여도, 태도 등은 각기 다르다. 따라서 개인 통지표를 제작하여 학생 개인에 대한 평가 및 피드백을 제공해줄 필요가 있다. 옆의 예시 자료에서 볼 수 있듯이 우리는 개인 통지표에 프로젝트를 통해 길러주고자 했던 영역을 토대로 각 평가 항목에 대해 상·중·하로 평가 척도를 나누어 결과를 통지했다. 이와 더불어 평가 결과에 각 학생의 잘한 점과 보완할 점에 대해서 따로 안내해주었다.

☞ 팀별 점수 공개 발표 및 피드백

과제 수행도, 워크북 작성, 중간발표, 최종발표, 학습 태도 등의 각 항목에 대해서는 팀별, 개인별 점수를 공개하고 평가 결과를 안내해줄 필요가 있다. 왜냐하면 이를 통해 학생들은 자신에게 어떤 점이 부족했는지 파악할 수 있고, 프로젝트 수행에 대한 평가가 공평하게 이루어졌음을 이해할 수 있기 때문이다.

팀	홍보물 (10점)		중간 보고서 (5점)	중간발표 (5점)		최종 보고서 (10점)	워크북 (10점)	최종 산출물 (20점)	최종 발표 (20점)	청중 평가 (10점)	과제 (10점) 9,27, 10,11일 조사 숙제 반영	홍보물 제거 감점	기한 감점		총점
	발표용(7점)	질문(3점)		발표(3점)	질의응답(2점)								보고서	산출물	
지구촌구조대	6.5	0.5	5	3	2	10	10	20	19	9	9	-0.5			93.5
2B2G	5.5	2.5	4.5	2	1	8.5	10	20	19	8	10		-0.5		90.5
지구촌박물관	6.5	1.5	4.5	3	0	9	9 (기환감점)	20	20	10	9				92.5
난민'S	7	2	4.5	2.5	1.5	10	10	20	19	7	10	-0.5			93.5
사회별수호단	5	1	5	2	1	8.5	10	18	17	6	9				72.5
헝그리정신	6	3	5	2.5	1.5	10	10	18	19	8	9	+0.5		-2.5	90.0

◆지구촌구조대- 팀원 중 ●●●와 ●●●가 정말 열심히 함. 보고서, 홍보물에서 굉장히 성실히 조사해서 쓴 점이 우수했고 발표도 깔끔하게 잘 했음. 단지 내용을 조금더 외워서 청중으로 보면서 자신있게 발표했으면 하는 아쉬움은 남음.
◆2B2G- 4명의 팀원이 끝고루 열심히 참여하였고 일요일까지 캠페인을 벌인 점과 학생들의 모금활동을 독려하기 위해 집에서 장난감, 먹거리등을 가져오는 성의를 보인 점이 훌륭함. 단, 발표시에 기아에 대해 조사한 부분을 그대로 읽어서 아쉬운 부분이 있었음. 요약하여 정리하여 발표하면 더 좋은 발표가 될 것 같음.
◆지구촌박물관- ●●●가 정말 열심히 하고 나머지 팀원들도 다 같이 협조를 잘해서 열심히 해서 지식나눔강연회에 진출을 못한 점이 아쉬움. 발표 준비도 열심히 잘 했고 스티커 제작 판매, 유튜브 홍보 등이 굉장히 열심히 지구촌 문제를 해결하기 위해 노력함.
◆난민's- 최종보고서: 사랑의 지우개 제작 판매, 홍보물 제작, 영상제작, 보고서 뭐하나 빠짐없이 깔끔하게 잘함. 다만 발표에서 목소리가 조금 작아서 아쉬운 면이 있었음.
◆사회별수호단- 팀원이 뭔가 잘 맞지 않는 느낌 이었음. 발표시 PPT의 조사 내용을 그대로 읽어서 집중도가 떨어지는 느낌이 있었음. 그래도 쓰레기 줍기 캠페인을 열심히 하였고 영상, 보고서도 성실하게 잘 씀.
◆헝그리정신- 팀 워크가 모든 팀 중에 가장 좋았던 것 같음. 셋타 역할 분담이 잘 되고 모금함제작 , 일요일에 안양오거리 홍보 등으로 프로젝트 내내 활동을 매우 열심히 했으나 기한을 지키지 못한 부분이 아쉬움.

그림 2-4 팀별 최종 평가 예시

☞ 프로젝트 우수팀 시상

우리는 프로젝트 수업을 마무리하면서 프로젝트에서 우수한 성적을 거둔 팀에게는 학교장 명의의 상장을 수여해 칭찬과 격려를 해주는 시간을 가졌다. 그런데 꼭 학교장 명의까지는 아니라도 각 학급에서 담임교사 명의의 간단한 상장을 제작해서 수여하면 어떨까? 그것만으로도 학생들에게는 분명 뜻깊은 선물이 될 것이다.

☞ 프로젝트 학습 수료증

우리는 1년 동안의 장기 프로젝트를 마무리한다는 의미로 프로젝트 학습 수료증을 제작해서 학생들에게 수여하기도 했다. 학생들은 결코 짧지 않은 기간 동안 프로젝트를 수행하는 과정 속에서 분명 많은 성장을 이루었을 것이다. 프로젝트 마무리에 수료증을 수여한다면 학생들의 노력과 수고에 대한 칭찬과 함께 학생들에게 오래도록 기억에 남을 좋은 추억을 만들어줄 수 있다.

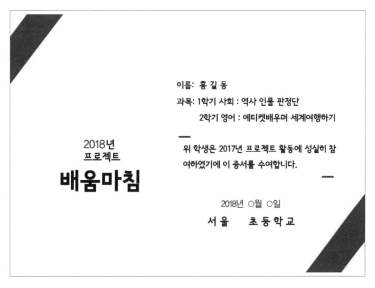

그림 2-5 수료증

학습 자료를 준비하라!

?!

프로젝트의 수행은 혼자가 아닌 협동의 결과물이다. 따라서 프로젝트 성공의 열쇠는 상호작용에 달려 있다고 해도 과언이 아니다. 즉 프로젝트 학습 속에는 학생과 학생, 교사와 학생 등 다양한 상호작용이 일어난다. 친구의 이야기를 경청하는 태도, 바른 태도로 발표하는 방법, 모둠 내에서 다양하게 의견을 주고받는 기술, 함께 토론·토의하는 방법 등 효과적인 상호작용을 위한 기본적인 학습 훈련이 뒷받침된다면 학습의 효과는 더욱 높아질 것이다.

기본 학습 훈련을 할 때 다양한 학습 자료를 활용하는 방법이 있다. 학습 자료는 학습 흥미를 북돋아줄 뿐만 아니라, 학생들이 서로 의사소통하는 과정에서 목표를 달성하는 데 편리하고 유용하다. 따라서 학기 초에 학습 자료를 미리 준비해두고 학생들에게 사용법을 안내하면, 프로젝트 학습뿐만 아니라 다양한 학습 상황 속에서도 응용할 수 있으므로, 매우 유용할 것이다.

이제부터 소개할 학습 자료는 생각나눔판과 내 생각 붙임딱지, 토크스틱, 발표 마이크, 지식나눔 게시판, 지식나눔 Q&A 붙임딱지이다. 지식나눔 게시판과 붙임딱지를 제외한 학습 자료는 모두 학습 자료를 판매하는 인터넷 쇼핑몰 같은 데서 쉽게 구매할 수 있다. 이 책에서 소개하는 내 생각 붙임딱지, 지식나눔 Q&A 붙임딱지는 특별 주문을 통해 제작한 것이다. 제작 업체에 원하는 크기와 색상으로 도안을 제작해서 보내면 나만의 붙임딱지를 만들 수 있다. 학기 초에 이루어지는 학년 학습 준비물 구매를 통해 구입하거나 학급 경영비를 사용하여 구입할 수 있다.

☞ 생각나눔판

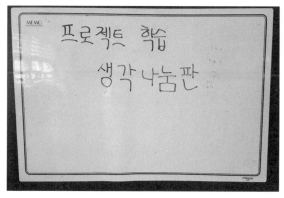

그림 2-6 생각나눔판

생각나눔판은 자석 화이트보드로, 논의한 내용을 적어 팀원들과 공유하고, 의견을 정리하는 활동에서 유용하게 활용할 수 있다. 모둠에서 논의된 내용을 칠판에 붙이면 전체 학생이 내용을 공유하고 논의를 확장해나갈 수도 있다. 3~4명의 학생이 60×40cm 크기의 생각나눔판을 함께 사용하는 것이 적절하다.

☞ 발표 마이크

그림 2-7 발표 마이크

학생들이 수업 중에 활발하게 의견을 개진하는 것은 바람직하지만, 무질서하게 소란을 피우거나, 다른 친구의 발표를 방해한다면 수업 진행에 분명 문제가 될 것이다. 이때 발표 마이크를 가진 사람만 의견을 제시할 수 있도록 한다면 원활한 토의 활동에 도움이 된다. 자신의 의견을 신중하게 발표하는 태도와 함께 다른 사람의 이야기를 경청하는 태도를 기르는 데에 도움이 될 것이다.

☞ 내 생각 붙임딱지

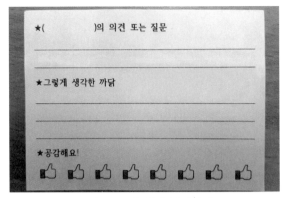

그림 2-8 내 생각 붙임딱지

자신의 생각이 어떤 근거에 의한 것인지 그 이유를 다른 친구들에게 설명한다는 것은 의미 있는 활동이다. 이때 유용한 것이 바로 '내 생각 붙임딱지'이다. 붙임딱지에 자신의 의견과 그렇게 생각한 까닭을 적고 책상 위에 붙여두면, 다른 친구들이 읽어보고 평가를 할 수 있다. '좋아요' 그림에 색칠을 함으로써 공감을 표현하는 것이다. 다양한 의견 중 하나의 의견을 선택하는 활동에서 활용될 수 있다.

☞ 지식나눔 Q&A 붙임딱지

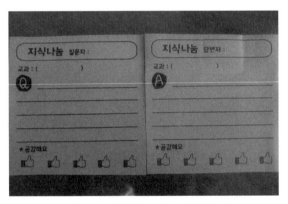

그림 2-9 지식나눔 Q&A 붙임딱지

우리는 프로젝트 학습 진행에 적합한 교실 환경을 구성하기 위해 '지식나눔 게시판'과 'Q&A 붙임딱지'를 제작해보았다. 예컨대 프로젝트 학습과 관련해서 궁금한 점을 'Question' 붙임딱지에 써서 붙이면 다른 학생들이 'Answer' 붙임딱지에 답을 적어 붙여주는 식이다. 지식나눔 게시판을 활성화하기 위한 방안으로 '지식나눔 게시판지기'를 선출하고 질문과 답변을 할 때마다 점수를 얻을 수 있도록 했다. 친구들의 질문에 답하기 위해 집에서 스스로 조사를 해오는 등 즐겁게 지식나눔 게시판 활동에 참여하는 모습을 관찰할 수 있었다.

☞ **토크스틱**

그림 2-10 토크스틱

토크스틱이란 학생들이 자신의 의견을 제시할 때마다 제출하는 일종의 막대이다. 학생들은 2~3개의 토크스틱을 가지고 있다가 자신의 의견을 제시할 때마다 토크스틱을 1개씩 제출하게 된다. 토크스틱을 활용하면, 떠오르는 다양한 아이디어 중 신중하게 생각한 후에 자신의 의견을 걸러서 말하게 할 수 있다. 또한 특정 아이만 의견을 많이 내는 현상을 자연스럽게 견제할 수 있고, 평소 의견을 내는 것에 소극적인 아이도 공평하게 자신의 의견을 낼 수 있는 기회를 제공해줄 수 있다는 측면에서 유용하다.

5

사전 연수로 프로젝트 학습의 효과를 높여라!

프로젝트 학습 방법 맛보기

평소 프로젝트 학습에 대한 경험이 없거나, 아예 프로젝트 학습이 무엇인지조차 모르는 학생도 있을 수 있다. 따라서 수업을 진행하기 전에는 프로젝트 학습에 대한 이해가 선행되어야 할 것이다. 프로젝트 학습을 처음 접하는 학생들에게는 프로젝트 학습의 개념, 탐구 방법, 산출물 제작 방법 등에 대한 학습 연수를 실시함으로써 프로젝트를 잘 이해하고 학습할 수 있도록 하는 훈련 과정이 필요하다.

프로젝트를 수행하는 과정에서 학생들이 주도적인 참여를 할 수 있도록 프로젝트를 시작하기 전뿐만 아니라 프로젝트를 시작한 후에도 지속적으로 프로젝트 연수를 실시하는 것이 좋다. 이를 통해 교사는 학생들이 겪고 있는 어려움을 해소해줄 수 있는 적절한 조언을 제공하고, 학생들이 끝까지 포기하지 않고 프로젝트를 완수할 수 있도록 독려할 수 있다.

실제 수업에서는 제일 처음 프로젝트 학습을 소개하면서 이와 더불어 5개의 과목별 프로젝트를 안내하고 학생들의 희망 교과 지원서를 받았다. 희망 교과 지

프로젝트 학습 연수 내용

- 프로젝트 학습이란 무엇일까요?
- 왜 프로젝트 학습을 해야 할까요?
- 프로젝트 탐구 어떻게 해야 할까요?
- 프로젝트 워크북 작성의 달인!
- 프로젝트 중간 점검 Q&A
- 프로젝트를 하며 좋았던 점 & 힘들었던 점 성찰하기
- 프로젝트 산출물대회 안내 및 질의응답

원서를 바탕으로 학생들의 교과 지망 순위와 각 개인의 리더십, 협업 능력, 발표 능력, 컴퓨터 능력 등을 파악해 교과 배정 및 팀 구성 자료로 활용했다.

프로젝트 학습을 진행하며 학생들이 작성하는 프로젝트 학습 워크북에 대한 연수도 필요하다. 워크북은 학생들의 탐구가 체계적으로 진행되도록 도움을 주고 학생들이 주도적으로 성실하게 탐구를 이뤄가도록 도와준다. 워크북 작성 방법을 학생들이 잘 숙지한다면 워크북은 학생들에게 귀찮고 부담스럽기만 한 무거운 짐이 되는 것이 아니라 탐구를 위한 훌륭한 나침반이 될 것이다.

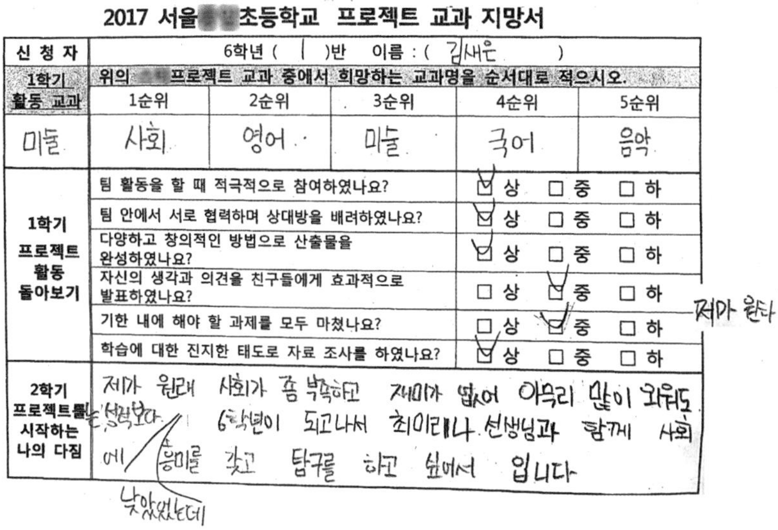

그림 2-11 희망 교과 지망서

단기 프로젝트로 면역력을 키워라!

프로젝트 학습을 처음 접할 때, 학생들은 새로운 학습 방법에 대한 기대감과 호기심으로 설렐 것이다. 하지만 한편으로는 부담감과 함께 두려움도 느낄 수 있다. 따라서 본격적인 프로젝트 학습을 실시하기 전에 먼저 학급에서 간단한 단기 프로젝트를 실시해볼 것을 권장한다. 이러한 단기 프로젝트를 통해 프로젝트 학습의 맛보기를 경험하는 것은 학생들이 프로젝트 학습에 대한 면역력을 키우는 데 큰 도움이 될 것이다.

단기 프로젝트란 2주 정도의 짧은 기간에 걸쳐 프로젝트를 실시해보는 것이다. 이때 프로젝트의 전체 과정 중 학급의 특성, 교과, 차시 등에 따라 필요한 단계만 선택해서, 학생들이 탐구하기에 비교적 용이한 주제로 프로젝트를 진행하는 것이 좋다. 예를 들어 우리는 ① 활동 계획 세우기, ② 탐구하기, ③ 탐구한 내용을 토대로 산출물 만들기, ④ 발표하기의 단계에 따라 6학년 1학기 국어 '우리말 낱말 사용 실태'를 주제로 단기 프로젝트 수업을 진행한 바 있다. 이후 팀별로 고유어·한자어·외래어의 사용 실태를 조사하고 탐구한 결과를 동영상, PPT 등 산출물로 만들어 발표하는 기회를 가졌다.

표 2-13 국어과 단기 프로젝트 자료

학기	교과	단원	프로젝트 주제	활동 방법
6-1	국어	6. 낱말의 분류	우리말 낱말 사용 실태	• 팀별로 우리말 사용 실태를 조사하기 위한 계획 세우기(조사 분야 협의하여 선정하기) • 고유어, 한자어, 외래어 사용 실태를 조사·분석하여 정리하기 • 조사한 내용을 사진, 그림, 도표나 그래프, 동영상 등 다양한 매체를 활용하여 발표하기
6-2	국어	4. 효과적인 관용 표현	관용 표현을 사용하여 더빙하기	• 팀별로 관용 표현을 사용하여 대본 제작 계획 세우기 • 대본 작성을 위한 관용 표현과 그 뜻을 조사하여 정리하기 • 스마트폰 어플을 활용하여 더빙 영상 제작하기

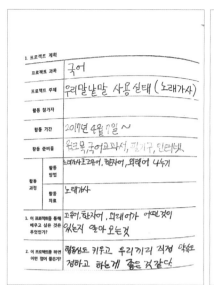

그림 2-12 국어과 단기 프로젝트 자료 실례

국어과 단기 프로젝트 발표 모습

단기 프로젝트는 학생들이 프로젝트를 수행하는 경험을 쌓게 해주고, 프로젝트 학습이 무엇인지 이해하는 데 도움을 준다. 또한 앞으로 진행될 프로젝트 수업에 대한 기대감과 호기심을 높이고, 반대로 새로운 학습 방법에 대한 학생들의 부담감과 두려움은 덜어주는 데 좋은 방안이 될 것이다.

학부모 연수를 통한 프로젝트 학습 홍보하기

교육이 성공하려면 '학교'와 '학생' 그리고 '가정'의 3박자가 잘 맞아떨어져야 한다는 말이 있다. 학교에서 아무리 적극적으로 프로젝트 수업을 운영한다고 해도 가정에서의 이해와 협조가 없다면 그 효과는 미미할 수밖에 없다. 따라서 프로젝트 학습을 시작하기에 앞서 '왜 프로젝트 학습인가?'에 대한 학생의 동의뿐만 아니라, 학부모의 동의와 이해도 반드시 구해야 한다. 프로젝트 학습의 특성상 조사하거나 산출물을 제작하는 등 가정에서 학습을 진행해야 하는 시간도 큰 비중을 차지하기 때문이다.

가정에서 프로젝트 학습에 대한 충분한 이해를 바탕으로 긍정적인 시선을 가지고 적극 협조한다면 프로젝트의 성공에 한층 더 가까이 다가갈 수 있을 것이다. 따라서 학부모들에게 프로젝트 학습에 대해 소개하고 이에 대한 긍정적인 반응을 이끌어내는 과정은 필수이다.

학부모에게 프로젝트 학습에 대해 소개할 수 있는 방법은 다양하다. 가정통신문, 학급 SNS 등 다양한 형태로 소개할 수 있다. 그러나 뭐니 뭐니 해도 가장 효과적인 방법은 직접 학부모를 만나 소개하는 것이다. 이에 학기 초 학부모 총회에서 학급 경영에 대한 안내와 더불어 프로젝트 학습의 필요성과 효과 그리고 교사가 계획한 프로젝트 진행 과정을 설명할 것을 제안한다. 철저하게 준비된 교사의 모습을 보여준다는 것은 학부모들에게 프로젝트 학습에 대한 믿음과 신뢰를 주기에 충분할 것이다.

표 2-14 학부모에 대한 프로젝트 학습 홍보 자료 예시

Motivated 활기찬 어린이	배움 중심 수업
• 교과별 특성에 맞는 다양한 수업 방식(예: 토론 탐구 수업, 하브루타 수업, 거꾸로 가는 교실 수업 등)을 도입 • 협력 학습의 활성화!! • 스타(S.T.A.R) 프로젝트 도입	
• 스타 프로젝트란? • Study Think Acquire Report • 학생들이 원하는 교과를 선택해 격주 수요일 5교시 창의적 체험활동 시간을 이용하여 학기당 10차시로 프로젝트 학습 활동을 실시 • 프로젝트 발표내회를 운영하여 자신이 탐구한 과정 및 제작한 산출물을 전시 및 발표할 수 있는 기회를 제공(학부모 수업 공개)	

프로젝트 학습 전개	
교과 선정 및 지도교사 배정	원하는 교과를 조사하고, 주제 탐구 활동 수행 계획을 작성하여 이를 바탕으로 과목 및 지도교사를 배정한다.
소주제 선정 및 모둠 배정	선택한 교과 안에서 학생들이 탐구해보고 싶은 소주제를 선정하고 비슷한 소주제별로 모둠을 구성한다. 단, 개별화된 과제 연구 활동이 진행될 수 있도록 모둠별로 3~4명의 학생을 배정한다.
지도교사와 함께하는 프로젝트 학습 활동	지도교사는 각 팀의 역할 분담 상황을 확인하고, 탐구 활동의 방향을 잡아주는 역할 및 수행 과정을 교사와 학생이 함께 공유하여 지속적인 관심과 흥미를 유발하는 촉진자 역할을 한다.
전시회 및 지식나눔강연회 운영	학생들이 탐구한 과정 및 탐구 활동 실시 중에 얻는 산출물을 수집하여 전시회를 열고, 산출물을 발표할 수 있는 지식나눔강연회를 1, 2학기 각 1회씩 실시한다.
과정 중심 평가 실시	프로젝트 워크북 안에 프로젝트 학습 과정 활동지를 제작해 학습 과정들을 기록하게 하고, 기록물 및 참여 태도 등을 관찰해 학생들의 정의적 영역까지 평가할 수 있는 평가 도구를 개발하여 과정 중심 평가가 이루어지게 한다.

도전! 프로젝트 수업
10차시 무작정 따라하기

3장에서는 크게 계획하기, 실행하기, 발표하기로 나누어 최종 10차시로 진행되는 프로젝트 수업의 진행

과정을 한눈에 볼 수 있다. 아울러 각 차시별로 어떤 수업이 진행되어야 하는지 자세히 설명해준다. 여기

에서 소개하는 각 차시별 핵심 내용만 제대로 파악해도, 누구나 프로젝트 수업에 도전해볼 수 있다. 아울

러 아직 프로젝트 수업을 해보지 못한 교사라도 수업의 진행 메커니즘을 제대로 이해할 수 있을 것이다.

프로젝트 수업을 시작하기 전에

프로젝트 수업은 정해진 차시나 학습 모형이 있는 것은 아니다. 그러나 프로젝트 수업이 생소한 교사들은 막상 프로젝트 수업에 도전하려면 어떻게 시작하고 진행해야 할지 막막할 것이다. 우리 역시도 우리 팀의 교사 대부분이 프로젝트 수업 경험이 많지 않은 상황에서 6학년 학생 전체를 대상으로 교과별로 프로젝트 수업을 진행해야 하는 우리만의 큰 프로젝트를 만나게 되었다.

우리의 가장 큰 고민은 교과별로 지도교사가 다르기 때문에 프로젝트 수업이 질적으로 차이가 나지 않게 하는 방법에 관한 것이었다. 지도교사의 특성과 성격, 지도 경험에 따라 물론 어느 정도의 차이는 있을 수 있지만 그래도 어느 교사에게 지도를 받건 학생들이 프로젝트를 통해 의미 있는 학습 경험을 할 수 있고, 다양한 역량을 신장시킬 수 있는 방법이 무엇일지 깊이 고민하고 연구를 거듭했다.

고민 끝에 우리가 생각한 방법은 동일한 차시로 프로젝트 수업의 기본 모형을 만드는 것이었다. 그 모형에 따라서 프로젝트 수업을 계획하면 교사별로 크게 차이 없이 성공적인 프로젝트 수업을 진행할 수 있지 않을까 하는 희망을 가지고 프로젝트 수업 모형을 만들어서 그 모형에 따라 수업을 진행해보았다. 그리고 우리는 10차시로 구안한 이 프로젝트 수업에서 학생들의 놀라운 변화를 경험하게 되었다.

우리가 이 책에서 제안하는 10차시의 프로젝트 수업 모형이 정석은 아니다. 또 꼭 그렇게 해야 하는 것도 아니다. 하지만 프로젝트 수업을 어떻게 시작해야 할지 막막한 교사들에게 우리의 모형을 참고하여 프로젝트 수업에 과감하게 도전해보라고 조언하고 싶다.

요리를 할 때 레시피대로 따라하면 어느 정도 요리가 완성되지만, 자기만의 진정 맛있는 요리를 만들려면 레시피를 참고로 해서 수도 없는 실전 연습이 필요한 것처럼 프로젝트 수업도 마찬가지이다. 교사가 수업 모형을 참고로 하여 수많은 실전 경험을 쌓아감으로써 비로소 학생들에게 배움이 일어나는 자신만의 진정한 프로젝트 수업을 만들 수 있다. 프로젝트 수업, 두려워하지 말고 지금 바로 도전하기 바란다!

차시	단계	주요 학습 요소	활동 내용	평가 방법
1-2	프로젝트 계획하기	준비하기 및 소집단 구성하기	• 학습내용 안내 및 탐구 계획 수립하기 • 소집단 구성하기 및 역할 나누기	(교) 관찰 체크리스트 (학) 자기평가
		주제 결정 및 활동 계획하기	• 탐구하고 싶은 주제 선정 및 주제망 짜기 • 조사하는 방법 토의하기 및 활동 계획하기	(교) 관찰 체크리스트 (학) 자기평가
3	프로젝트 실행하기 I	탐구 활동하기	• 각자 조사해온 내용을 토대로 토의하기 • 더 조사해야 할 부분을 협의하고 역할 분담하여 추가 조사하기	(교) 관찰 체크리스트 (학) 자기평가
4		탐구 활동하기	• 조사해온 내용을 최종 정리하기 • 중간발표를 위한 모둠별 역할 분담 및 중간발표 자료 만들기	(교) 중간보고서 평가 및 피드백 (학) 자기평가
5		중간 탐구 결과 발표하기	• 중간 탐구 결과 발표하기 • 선생님 및 다른 팀의 의견을 듣고 세부적인 활동 방법 수정 및 보완하기	(교) 중간 탐구 결과 발표 평가 및 피드백 (학) 자기평가, 동료평가
6	프로젝트 실행하기 II	산출물 제작 계획하기	• 결과물 제작 방법 협의하기 • 산출물 자료 만들기	(교) 관찰 체크리스트 (학) 자기평가
7		최종보고서 작성하기 및 산출물 제작하기	• 최종보고서 작성 방법 알아보기 • 산출물 자료 만들기	(교) 관찰 체크리스트 (학) 자기평가
8		산출물 발표 준비하기	• 좋은 발표 및 발표 방법에 대해 알아보기 • 프레젠테이션 준비 및 역할 분담하기 • 발표 방법 협의 및 발표 최종 점검하기	(교) 최종보고서 평가 및 피드백 (학) 자기평가
9-10	프로젝트 발표하기	최종 탐구 결과 발표하기	• 탐구 과정 및 결과물 발표하기 • 다른 모둠의 발표를 경청하고 질문하기	(교) 산출물 발표 평가 및 피드백 (학) 자기평가, 동료평가
		지식나눔강연회 및 평가하기	• 프로젝트 활동 반성 및 소감 나누기	(교) 개인별 활동보고서 (학) 성찰일지

준비하기 및 소집단 구성하기

이 차시에는 학생들의 학습동기를 극대화시키고, 앞으로
프로젝트 학습을 함께할 팀을 정하는 팀 빌딩 활동이 중요합니다.

1차시 수업은 어떻게 진행되나요?

"Well begun is half done!"

첫 수업은 학생들에게 학습동기를 부여할 수 있는 가장 중요한 차시이다. 아무리 학생들이 희망하는 교과를 선택했다고 해도, 이것만으로는 학습할 만반의 준비가 갖춰졌다고 말하기엔 역부족이다. 따라서 교사는 첫 수업에서 학생들의 마음을 '팀원들과 함께 프로젝트를 멋지게 수행하고 싶다', '빨리 본격적인 탐구 활동을 하고 싶다'는 상태로 변화시켜야 한다. 변화를 일으키는 방법은 크게 두 가지이다. 먼저 교사 자신이 준비되어 있어야 한다. 교사는 프로젝트의 목적과 프로젝트를 통해 무엇을 배우게 하고 싶은지, 학생들이 제작할 최종산출물은 무엇인지를 정확히 인지하고 있어야 한다. 두 번째로 팀원들과의 돈독한 관계를 만들어주는 것이다. 팀원들과의 첫 만남은 서먹하고 때로는 불만을 드러내기도 한다. 교사는 다양한 팀 빌딩 활동을 준비해서 이러한 서먹함을 해소해주고, 팀에 자부심과 애착을 가질 수 있게 도와주어야 한다.

1차시의 수업 전략은?

1. 프로젝트 학습의 전체적인 과정에 대해 자세하게 안내를 해주어 호기심과 탐구심을 유발하고, 프로젝트 학습 참여도를 높인다.
2. 팀 이름 정하기 활동을 통해 자신의 의견을 논리적으로 발표하고, 상대의 의견을 듣고 장단점을 파악하는 연습을 할 수 있도록 하고, 토의 방법을 익힌다.
3. 팀 빌딩 활동을 통해 팀원 간의 친밀감과 화합하는 마음을 돋우고 팀에 대한 소속감 및 애착심을 높인다.
4. 팀 서약서 작성을 통해 본격적인 탐구에 앞서 팀원 간에 서로 배려하고 협력하는 자세를 키울 수 있도록 한다.

1차시에는 어떤 수업 활동이 이루어지나요?

활동 1 **프로젝트 학습의 주제 및 활동 방법 안내**

교사의 역할은 무엇인가?

- 프로젝트 학습의 주제, 학습 과정, 학습목표, 학습 방법 등을 최대한 자세하게 안내해주어 호기심, 탐구심, 참여도를 높일 수 있도록 하기
- 파워포인트(PPT) 자료를 만들어 학생들에게 안내하기
- 프로젝트 진행의 전체적인 흐름을 보며 놓친 부분이 없는지 확인하기

수업 활동 꿀 Tip

1차시 때 학생들과 생각해보면 좋은 질문

☞ 프로젝트의 주제와 목표는 무엇인가?
☞ 학생들이 프로젝트를 통해 무엇을 산출해야 하는가?
☞ 학생들이 프로젝트를 통해 무엇을 길러야 하는가?

교사의 역할은 무엇인가?

- 팀 이름과 이유를 팀원, 프로젝트 주제와 연관 지어 생각할 수 있도록 안내하기
- 활동에 어려움을 겪는 팀은 교사가 개입하여 토의를 함께 진행하기
- 협의 도구(생각나눔판, 발표 마이크, 토크스틱 등)를 활용하여 모둠원이 돌아가며 전부 말하기 연습을 할 수 있도록 지도하기

수업 활동
꿀 Tip

팀은 어떻게 선정하나요?

☞ 간단한 사전 조사지 활용하기

나는 주도적으로 모임을 계획하고 이끈다.	☑ 예 □ 아니오
나는 어떤 친구와도 모둠활동을 잘하는 편이다.	☑ 예 □ 아니오
나는 어떤 과목이든 열심히 탐구할 수 있다.	☑ 예 □ 아니오
나의 발표능력은?	□ 상 ☑ 중 □ 하
내가 컴퓨터로 할 수 있는 것은? (가능한 것 모두 ✓하기)	☑ 한글 ☑ PPT □ 동영상 제작 ☑ 인터넷 검색(탐구 주제와 관련한)

나는 주도적으로 모임을 계획하고 이끈다.	□ 예 ☑ 아니오
나는 어떤 친구와도 모둠활동을 잘하는 편이다.	☑ 예 □ 아니오
나는 어떤 과목이든 열심히 탐구할 수 있다.	☑ 예 □ 아니오
나의 발표능력은?	☑ 상 □ 중 □ 하
내가 컴퓨터로 할 수 있는 것은? (가능한 것 모두 ✓하기)	□ 한글 □ PPT □ 동영상 제작 ☑ 인터넷 검색(탐구 주제와 관련한)

학생이 답변한 사전 조사지의 예

사전 조사지를 활용해 그 결과에 따라 팀을 구성하는 방법을 활용했다. '주도적으로 모임을 계획하고 이끈다'를 선택한 학생들이 팀별로 한 명씩 들어가도록 구성하면 팀별로 리더를 선정하는 데 용이할 것이다. 또한 한글이나 PPT, 동영상 작업, 검색을 할 수 있는 학생이 팀에 고루 배정될 수 있도록 구성하면 산출물을 제작하는 데 도움이된다.

교사의 역할은 무엇인가?

- 팀 빌딩 활동을 할 때에는 팀원과 팀의 장점을 부각시킬 수 있도록 준비하며, 활동 중간에는 팀별로 칭찬과 격려를 많이 해주어 학생들이 자신의 팀에 자부심을 갖도록 지도하기

**수업 활동
꿀 Tip**

간단한 팀 빌딩 활동 아이디어

☞ 포스트잇 붙이기

- 준비물: 포스트잇
- 활동 방법

① 포스트잇을 얼굴, 몸 등에 붙인다.

② 신나는 음악에 맞춰 몸을 움직여 붙어 있는 포스트잇을 뗀다. 단, 손은 사용하지 않는다.

❝친구들의 모습을 보고 자연스럽게 웃음이 유발되며
신나는 노래와 함께 긴장감이 풀리는 효과가 있어요!❞

☞ 그림 이어 그리기

- 준비물 : 보드마카, 보드판, 지우개, 안대, 타이머, 제시어
- 활동 방법

① 문제를 맞힐 순서를 정한다. (모든 팀원이 한 번씩 해볼 수 있도록)

② 문제를 맞힐 사람은 안대를 쓰거나 책상에 엎드린다.

③ 그림을 그릴 나머지 팀원은 제시어를 확인한다.

④ 돌아가면서 주어진 시간 동안 그림을 이어 그린다.

⑤ 제한 시간이 끝나면 문제를 맞힌다.

❝하나의 그림을 함께 완성하면서
재미와 협동심을 함께 잡을 수 있어요!❞

1차시 수업에서 나온 다양한 팀 이름

| 활동 4 | 팀 서약서 작성하기 |

교사의 역할은 무엇인가?

• 팀원 한 사람 한 사람의 역할이 중요함을 느낄 수 있도록 팀원들이 한목소리로 '우리의 약속'을 읽은 후 서약서를 작성하도록 지도하기

1차시의 평가는 어떻게 진행하나요?

평가 문항	평가 방법
- 구성된 팀원들과 의사소통하며 팀명을 정할 수 있는가? - 팀 서약서를 통해 팀원들을 배려하고 자신의 맡은 역할에 최선을 다하려고 노력하는가?	(교) 관찰 체크리스트 (학) 자기평가

교사들의 talk? talk!

최교사 : 다들 수업 어떠셨어요?

심교사 : 저는 시간이 많이 부족했어요. 활동 1인 프로젝트 소개가 길어져서 그런 것 같아요. 팀 발표에 앞서서 아이들에게 프로젝트 수업에 있어서 협동의 중요성에 대해 설명하다 보니 거의 20분이 지나 있더라고요. 그래서 준비했던 팀 빌딩 활동을 못해서 아쉬웠어요. 다들 팀 빌딩 하셨나요?

김교사 : 네! 저는 팀 빌딩 포스트잇 붙이기, 그림 이어 그리기 활동을 했습니다. 몸을 움직여서 하는 활동들이라서 그런지 아이들이 굉장히 좋아했어요. 특히 그림 이어 그리기 활동은 제 교과인 미술과도 잘 맞아서 좋았습니다.

조교사 : 팀원들의 케미는 어떠한가요? 저는 몇몇 걱정되는 팀들이 있어요. 첫날이라 어색한 것도 있겠지만 팀명 정하기부터 어려워하는 팀들도 있네요.

이교사 : 저희도 그런 팀이 있어서 제가 오늘 많이 도와주었습니다. 여자 2명에 남자 1명인 모둠이었는데, 평소 활발한 남학생인데 친하지 않은 다른 반 여학생들과 있으니 소극적으로 임하더라고요. 그래서 제가 팀명 정하기 시간에 직접 개입해서 아이디어도 함께 내고 토의도 도와주니 수업이 끝날 때쯤엔 많이 친해진 모습이었습니다.

김교사 : 저희는 몇몇 아이들이 팀에 대한 불만을 표하기도 했어요. 친한 아이들과 하고 싶은 아이들, 남자끼리 여자끼리 하고 싶어 하는 아이들도 있어 머리가 좀 아팠습니다.

최교사 : 저는 그래서 미리 프로젝트 학습의 의미와 협동의 중요성에 대해서 설명을 해주고 불만이 있는 팀에게는 직접 가서 이렇게 팀을 구성한 이유 등에 대해서 설명을 하니 아이들이 어느 정도 수긍하는 분위기였습니다.

Q : 팀 빌딩 활동 이후에도 어색함이 남아 있는 팀은 어떻게 해야 하나요?

A : 그러한 팀에게는 교사가 더 많은 관심을 주어야 합니다. 토의할 때 함께 참여하는 등의 관심을 보이며 협동할 수 있게 도와준다면 시간이 지남에 따라서 점점 나아 지는 모습을 보이게 됩니다.

Q : 팀은 어떻게 구성하는 것이 좋은가요?

A : 특별히 정답이 있는 것은 아닙니다. 팀을 구성하는 방법은 다양합니다. 동질 집단 으로 구성하는 방법도 있지만, 이 수업에서는 이질 집단으로 구성했습니다. 사전 조사지를 배부하여 각각의 아이들의 특성을 파악한 후 반, 성별, 성향, 능력 등을 고려하여 교사가 모든 팀을 구성했습니다.

Q : 팀에 대한 불만은 없었나요?

A : 팀을 발표하기 전에 미리 프로젝트 학습의 의미와 협동의 중요성에 대해서 설명 을 해주고 또 마음에 안 들어 하는 팀에게는 직접 가서 이렇게 팀을 구성한 이유 에 대해서 말해주니 아이들이 충분히 이해했습니다. 드문 경우로 회의마다 다툼 이 벌어지거나 함께할 때 오히려 역효과를 주는 팀원들은 초반에 다른 팀원과 바 꿔줄 수도 있습니다. 하지만 이렇게 할 경우 다른 학생들도 너도나도 다른 팀으로 바꿔달라고 요구할 수 있으므로 신중하게 선택해야 합니다.

Q : 팀 이름 정하기에 어려움을 느끼는 팀에게는 어떤 도움을 줄 수 있나요?

A : 팀명 짓기에 앞서 다음과 같은 것들을 생각해볼 수 있도록 도움을 줄 수 있습니다.

- 교과의 주제와 연관된 팀명은 없을까?
- 우리 팀은 어떤 친구들로 구성되어 있을까?
- 우리 팀이 추구하는 방향성은 어떤 것이 있을까?

1차시 수업에 사용한 활동지를 소개합니다!

활동 2 팀 이름 정하기

토의하기	우리 팀 이름을 정하기

토의 주제: 우리 팀의 성격과 특징이 잘 나타나도록 팀 이름을 정해봅시다

내 의견	
그렇게 생각한 까닭	

▼

의견 나누기 및 의견 모으기	팀원 이름				
	팀명				
	이유				
	장점				
	단점				

▼

의견 결정 하기	모둠원끼리 다수결을 통해 모둠의 이름을 결정하여 봅시다. • 결정된 방안 : 우리 모둠의 이름은 ( )(으)로 결정하였습니다.

활동 3 팀 빌딩하기

미션 1	기선 제압!! 우리 팀이 최고!!

★우리 팀의 자랑을 가능한 많이 찾아서 적어보고 1분 동안 발표해봅시다!

우리 팀 이름:	
우리 팀의 자랑	

미션 2	우리 팀의 경쟁 상대는 너로 정했어!!

★우리 팀을 제외하고 어느 팀이 경쟁력이 막강한지 예상해봅시다!

이 팀 막강하다!!	팀
이　유	

활동 4 팀 서약서 작성하기

프로젝트 팀 서약서

우리는 _____의 팀원으로 프로젝트 수업에 임할 때 아래의 약속을 지킬 것을 서약합니다.

☞ 프로젝트 팀원으로서 맡은 일에 최선을 다하겠습니다.

☞ 함께하는 프로젝트 팀원들을 존중하고 서로의 의견을 경청하겠습니다.

☞ 프로젝트 활동에 적극적으로 참여하여 프로젝트 활동이 잘 수행될 수 있도록 협력하겠습니다.

☞ 어려움이 있을 때에는 팀원이나 선생님께 적극적으로 도움을 요청하겠습니다.

☞ _____

날짜 : 20   년   월   일

팀원 이름	맡은 역할	팀원 서명(사인)

주제 결정 및 활동 계획하기

앞으로 어떤 주제로 탐구를 진행할 것인지 결정하고,
앞으로의 탐구 활동에 대한 계획을 세우는 차시입니다.

2차시 수업은 어떻게 진행되나요?

두 번째 시간은 팀별로 한 학기 동안 탐구할 주제를 결정하고 탐구 계획을 세우는 것이 핵심 주제이다. 첫 번째 수업 후 학생들은 일주일 정도의 시간을 갖게 된다. 이 시간 동안에 학생들은 교과 프로젝트의 큰 주제에 맞춰 개인별 또는 팀별로 어떤 주제를 탐구하면 좋을지 찾는다. 조사하는 과정에서 학생들은 자연스럽게 좀 더 관심이 가는 세부 주제를 발견해간다. 예를 들어 큰 주제가 '역사인물 판정단'이라면 조사하는 과정에서 내가 관심이 가는 역사인물을 발견할 것이다.

수업 시간에는 각자 조사했던 내용들을 모아 팀원들과 공유한다. 우리 팀이 탐구할 주제를 토의를 통해 결정한 후 주제망과 탐구 계획을 작성하는 것으로 수업이 진행되는 것이다. 이 차시는 학생들 스스로 진행하는 부분이 많기 때문에 활동 시간에 교사는 교실 곳곳을 돌아다니며 각 팀별로 필요한 피드백을 적절히 제공하는 것이 중요하다.

2차시의 수업 전략은?

1. 팀원들이 조사해온 내용을 토대로 원활한 토의가 진행될 수 있도록 생각나 눔판과 발표 마이크를 적절히 사용한다.
2. 의견들을 수렴하는 의사 결정 과정을 통해 팀원 간 협력을 도모한다.
3. 주제망 작성을 통해 다양한 아이디어를 내면서 사고를 확장할 수 있도록 한다.
4. 각자 작성한 주제망은 팀원들과 공유하여 더 나은 아이디어로 발전시킨다.
5. 프로젝트 계획을 세워봄으로써 팀별로 어떤 과정으로 프로젝트를 진행해 나갈지 스스로 느낄 수 있도록 한다.

2차시에는 어떤 수업 활동이 이루어지나요?

활동 1 **주제망 작성 및 공유**

교사의 역할은 무엇인가?

- 예시를 보여주며 어떤 방법으로 주제망을 작성해야 하는지 설명하기
- 무엇에 대한 주제망을 작성하는 것인지 명확히 안내하기
- 활동에 어려움을 겪는 팀 개별 지도하기
- 최대한 많은 아이디어를 생각할 수 있도록 편안한 수업 분위기 조성하기

수업 활동
꿀 Tip

생각나눔판으로 팀 주제망 작성

☞ 팀별로 하나의 주제망을 함께 작성할 때 용이
☞ 생각이 꼬리에 꼬리를 물어 다양한 아이디어를 낼 수 있도록 가운데에 크게 주제를 적은 후 생각나는 아이디어를 동시다발적으로 적기

교사의 역할은 무엇인가?

- 프로젝트 목표에 맞는 탐구 주제를 정할 수 있도록 안내하기
- 팀별 토의를 원활하게 진행할 수 있도록 생각나눔판, 발표 마이크 준비해주기
- 토의 시간에 돌아다니면서 팀별로 피드백해주기

수업 활동
꿀 Tip

생각나눔판, 발표 마이크 활용

☞ 생각나눔판을 활용해 주제에 대해 떠오르는 생각을 자유롭게 적도록 지도하기
☞ 발표 마이크를 통해 돌아가며 말하기와 경청하기 연습하기

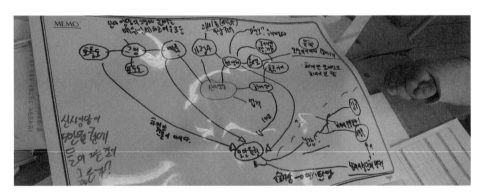

생각나눔판을 활용해 주제에 대해 떠오르는 생각을 자유롭게 적은 모습

활동 3　프로젝트 계획서 작성

교사의 역할은 무엇인가?

- 각각의 항목을 자세히 설명해주기
- 정답보다는 팀원들과 토의를 통해 표를 완성해갈 수 있도록 지도하기
- 모든 학생이 작성하도록 함으로써 학생 본인이 어떤 과정으로, 어떤 일을 하게 되는지 스스로 느낄 수 있도록 하기
- 팀원 개개인의 역할이 중요함을 언급하기

2차시의 평가는 어떻게 진행하나요?

평가 문항	평가 방법
- 탐구 과정에서 해결해야 할 문제에 대해 다양한 아이디어를 제시할 수 있는가? - 상대방의 의견에 경청하고 나의 의견을 명확히 전달할 수 있는가? - 팀 내에서 팀원들을 존중하며 팀 활동에 최선을 다했는가?	(교) 관찰 체크리스트 (학) 자기평가

교사들의 talk? talk!

2차시 수업연구

최교사 : 오늘 수업은 어떠셨나요? 먼저 첫 번째 활동인 주제망 작성하기, 어떻게 진행하셨어요?

조교사 : 저는 먼저 예시를 제시한 다음 각자 워크북에 작성해보라고 하였어요. 마인드맵은 6학년 아이들에게 비교적 익숙한 형태라 쉽게 접근했습니다.

이교사 : 저도 처음엔 각자 시간을 주었는데요. 서로 수준 차가 크고 의견들이 머물러 있는 경우가 많아서 생각나눔판을 주고 팀원들과 함께 작성하라고 안내했습니다. 이때 예쁘게 적을 필요 없이 생각나는 것을 누구든지 자유롭게 적어보라고 하니 개별적으로 작성할 때보다 더 많은 아이디어가 나왔습니다.

최교사 : 두 번째 활동은 어떠셨어요?

심교사 : 오늘은 첫 번째 수업보다 제 설명을 줄이고 아이들이 팀원들과 이야기할 시간을 충분히 주었습니다. 그런데 프로젝트에 대한 충분한 이해가 부족한 탓인지 핵심이 없는 겉도는 이야기나 같은 이야기를 반복하는 팀들이 많았습니다.

최교사 : 저도 그래서 각 팀별로 다 돌아다니면서 하나의 멤버로 제가 활동했습니다. 아이들에게 무작정 토의하라고 시키면 주제와 어긋난 방향을 토의하고 있는 경우가 많아서 교사가 직접 돌아다니면서 진행 상황을 보고 체크해주는 것이 필요한 것 같아요.

김교사 : 전 탐구 계획서를 작성하는 세 번째 활동을 할 시간이 부족했어요. 아이들이 주제를 정하는 데 상당한 시간이 소요되었고, 또 프로젝트 계획서의 몇몇 용어들은 설명이 필요해 작성할 시간이 부족했습니다.

2차시 수업에 사용한 활동지를 소개합니다!

활동 1 주제망 작성 및 공유

- **프로젝트 활동 주제에 대한 Mind-Map 그리기**

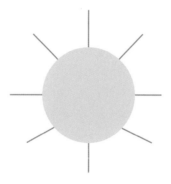

활동 3 프로젝트 계획서 작성

프로젝트 교과		
프로젝트 주제		
활동 참가자		
활동 기간		
활동 준비물		
활동 과정	활동 방법	
	활동 자료	
역할 분담		
1. 이 프로젝트를 통해 배우고 싶은 것은 무엇인가요?		
2. 이 프로젝트에 어떤 자세로 참여할 것인가요?		
프로젝트에 앞서 나의 다짐 한마디!		

탐구 활동하기 1

이제부터 본격적인 탐구 활동이 시작됩니다.
교사는 학생들이 학습목표를 제대로 달성할 수 있도록 수시로 조언을 해주어야 합니다.

3차시 수업은 어떻게 진행되나요?

3차시부터 학생들의 탐구 활동이 본격적으로 시작된다. 수업의 주인공이 각 팀의 팀원들이 되는 것이다. 주인공이 되는 만큼 학생들의 역할도 중요해진다. 학생들은 3차시 수업을 위해 2차시 수업 이후 교사가 안내하는 과제를 성실히 수행해와야 한다. 이 과제물이 곧 수업 자료가 되기 때문이다.

그렇다면 교사는 무엇을 해야 할까?

교사는 각각의 팀들이 40분 동안 시간을 허투루 보내지 않고 의미 있는 회의를 진행할 수 있도록 도와주어야 한다. 의미 있는 회의란 교사가 정한 활동 목표에 도달할 수 있는 회의를 말한다. 예컨대 '조사해온 에티켓을 공유하고 탐구할 에티켓 3개 결정하기'와 같이 구체적인 목표를 생각해야 한다.

하지만 목표만 제시한 채 무작정 회의를 하라고 지시한다면 학생들은 아무것도 할 수 없을 것이다. 따라서 교사는 활동 목표에 맞춰 단계별로 무엇을 해야 하는지, 과제를 수행하려면 어떤 역할들이 필요한지, 언제까지 이 과제를 해야 하는지 정확히 안내해야 한다. 학생들이 가진 능력은 저마다 다르기 때문에 역할 분담을 할 때 교사가 적절히 개입해서 도움을 주는 것도 좋다. 또한 자꾸 의견 충돌이 되어 토의를 진행하지 못하는 팀에게도 적절한 시기에 개입해서 도움을 주어야 한다.

3차시의 수업 전략은?

1. 탐구 활동이 원활하게 이루어질 수 있도록 스마트폰, 노트북 등 전자기기를 자유롭게 활용하도록 한다.
2. 본격적인 탐구 방향을 잡을 수 있도록 팀원들과 협의할 시간을 충분히 부여한다.
3. 교사는 팀별 토의 진행 과정을 수시로 점검하여 탐구가 올바른 방향으로 진행될 수 있도록 도움을 준다.
4. 팀 내에서 역할 분담이 골고루 이루어질 수 있도록 한다.

3차시에는 어떤 수업 활동이 이루어지나요?

활동 1 **조사한 내용 공유하기**

교사의 역할은 무엇인가?

- 2차시 이후 학생들이 조사를 할 수 있도록 과제에 대해 정확히 안내하기
- 조사한 내용을 팀원들과 어떻게 공유해야 하는지 설명하기
  〈예시〉
  ① 팀 내에서 발표할 순서를 정한 후 돌아가면서 자신이 조사해온 것을 발표한다.
  ② 이때 워크북에 친구들이 조사해온 내용을 간략히 적으면서 경청한다.
  ③ 발표가 끝나면 팀장을 중심으로 토의를 진행한다.
- 조사할 때는 인터넷, 도서, 영상 등 다양한 매체를 활용할 수 있도록 하기

팀원들끼리 스마트폰을 활용해 조사 활동을 하는 모습

활동 2 역할 분담하기

교사의 역할은 무엇인가?

- 어떠한 역할들이 필요한지 안내하기
- 정해진 역할을 언제까지 완료해야 하는지 안내하기
- 적절하게 역할이 배분되어 있는지 확인하기

3차시의 평가는 어떻게 진행하나요?

평가 문항	평가 방법
- 탐구 과정에서 해결해야 할 문제에 대해 다양한 아이디어를 제시할 수 있는가? - 상대방의 의견에 경청하고 나의 의견을 명확히 전달할 수 있는가? - 팀원들을 배려하며 자신의 맡은 역할에 최선을 다하는가?	(교) 관찰 체크리스트 (학) 자기평가

교사들의 talk? talk!

김교사 : 오늘 수업은 프로젝트 학습이 본격적으로 시작됐다는 생각이 들었어요. 저번 시간까지는 학생들이 주제를 잡고 전체적인 계획을 세웠다면, 이번 시간부터는 직접 조사하는 활동이 시작되어서 그런지 더욱 활기찬 수업이었습니다.

최교사 : 맞아요! 아이들이 팀원들과 함께 무언가를 스스로 한다는 사실 자체를 굉장히 뿌듯해했습니다.

이교사 : 학생 위주로 진행이 되었지만 저 역시 매우 바쁜 시간이었습니다. 팀별로 진행 상황을 체크하고 그에 적절한 피드백을 해주느라 오늘도 정신없었네요.

심교사 : 1, 2차시보다 말을 더 많이 한 것 같아요. 조사를 많이 해온 팀은 자연스럽게 회의가 잘 진행되었지만, 조사 과제를 제대로 해오지 않은 팀은 그 시간에 스마트폰으로 검색하며 찾다 보니까 같이 토의하기보다는 각자 찾아보는 시간이 된 경우도 있어서 아쉬웠어요. 과제를 해오지 않은 아이들은 어떻게 해야 할까요?

조교사 : 저는 처음부터 과제를 평가에 반영한다고 안내했어요. 최종 지식나눔강연회에 나갈 팀을 결정하는 데 과제 점수도 반영이 된다고 하니 팀장 중심으로 아이들에게 안내하는 모습을 보였어요.

최교사 : 네, 저도 팀 그룹방을 만들어서 적극적으로 토의하라고 안내했어요. 반이 다르고 각자 스케줄이 있어서 실제로 만나서 토의할 시간이 부족할 것 같아 SNS를 활용하기로 하였습니다.

탐구 활동하기 2

앞 차시의 탐구 활동을 정리하고, 중간발표를 준비하는 시간입니다.
교사는 중간발표를 위해 무엇을 준비해야 하는지 지도해야 합니다.

4차시 수업은 어떻게 진행되나요?

4차시 수업은 3차시 수업에 이은 두 번째 탐구 활동 시간이다. 3차시의 탐구
활동은 조사해온 것을 공유하고 문제해결을 위한 토의로 진행이 되었다면, 4
차시의 탐구 활동은 '탐구 내용 정리하기'와 '중간발표 준비하기'로 나뉜다.

　먼저 '탐구 내용 정리하기'는 말 그대로 정리이므로 새로운 내용을 찾기보다
는 그간 진행되었던 논의들을 마무리하고 정리하는 시간을 갖는 것이 중요하
다. 그다음은 '중간발표 준비하기'이다. 5차시 수업 전까지 학생들을 전체적으
로 만날 시간이 없으므로 4차시 수업을 통해 중간발표에 대해 안내해주어야
한다. 이를 위해 교사는 중간보고서와 중간발표 PPT의 형식, 중간발표의 전체
적인 과정을 미리 생각해봐야 한다. 이때 안내되어야 할 것은 무엇을 작성해
야 하는지(중간보고서), 무엇을 만들어야 하는지(중간발표를 위한 PPT 자료), 어
떻게 발표가 이루어지는지(시간, 발표 순서 등), 평가는 어떻게 이루어지는지 등
이 있다. 평가 항목을 미리 안내함으로써 학생들이 발표 준비를 교사가 안내
한 평가 항목에 따라 체크하면서 진행할 수 있다.

4차시의 수업 전략은?

1. 수업 초반에 그간의 탐구 과정을 함께 되짚어보면서 주제에 맞게 진행하고 있는지 확인한다.

2. 새로운 내용을 찾기보다는 이미 조사했던 내용들을 정리하고 다지는 시간이 될 수 있도록 한다.

3. 중간발표의 목적을 학생들에게 분명히 설명하여 경쟁하는 시간이 아닌 더 훌륭한 최종발표를 위해 서로 의견을 나누고 도움을 주는 시간임을 인식하게 한다.

4. 중간발표를 위한 보고서와 PPT 형식을 명확히 제시하여 학생들이 정해진 순서에 따라 발표를 준비할 수 있도록 도움을 준다.

5. 4차시 이후 팀별 개별 면담을 통해 중간발표회가 어느 정도 진행되고 있는지 점검해준다.

4차시에는 어떤 수업 활동이 이루어지나요?

활동 1 **탐구 활동 마무리하기**

교사의 역할은 무엇인가?

- 기존에 학생들이 탐구한 것을 잘 마무리 지을 수 있도록 도와주기
- 진행 상황을 파악하고 자료 조사가 미흡한 부분은 알려주기
- 팀원 모두가 진행되고 있는 과정에 대해 인지하고 있는지 확인하기

팀원끼리 모여 그간의 탐구 활동을 정리하는 모습

활동 2 　중간발표 자료 만들기

교사의 역할은 무엇인가?

- 중간보고서에 담겨 있는 각각의 항목이 어떤 의미인지 명확히 설명해주기
- 학생들이 좀 더 쉽게 접근할 수 있도록 쉬운 예시를 들어 설명하거나 학생들과
  함께 이야기하면서 작성 방향을 의논하기
- 팀원 간 역할이 잘 분배되고 있는지 확인하기

서로 협동해 중간발표 자료를 만드는 모습

4차시의 평가는 어떻게 진행하나요?

평가 문항	평가 방법
- 탐구 과정에서 해결해야 할 문제에 대해 다양한 아이디어를 제시할 수 있는가? - 상대방의 의견에 경청하고 나의 의견을 명확히 전달할 수 있는가? - 팀원들을 배려하며 자신의 맡은 역할에 최선을 다하는가?	(교) 관찰 체크리스트 (학) 자기평가

교사들의
talk? talk!

4차시 수업연구

심교사 : 중간보고서 작성 수업은 컴퓨터실을 활용해서 진행해도 괜찮은 것 같아요. 아이들이 직접 파일을 보며 설명을 들으니 좋았습니다.

김교사 : 저는 교실에서 진행했어요. 팀별로 중간보고서 틀을 주고 역할 분담도 해보고, 어떤 내용을 담으면 될지 함께 이야기하는 시간을 주니 팀장을 중심으로 회의를 진행해나가는 모습을 관찰할 수 있었습니다.

조교사 : 중간발표 보고서와 중간발표 PPT가 같은 순서로 진행됨에도 불구하고 아이들이 잘 이해하지 못하는 모습을 보였습니다. 지금까지 탐구해온 내용을 글로 정리해보는 것이 보고서이고, 이를 다른 사람들에게 발표하기 위해 깔끔하게 만드는 것을 PPT 자료라고 정확히 안내하는 것이 필요할 것 같아요.

이교사 : 네, 저희 반도 그랬어요. 중간발표를 위해 제작하는 PPT를 최종산출물 결과 PPT로 착각하는 팀들이 굉장히 많아서 전체적으로 다시 설명해주어야 했습니다.

최교사 : 프로젝트의 큰 과정을 항상 아이들에게 설명해주고 지금 현재 하고 있는 것이 무엇인지 인지시켜주는 게 좋을 것 같아요. 어떤 아이들은 어떤 식으로 진행되는 것인지 이해하고 과제를 수행하지만, 몇몇 아이들은 과연 의미 있게 프로젝트를 수행하고 있는지 하는 걱정이 들기도 합니다. 이번 중간보고서를 함께 작성하면서 어떤 식으로 진행이 되고 있는지 아이들 스스로 느끼는 시간이 되었으면 좋겠어요.

이교사 : 저도 팀별 면담을 하면서 주도적으로 하는 학생을 제외한 다른 학생들에게 질문을 많이 하는 편입니다. 대답은 하지만 명확히 알고 있지 않다는 느낌을 받은 적이 꽤 있습니다. 모든 아이들에게 의미 있는 수업을 하기란 참 어렵다는 생각이 드네요.

4차시 수업에 사용한 활동지를 소개합니다!

■ 1. 중간보고서 작성법

프로젝트 산출물 발표대회 중간보고서			
프로젝트 주제		교과명	
팀 명		지도교사	
팀 원	학년-반	이 름	주 역할
주제 선정 이유	☞ 이 프로젝트를 수행할 필요와 원인은 어디에 있는가가 나타날 수 있게 구체적이고 분명하게 써야 한다.		
탐구 방법	☞ 이 주제를 어떻게 탐구할 것인지에 대한 방법을 구체적으로 작성한다.		
탐구를 통해 알게 된 내용	☞ 탐구하면서 조사한 내용이나 아이디어 등을 일목요연하게 정리하여 작성한다. (자세하게 쓰기!!)		
프로젝트 결과물 제작 방법	☞ 프로젝트 결과물을 어떻게 제작할지 간략하게 작성한다. (PPT, 영상, 캠페인 홍보 등등)		

☞ 프로젝트 진행 과정이 잘 드러나도록 1주 간격으로 내용을 쓰도록 한다.

프로젝트 과정 (일정)		일 시	탐구 내용
	1주	9.13~9.19	
	2주	9.20~9.26	
	3주	9.27~10.4	
	4주	10.5~10.10	
	5주	10.11~10.17	
	6주	10.17~10.25	

어려웠던 점 이나 느낀 점	이 름	소 감

중간보고서 작성 TIP

1. 역할을 반드시 나눠서 작성하기!!
2. 제출 기한 반드시 지키기!!
3. 자세하고 성의 있게 작성하기!!
4. 프로젝트 중간보고서 틀과 발표 PPT 양식은 카페에 있음!!

■ 2. 중간발표 ppt 형식

중간 탐구 결과 발표하기

중간발표의 의의는 앞으로의 탐구 방향을 올바로 설정하고,
지난 탐구 활동에서의 부족한 점을 보완하는 데 있습니다.

5차시 수업은 어떻게 진행되나요?

5번째 수업은 일종의 성찰을 도모하는 시간으로 정의해볼 수 있다. 수업의 진행은 간단하다. 각 팀들은 4차시 수업 이후 중간보고서를 작성하게 된다. 이보고서를 토대로 중간발표 PPT를 만들어서 팀별로 돌아가며 3~4분씩 발표하고 발표에 대해 다른 팀들의 질의응답을 받는 형태로 수업이 진행된다.

이러한 수업을 통해 학생들은 우리 팀이 어떤 방향으로 프로젝트를 진행해 나가고 있는지를 되돌아볼 수 있다. 또 다른 팀들의 발표를 들으며 앞으로 남은 프로젝트를 진행하는 데 필요한 좋은 아이디어를 얻을 수도 있다.

이 수업에 앞서 교사는 각 팀별로 중간보고서 작성에 대한 피드백을 해주어야 한다. 또 이에 맞춰서 중간발표용 PPT를 잘 제작하고 있는지 과정을 점검해주어야 한다. 만약 시간적 여유가 있다면 학생들의 발표를 미리 들어보고 조언을 해주는 것도 좋다. 교사는 수업 속에서 발표에 대한 평가와 팀별 진행 수준에 맞는 적절한 피드백을 해주어야 하며, 수업 시간에 맞춰 모든 팀의 발표가 잘 마무리될 수 있도록 조절해주어야 한다.

5차시의 수업 전략은?

1. 4차시 수업 이후 중간보고서, 중간발표 PPT가 주제 선정의 이유, 탐구 문제, 탐구의 방법 순으로 유기적이고 논리적으로 잘 작성되었는지 점검한다.
2. 모든 팀원에게 발언(발표, 질의응답)의 기회를 부여하여 참여도와 협동심을 높일 수 있도록 한다.
3. 다른 팀과의 자유로운 질의응답을 통해 앞으로 추진할 프로젝트의 목표에 부합할 수 있도록 수정·보완하도록 지도한다.

5차시에는 어떤 수업 활동이 이루어지나요?

활동 1 | **중간 탐구 결과 발표하기**

교사의 역할은 무엇인가?

• 중간 탐구 결과의 목적인 프로젝트 과정을 되돌아보며 부족한 점을 보완하고 프로젝트의 목표 달성을 위해 다시 준비하고 계획하는 시간임을 설명하기
• 발표를 들으며 워크북을 작성할 수 있도록 안내하기

중간 탐구 결과를 발표하기 위해
앞으로 나온 팀원들의 모습

PPT 자료를 활용해
중간발표를 하는 모습

중간 탐구 결과 발표하기, 어떻게 준비할까요?

☞ 발표 순서와 질의응답 순서

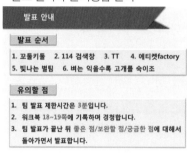

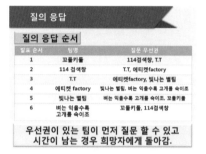

☞ 발표 역할(본인 순서)을 인지하고 있는지 체크하기

☞ 자리 배치 : 책상, 의자의 여분이 있다면 아래 사진과 같이 교실 앞에 배치하여 발표하는 팀이(사진의 원 안) 질의응답을 받을 때는 앉아서 할 수 있도록 해도 좋다.

발표를 위한 책상의 배치

☞ 팀 이름표 : 삼각 이름표를 제작하여 책상 앞에 세워두면 어느 팀인지 구분하기 편하다.

☞ 중간보고서 모음집 : 다른 팀의 발표를 들으면서 참고할 수 있다.

활동 2 **탐구 방법 협의하기**

교사의 역할은 무엇인가?

- 다른 팀의 칭찬·비판·질문·조언에 대한 의견을 수렴하여 학생들이 남은 프로젝트 학습에 대한 탐구 활동 계획을 세울 수 있도록 시간 주기
- 각 팀별로 교사가 피드백을 제공해 수정 방향을 설정하는 데 도움 주기

정리 **자기 및 동료 성찰일지 쓰기**

교사의 역할은 무엇인가?

- 성찰일지의 의미 설명하기
- 진지한 마음으로 작성할 수 있도록 분위기 조성하기

5차시의 평가는 어떻게 진행하나요?

평가 문항	평가 방법
- 진지한 자세로 중간 탐구 발표에 임하였으며 다른 팀 발표를 경청하고 나의 의견을 명확히 전달할 수 있는가? - 팀 내에서 팀원들을 존중하며 나의 맡은 역할에 최선을 다하는가?	(교) 중간보고서 평가 및 피드백 (학) 자기평가

최교사 : 다들 시간에 맞게 잘 끝내셨나요?

심교사 : 아니오, 시간이 초과되어 계획했던 활동들을 모두 하지는 못했어요. 다들 발표 순서와 질의응답 순서는 어떻게 하셨는지 궁금해요.

김교사 : 저는 중간보고서, 중간발표 점수 순위대로 진행했습니다. 아이들에게 미리 점수를 안내해 자신의 순서를 알 수 있도록 했지요. 질의응답은 돌아가면서 우선권을 주었습니다. 또 헷갈릴까봐 발표 순서와 질의 순서를 플로터로 뽑아서 칠판에 부착했습니다.

이교사 : 오, 그렇게 하면 좀 더 깔끔하게 진행을 할 수 있었겠네요. 저는 오늘 아이들이 발표 준비를 잘해와서 만족스러웠습니다. 또 질의응답 시간에도 허를 찌르는 질문들이 몇 개 나와서 좋았어요. 다른 팀들의 발표를 경청해야만 던질 수 있는 질문들이 나왔거든요.

심교사 : 저는 질의응답을 할 때 좋은 점, 아쉬운 점, 궁금한 점, 보완할 점 등 골고루 물어보게 하고 싶어서 항목별로 채점한다고 안내해주었습니다. 개인이 네 가지를 다 하는 게 아니라 팀에서 역할을 나누어서 한 번씩 하는 것으로 했더니 발표를 잘 하지 않던 팀원들도 발표를 했습니다.

최교사 : 저는 아이들 발표가 생각보다 길어져서 PPT에 있던 내용인 자기평가와 동료평가는 의미 있게 하지 못했습니다. 그래서 자기평가와 동료평가를 과제로 내주어 반드시 수업 시간을 되돌아볼 수 있도록 안내했습니다.

조교사 : 저는 다행히 시간이 돼서 두 가지 평가를 모두 진행했습니다. 혹시 장난스럽게 하지는 않을까 걱정하기도 했지만, 생각보다 학생들이 모두 진지한 모습으로 평가지를 작성해주었습니다.

Q : 발표 순서는 어떻게 해야 하나요?

A : 교사의 재량에 따라 다양한 방법을 활용할 수 있습니다. 평가 점수대로 1등부터 순서대로 진행할 수도 있고, 랜덤으로 제비뽑기 식으로 결정할 수도 있습니다. 또 학생들이 희망하는 순서대로 진행할 수도 있습니다.

Q : 발표를 듣자마자 좋은 점, 아쉬운 점, 궁금한 점, 보완할 점 등을 곧바로 질문하기가 어려울 것 같습니다. 실제 수업에서는 잘 이루어졌나요?

A : 저희도 그런 부분이 염려되어 미리 과제로 다른 팀들의 자료를 살펴보고 오도록 했습니다. 발표 순서와 질의응답 순서를 미리 안내해서 우리 팀이 어떤 팀에게 질의를 해야 하는지 연습하고 온다면 좀 더 질 높은 질의응답 시간이 이루어질 수 있습니다.

Q : 발표는 한 명이 하나요? 여러 명이 같이 하나요?

A : 프로젝트 학습처럼 협동이 필요한 학습 형태에서는 항상 무임승차하는 아이들이 난제입니다. 따라서 이를 조금이나마 해소하기 위해 발표 역시 모든 팀원이 참여하는 것으로 진행했습니다. 단, 분량의 차이는 둘 수 있게 하여 자신의 역량에 따라 발표의 양은 조절할 수 있도록 했습니다.

5차시 수업에 필요한 활동지를 소개합니다!

활동 1 프로젝트 청중 피드백

팀 명	
탐구 주제	
나의 생각 〈좋은 점/ 궁금한 점/ 보완할 점〉	

- ▪
- ▪
- ▪

한 줄 평	별점
	☆☆☆☆☆

팀 명	
탐구 주제	
나의 생각 〈좋은 점/ 궁금한 점/ 보완할 점〉	

- ▪
- ▪
- ▪

한 줄 평	별점
	☆☆☆☆☆

정리 성찰일지

프로젝트 성찰일지(자기평가)			
6학년 ( )반 이름( )			
내 용	잘함	보통	노력 요함
1. 우리 프로젝트 팀의 탐구 주제와 내용에 대해 잘 알고 있다.			
2. 팀 내에서 모둠원들을 배려하고 존중하며 협력을 잘했다.			
3. 팀 친구들과 토의하고 탐구 활동에 적극적으로 참여하였다.			

4. 오늘 중간결과 발표를 하면서 느낀 점 및 우리 팀의 보완점은 무엇입니까?

〈느낀 점〉

〈보완할 점〉

프로젝트 성찰일지(동료평가)			

팀의 활동을 되돌아보며

6학년 (   )반 이름(   )

※ 다음 항목에 대해 친구들의 활동을 평가해주세요! (잘함: ☆, 보통: ○, 노력 요함: △)

항목	친구 이름		
1. 우리 프로젝트 팀의 탐구 주제와 내용에 대해 잘 알고 이야기해요!			
2. 팀 내에서 친구들을 배려하고 존중하며 협력을 잘했어요!			
3. 팀 친구들과 토의하고 탐구 활동에 적극적으로 참여했어요!			

4. 우리 팀 ○○○을(를) 칭찬합니다!!	친구 이름	칭찬 이유

산출물 제작 계획하기

산출물을 만들기 위한 역할과 방법 등을 계획합니다.
교사는 계획이 실현될 수 있도록 산출물 제작에 필요한 기술에 대해서도 지도해야 합니다.

6차시 수업은 어떻게 진행되나요?

잠시 우리가 하고 있는 '프로젝트'가 무엇인지에 관해 생각해보자. 프로젝트라는 말은 사전적으로 '연구·생산을 위한 계획이나 과제'를 의미한다. 이 말은 곧 프로젝트에서 뭔가를 생산한다는 것은 목적인 동시에 필수적인 요건인 셈이다.

학생들이 그동안 아무리 열심히 탐구 활동을 해왔다고 해도 탐구한 내용이 다른 사람에게 그대로 전달되는 건 아니다. 즉 내용을 담는 그릇에 따라 학생들이 탐구한 결과는 다른 사람의 마음을 움직이는 울림을 주기도 하고 또는 그냥 스쳐 지나가는 말로 그치기도 한다. 학생들은 이번 차시를 통해 탐구한 결과를 가장 효과적으로 전달할 수 있는 매체에 관해 고민하며, 산출물 제작 방법을 창의적으로 계획하게 될 것이다. 이를 위해 교사는 학생들이 산출물 제작 방법에 관한 다양한 아이디어를 내고, 능력에 맞게 역할이 분배될 수 있도록 해야 한다. 또한 실제로 아이디어를 적용하여 제작이 이루어질 수 있도록 세부 계획을 살펴보고 적절한 도움을 주어야 할 것이다.

6차시의 수업 전략은?

1. 수업 중 중간발표회에서 나누었던 피드백과 모둠 내 토의 내용을 떠올리게 하여 최종산출물 제작에 긍정적으로 반영될 수 있도록 한다.
2. 산출물을 제작할 때 내용은 학생들이 자유롭게 구성할 수 있도록 한다.
3. 매체를 사용하는 방법 등의 기술이 부족하여 학생들이 어려움을 겪는 경우 교사가 사용 방법 등을 적극적으로 지도하여 제작이 계획에 따라 원활히 이루어질 수 있도록 한다.

6차시에는 어떤 수업 활동이 이루어지나요?

활동 1 **탐구한 자료 분석하기**

교사의 역할은 무엇인가?
- 팀별 프로젝트의 주제에 따라 탐구한 자료가 어떤 특성이 있는지 질문하기
- 산출물을 통해 무엇을 전달하고, 알게 하고, 느끼게 하고 싶은지 고민하도록 하기

활동 2 **산출물 제작 방법 협의하기**

교사의 역할은 무엇인가?
- 분석한 자료의 특성에 맞게 산출물 제작 방법을 탐색하도록 지도하기
- 활동에 어려움을 겪는 팀에는 교사가 개입하여 토의를 함께 진행하거나 산출물 제작 방법의 예를 제시하기
- 브레인스토밍을 통해 아이디어가 풍부하게 나올 수 있도록 하며, 협의 도구와 기법을 활용해서 팀원 모두의 의견이 반영된 제작 방법을 정할 수 있도록 돕기

**수업 활동
꿀 Tip**

산출물 제작 방법 예시

☞ 영상

- 뮤직비디오 만들기(그림·연기)
- 패러디 영상 만들기
- 인터뷰 영상 만들기

- 광고 만들기
- 홍보 플래시몹(flash mob) 영상 만들기
- 애니메이션 만들기

☞ 노래

- 가사 바꾸어 노래 만들기

☞ 그림 / 사진

- 포스터 만들기
- 팸플릿 만들기

활동 3 **산출물 제작 계획하기**

교사의 역할은 무엇인가?

- 정해진 산출물 제작 방법을 적용하기 위한 세부적인 역할을 팀원들의 능력에 맞게 나누도록 지도하기
- 계획이 실행 가능성이 있는지 함께 검토하고 보완해야 할 부분은 피드백하기

중간발표회에서의 피드백과 팀별 토의를 바탕으로 산출물 제작을 계획하는 모습

수업 활동
꿀 Tip

생각해보아야 할 질문

☞ 언제까지 산출물을 제작할 것인가?

☞ 팀원들의 능력으로 할 수 있는 방법인가?

☞ 누가, 어떤 역할을 맡아 산출물을 제작할 것인가? 역할은 공평한가?

☞ 필요한 준비물은 무엇인가?

활동 4 산출물 제작 방법 익히기

교사의 역할은 무엇인가?

• 산출물 제작에서 활용할 수 있는 KineMaster(키네마스터) 앱의 사용법과 온라인 영상 및 음악을 다운받고 삽입할 수 있는 방법 알려주기

◀ KineMaster 앱

휴대폰 애플리케이션이므로 컴퓨터 소프트웨어에 비해 학생들이 쉽게 접하고 익힐 수 있다.

사진 위에 동영상을 넣을 수 있으며, 오디오도 같은 시점에 여러 개의 파일을 넣을 수 있어 내레이션과 배경 음악을 겹쳐 넣을 수 있다. 뉴스 만들기, 뮤직비디오 만들기 등에 쉽게 활용할 수 있다.

6차시의 평가는 어떻게 진행하나요?

평가 문항	평가 방법
- 탐구 결과를 효과적으로 나타낼 수 있는 산출물 제작에 대해 창의적이고 다양한 아이디어를 제시하였는가? - 상대방 의견에 경청하고 나의 의견을 명확히 전달할 수 있는가? - 팀 내에서 팀원들을 존중하며 산출물 제작에서 본인의 역할에 최선을 다하였는가?	(교) 관찰 체크리스트 (학) 자기평가

교사들의 talk? talk!

김교사 : 아이들이 생각보다 굉장히 다양한 산출물 제작 방법을 생각해낸 것 같아요.

조교사 : 스크래치 프로그램을 활용해서 산출물을 제작하겠다는 아이디어를 낸 학생도 있었어요. 역시 아이들은 창의적이네요.

심교사 : 그렇지만 역할 분담할 때 잡음이 생기는 건 어쩔 수 없네요. 교사가 상상하는 대로 굴러가기만 한다면 얼마나 좋을까요?

김교사 : 맞아요, 잘하는 학생은 잘하니까 다 하려고 하고, 부족한 학생은 위축되어 그런지 자기 스스로도 안 하려고 하더라고요. 프로젝트 초반부터 협력을 강조하고 있지만, 참 어려운 일이라는 생각이 들어요.

최교사 : 평가에 전체 참여도와 기여도를 더 많이 반영해보는 건 어떨까요? 이러한 장치들을 사용해서라도 아이들에게 협력하고자 하는 마음을 갖게 해주는 게 좋을 것 같아요.

이교사 : 좋아요, 그리고 아이들 보면 평상시에 유튜브에 영상은 참 잘 올리던데… 탐구나 조사에 어려움을 겪는 아이들은 영상 만들기나 편집 같은 역할이라도 담당하도록 해야겠어요.

무엇이든 물어보세요

6차시 수업, 이것이 궁금해요!

Q : 어떻게 하면 산출물 제작 방법을 의논하는 과정에서 의견을 좀 더 쉽게 모으고 효율적으로 정할 수 있을까요?

A : 다양한 협력 학습 기법들을 활용해볼 수 있습니다. 예를 들어 피라미드 토의는 모든 학생이 의견을 제시하고 장단점에 대해 함께 이야기하며, 1:1, 2:2 토의를 거쳐 의견들을 함께 추려가면서 가장 좋은 의견을 선정하는 것입니다. 따라서 이 방법은 주제에 적합하면서도 모두의 생각이 담긴 의견을 정하는 데 효과적입니다. 피라미드 토의를 하기 전에는 각자 PMI(Plus Minus Interesting) 기법을 이용해 자신의 의견이 가진 장단점을 꼼꼼하게 파악하도록 하는 것도 이후에 의견을 나누고 선택을 해나가는 데 도움을 줍니다.

산출물 제작 및 최종보고서 작성하기

학생들이 산출물을 제작하다 보면 기대에 못 미치는 완성물에 좌절하기도 합니다.
교사는 학생들이 포기하지 않고 끝까지 완성하도록 격려합니다.

7차시 수업은 어떻게 진행되나요?

7차시 수업에서는 그동안 계획했던 산출물을 직접 제작하며, 주제 선정부터 시작해서 산출물 제작에 이르기까지의 과정을 정리한다. 학생들은 산출물을 제작하는 과정에서 원래 계획했던 것보다 더 많은 시간을 할애하게 되기도 하고, 갈등이 생기기도 하며, 예상과 다른 결과물에 실망을 하기도 한다. 이때 교사의 역할은 학생들이 탐구한 내용을 바탕으로 동영상, 파워포인트 등을 활용해서 산출물로 끝까지 완성할 수 있도록 계속해서 격려하는 것이다. 아울러 교사는 프로젝트가 계획대로 진행되고 있는지, 진행 과정에서 소외되는 학생은 없는지 잘 살펴 공동의 목표에 다가갈 수 있도록 이끌어야 한다.

보고서 작성이 학생들에게는 다소 생소한 경험일 수 있다. 그래서 교사는 프로젝트 전 과정을 체계적으로 정리할 수 있는 보고서 틀을 만들어 사전에 제시하고 보고서 쓰는 방법을 지도해야 한다. 이렇게 만들어진 보고서와 산출물은 학생들에게 뿌듯함과 성취감을 가져다줄 것이다.

7차시의 수업 전략은?

1. 보고서 예시 자료를 제시해주어 보고서의 작성 순서와 방법, 주의사항을 이해할 수 있도록 안내한다.
2. 팀원 간 활발하고 능동적인 의사소통을 통해 수정 및 보완점을 파악하고 새로운 아이디어를 제시할 수 있도록 자율적인 분위기를 조성한다.

7차시에는 어떤 수업 활동이 이루어지나요?

활동 1 보고서 작성 방법 알아보기

교사의 역할은 무엇인가?
- 최종보고서의 틀과 예시를 제시하고 탐구 과정, 탐구 결과 등의 파트에 어떤 내용을 써야 할지 설명하기

활동 2 보고서 작성 역할 나누기

교사의 역할은 무엇인가?
- 최종보고서 작성에 모든 팀원이 함께 역할을 분담해야 함을 안내하기
- 팀원의 역할이 고르게 배분되었는지 점검하기
- 보고서 작성의 기한 공지하기 및 보고서 작성을 위한 일정을 계획하도록 지도하기

최종보고서 작성하기

교사의 역할은 무엇인가?

- 프로젝트 수업 시간과 과제를 수행할 때마다 작성했던 워크북을 토대로 하여 탐구 과정을 세부적으로 작성하도록 안내하기
- 실제 탐구한 내용과 과정이 잘 드러나 있는지 확인하기
- 카페에 작성한 보고서 파일을 올리도록 안내해줌으로써 내용상 보완이 필요하거나 수정되어야 할 부분에 대해 온라인으로 피드백하기

활동 4 **산출물 만들기**

교사의 역할은 무엇인가?

- 삼각대, 소품 등 필요한 자료와 정보를 제공하기
- 정해진 장소에서 개개인이 맡은 역할에 집중하여 산출물을 제작하고 있는지 점검하기

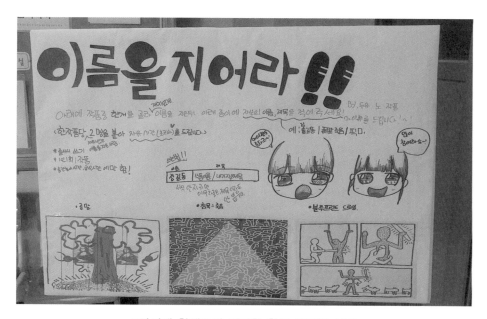

7차시에 학생들이 제작한 활동 결과물 사례

7차시의 평가는 어떻게 진행하나요?

평가 문항	평가 방법
- 산출물 제작에 대해 다양한 아이디어를 제시하였으며, 최종보고서 쓰는 방법을 정확히 이해하고 보고서를 작성하였는가? - 상대방 의견에 경청하고 나의 의견을 명확히 전달하였는가? - 최종보고서 작성 계획 수립 시 팀원들을 존중하며 역할 분담을 하고, 본인이 맡은 역할에 최선을 다하였는가?	(교) 관찰 체크리스트 (학) 자기평가

교사들의 talk? talk!

7차시 수업연구

김교사 : 1학기에 최종보고서를 작성할 때에는 아이들한테 하나부터 열까지 방법을 다 알려줘야 했는데, 2학기에는 한 번 해봤다고 스스로 보고서를 잘 쓰네요. 처음이 어렵지 한 번 훈련을 해놓으니 그다음에는 척척 해내네요.

이교사 : 컴퓨터 시간에 소프트웨어 활용 방법도 많이 익혔고, 국어 교과에서 매체를 이용한 발표 단원도 같이 배워서 그런지 아이들이 표현하고 싶은 것들을 조금 더 쉽게 만드는 것 같아요.

조교사 : 그런데 제가 맡은 교과에서는 산출물 만들라고 시간을 줬는데 그사이에 또 싸움이 일어났어요. 자기 마음대로 파트를 나눴다나 뭐라나. 다른 건 몰라도 협력적인 태도를 기르는 건 정말 어려운 것 같네요.

심교사 : 그리고 요즘 아이들이 시간 내서 모이기가 어렵다고 하소연을 많이 하네요. 아이들이 편하게 활동할 수 있는 장소가 학교에 마련되면 좋겠어요.

최교사 : 맞아요. 아이들이 프로젝트 학습 때문에 동네 PC방에 간다고 하는데, 조금 걱정이 되더라고요. 학교에 아이들이 회의할 수 있고 컴퓨터도 사용할 수 있는 '프로젝트 실' 공간이 생기면 좋을 것 같아요.

7차시 수업, 이것이 궁금해요!

Q : 산출물을 제작하는 시간이 각자 다르고, 또 수업 시간만으로는 부족할 것 같은데 어떻게 하면 보완할 수 있을까요?

A : 수업 시간에 하는 활동은 각자 산출물을 만들기 위한 세부적인 역할 분담을 하고, 각자가 시간을 내어 맡아서 해오면 그것들을 합쳐서 올바른 방향으로 가고 있는지 확인하고 협의하는 것입니다. 따라서 산출물 제작 계획을 세운 이후에는 교사도 쉬는 시간이나 점심시간 등을 이용하여 각 팀원 전체와 함께 산출물 제작의 진행 정도를 계속적으로 체크하고, 완성할 수 있도록 독려해줍니다.

7차시 수업에 사용한 활동지를 소개합니다!

활동 1 보고서 양식

프로젝트 주제(제목)

서울○○초등학교 6학년 (　　)교과
팀명:
팀원명: ○○○, ○○○, ○○○

(함초롬바탕체, 폰트 11로 쓸 것!! 줄간격 160%, 주의사항 및 예시 내용은 삭제하기!! 분량은 4장 이하)

Ⅰ. 주제 선정 이유
　　[주의사항]
　　주제 선정 이유는 이 프로젝트를 수행할 필요와 원인은 어디에 있는가가 나타날 수 있게 구체적이고 분명하게 써야 한다.

Ⅱ. 탐구(프로젝트) 목표
　　1.
　　2.
　　3.
　　[주의사항]
　　프로젝트를 통해 알아보고 싶은 점이나 프로젝트를 통해 알리고 싶은 점을 분명하고 간결하게 제시한다.

Ⅲ. 탐구 방법 및 역할 분담
  1. 탐구 방법
  [주의사항]
  아래 예시와 같이 프로젝트 추진 과정을 한눈에 알 수 있도록 적는다. 프로젝트 수행 일정 및 방법을
  자세하게 적는 것이 좋고, 프로젝트 수행 시 참고했던 사이트나 도서명도 함께 적는다.

기 간	한 일	방 법	준비물 (참고 도서 및 사이트명)
(1) 9/28	탐구 동기에 대한 논의 및 계획서 준비	탐구 동기에 대한 토론	필기도구
(2) 10/19	한강 다리 구조 조사 디자인 결정	인터넷 검색. 관련 도서를 읽고 구조물 설계하기	인터넷, 도서, 설계도
(3) 10/26	중간보고서 제출	컴퓨터로 자료 정리	컴퓨터
(4) 11/2	4D 프레임으로 다리 구조물 제작과 안전성 검사	다리 제작, 안전성 검사	4D 프레임 모형 자동차
(5) 11/9~16	탐구 보고서, PPT 자료 준비	컴퓨터로 자료 정리	컴퓨터
(6) 11/25~30	산출물대회 발표 연습	PPT와 발표 대본으로 연습	발표 자료

  2. 역할 분담

학년 반	이 름	주 역할
6학년 2반	박○○	PPT 작성
6학년 3반	김○○	요약서 보드판
6학년 6반	김○○	최종보고서 제작
지도교사	○○○	탐구 방향 제시 및 지도 조언

Ⅳ. 탐구를 통해 알게 된 내용(조사 내용)
  [주의사항]
  조사 내용을 적을 때에는 일목요연하게 정리하여 적는다. 예를 들어 정약용에 대한 인물 탐구라면,
  1. 정약용의 생애 / 2. 정약용의 업적 / 3. 정약용의 저서 등등으로 정리하여 적는다.
  1.

  2.

  3.

Ⅴ.탐구 결과(산출물 제작 방법 및 과정)
  [주의사항]
  산출물 제작 방법 및 제작 과정에 대해 정리하여 적는다. 사진을 첨부하여 작성하면 더 효과적이다.

VI. 프로젝트 후기
  [주의사항]
  아래 예시처럼 프로젝트 후기는 각 팀원 한 명씩 후기가 들어가게 적는다.

  1. 배운 점이나 알게 된 점
     가. 김○○ :
     나. 김○○ :
     다. 하○○ :

  2. 소감 한마디
     가. 김○○ :
     나. 김○○ :
     다. 하○○ :

※ 탐구 보고서 컴퓨터 작업 안내(보고서 4장 이하)

편집 용지 설정 (F7)	여백 주기	위 15, 아래 15, 왼 20, 오른 20 머리말 10, 꼬리말 10, 제본 0
문단 모양(ALT + T)	줄 간격	160

구 분		글자 크기	글꼴
바탕글(본문)	본문	11	바탕
제목	보고서 제목	20	HY헤드라인M
	본문 제목	13	HY울릉도M
문항 번호 예시 (1-가-(1)-(가)-1)-가)-① 순으로)			

최종보고서 작성 TIP

1. 성의 있게 써라!
   - 프로젝트 과정 및 탐구 주제에 대한 조사가 충실히 드러나게 쓰기!!

2. 체계적으로 써라!
   - 1, 2, 3… 이런 식으로 번호 붙여서 한눈에 알아볼 수 있게 쓰기!!

3. 다 같이 써라!
   - 한 명만 쓰지 말고 다 같이 역할을 나눠서 쓰기! 활동 자료 란에 자신이 쓴 부분 올려놓기!

최종발표회 준비하기

최종발표회를 앞두고 자료 제작을 마무리하고, 발표 예행연습을 하는 시간입니다.
꼼꼼한 연습이 좋은 결과로 이어진다는 것을 지도해야 합니다.

8차시 수업은 어떻게 진행되나요?

초등 국어교육의 목적이 화려하게 말을 '잘하는' 능력을 길러주는 건 아니다.
하지만 자신이 누군가에게 전하고자 하는 내용을 오해가 없도록, 이해하기 쉽
게 말을 '잘' 하는 능력은 우리 교사들이 아이들에게 반드시 길러줘야 하는 능
력 중 하나일 것이다.

　스티브 잡스는 생전 청중을 사로잡는 연설과 프레젠테이션으로 유명했다.
그런데 그런 스티브 잡스도 한 시간의 발표를 위해 수백 번의 리허설을 거치면
서, 손짓 하나까지 꼼꼼히 연습했다고 한다. 학생들 역시 이번 차시를 통해 발
표가 즉흥적으로 이루어지는 것이 아니라 계획적인 준비를 거쳐 이루어진다
는 것을 배우게 될 것이다. 그리고 이렇게 배양된 발표 능력은 다른 수업에서
발표할 때도 큰 변화를 가져올 것이다. 교사는 좋은 발표를 많이 접해보지 못
한 아이들의 경험을 고려하여 이상적인 발표의 모습을 제시하고 학생들이 이
를 위해서 끊임없이 연습할 수 있도록 격려해줘야 한다.

8차시의 수업 전략은?

1. 지금까지 진행한 프로젝트 학습의 과정에 대해 안내하면서 수업을 시작해 학생들의 호기심과 탐구심을 자극한다.

2. 최종발표 계획을 세우기 전 좋은 발표란 어떤 것인지에 대해 팀원 간 서로 생각과 의견을 자유롭게 나누고 모아서 이상적인 발표의 모습을 그려보고 적용하도록 한다.

8차시에는 어떤 수업 활동이 이루어지나요?

활동 1 **좋은 발표란 어떤 것인지 토의하기**

> 교사의 역할은 무엇인가?
>
> • 발표의 목적은 탐구한 내용을 선생님과 친구들에게 알려주기 위함임을 인식시키고, 경험을 바탕으로 좋은 발표의 구성과 방법, 시간, 조건 등을 팀에서 자유롭게 이야기 나누도록 안내하기

수업 활동
꿀 Tip

생각해보면 좋은 질문

☞ 파워포인트를 쓰는 것이 좋을까, 쓰지 않는 것이 좋을까?

☞ 지루하지 않으면서 충분히 내용을 전달할 시간은 얼마 정도가 좋을까?

☞ 발표 태도와 목소리는 어떠한 것이 좋은 발표라고 느껴질까?

활동 2 **좋은 발표의 조건 찾기**

교사의 역할은 무엇인가?

- 발표대회에서 우수한 결과를 거둔 발표 영상을 보며 좋은 발표가 되도록 하는 조건을 최대한 많이 찾을 수 있도록 유도하기
- 중간 탐구 발표회에서의 발표 영상을 활용해서 우수한 발표 영상과 비교해보면서 어떤 차이가 있는지 파악하도록 지도하기

활동 3 **발표 시나리오 작성하기**

교사의 역할은 무엇인가?

- 최종보고서 내용을 정해진 시간 내에 발표할 수 있도록 시나리오에 들어갈 내용 구성하도록 안내하기
- 발표 시나리오 작성에 어려움을 겪는 경우 시나리오 예시 틀을 제시하여 틀에 맞게 자신의 탐구 내용을 작성하도록 돕기

수업 활동
꿀 Tip

생각해보면 좋은 질문

☞ 친구들이 이해할 수 있는 내용인가? 어려운 단어가 쓰이지는 않았는가?
☞ 친구들이 궁금해할 내용은 무엇일까?
☞ 보고서 내용 중 말로 발표하지 않아도 될 내용은 어떤 것인가?

활동 4 **최종발표 연습하기**

교사의 역할은 무엇인가?

- 타이머를 제공하여 각 팀별로 돌아가며 시나리오를 읽었을 때 소요되는 시간을 파악하도록 지도하기

- 제한 시간에 맞게 덜어낼 내용과 추가할 내용을 고민해보도록 유도하기
- 서로의 발표를 듣고 발표 태도, 빠르기 등에서 보완할 점이 없는지 이야기를 나누도록 안내하기
- 평상시 발표에 참여하지 않는 학생이라도 함께 시나리오를 읽어보며, 팀 발표에서 중요한 역할임을 지속적으로 상기시키고 격려하기
- 연습을 여러 번 반복해서 최대한 시나리오를 보지 않고 자연스럽게 말할 수 있도록 지도하기

팀원끼리 모여 최종발표를 연습하고 있는 모습

8차시의 평가는 어떻게 진행하나요?

평가 문항	평가 방법
- 탐구 결과를 효과적으로 발표할 수 있도록 창의적이고 다양한 의견을 제시하였는가? - 좋은 발표에 대해 적극적으로 토의하면서 상대방 의견을 경청하고 나의 의견을 명확히 전달하였는가? - 팀 내에서 팀원들을 존중하며, 최종 탐구 발표 준비에서 내가 맡은 역할에 최선을 다하였는가?	(교) 최종보고서 평가 및 피드백 (학) 자기평가

최교사 : 요즘 아이들 과제를 인터넷 카페에서든, 교실에서든 피드백을 계속 해주다 보니 제가 거의 제3의 팀원인 느낌이에요. 보면 아이들이 탐구는 정말 잘하는데 발표 태도는 거기에 미치지 못하는 것 같아 아쉬워요.

조교사 : 맞아요, 목소리를 거의 내지 않는 학생도 있고요. 조금만 더 크게 했으면 좋겠는데… 같은 팀원들도 조금 답답해하는 눈치고요.

이교사 : 그게 그렇게 단시간에 이루어지는 건 아니니까요. 앞으로 다른 과목에서 발표 연습을 꾸준히 계속 같이해야 할 것 같네요.

심교사 : 학생들이 스스로 발표 목소리를 녹음해보고, 분석하고 성찰하는 시간을 꼭 가져야 해요.

김교사 : 네, 우리도 쉬는 시간이나 이럴 때 팀별로 연습해온 모습과 발전된 정도를 계속해서 확인해야겠어요.

Q : 자꾸 시나리오나 발표 자료에만 시선을 주면서 발표를 하는 학생의 경우 어떻게 지도를 하면 좋을까요?

A : 발표 자료를 계속적으로 보는 것이 좋지 않은 발표 태도임을 알면서도 계속 그렇게 하는 이유는 자신이 얼마나 자주 발표 자료를 보는지 자신도 모르기 때문입니다. 이럴 경우 순회 지도를 하며 학생이 발표할 때 모습을 사진 또는 짧은 영상으로 촬영해서 보여주고, 그런 식으로 발표하는 모습을 보면 청중들은 어떤 느낌이 들지 생각해보도록 합니다. 또한 생각하는 것에서 그치지 않도록 실제로 발표 자료를 보는 적절한 타이밍에 맞게 교사가 사인을 주어 자연스럽게 발표하는 연습을 해보는 것이 좋습니다.

8차시 수업에 사용한 활동지를 소개합니다!

활동 2 좋은 발표의 조건

■ **좋은 발표란 무엇일까요?**

---

1. 발표 영상을 보고 좋은 점과 아쉬운 점을 적어봅시다.

좋은 점 | 아쉬운 점

★ 영상 보는 포인트 ★
발표자의 몸짓, 말의 빠르기, 발음 및 전달력, 목소리의 높낮이,
발표자의 자세, PPT 슬라이드 내용(청중이 읽기 쉬운지)

2. 좋은 발표란 무엇일까요?

　① 좋은 발표의 여러 가지 조건들을 생각해본다.
　② 우리 팀이 가장 중요하게 생각하는 발표 조건 4개를 결정한다.
　③ 생각나눔판에 적는다.

3. 발표를 할 때 하지 말아야 할 행동 5가지

　① (　　　　　　　　　)를 하면서 시작하는 행동
　② 추가 (　　　　　　　　)을 요청하는 행동
　③ 슬라이드 자료를 그냥 (　　　　　　) 것
　④ 청중들에게 (　　　　　　)을 보이지 않기
　⑤ 슬라이드 자료를 (　　　　　　) 넘기는 것

활동 3 최종 탐구 결과 발표 시나리오

■ 최종 탐구 결과 발표 시나리오

발표 연습 TIP
1. 각자 발표할 내용을 정한다. (최종발표 시 전원 발표)
2. 팀원 한 사람씩 돌아가며 각자 발표할 내용을 연습하고 팀원들이 한 발표에 피드백을 해준다. (목소리 크기, 시선, 제스처, 발음, 표정, 말의 빠르기 등)
3. 연습이 끝나면 팀원들이 피드백해준 내용을 생각하며 실전처럼 처음부터 끝까지 발표를 해보고 시간을 재어본다.
   (불필요한 내용은 줄이고 핵심만 간결하게 발표하기!! 산출물 발표 시간을 포함하여 5분 정도에 맞추기!!)

발표 시나리오					
순서		시간 (총 5분)	자료	내용(멘트)	맡은 사람
시작하는 말			□ PPT □ 영상 □ 기타	지금부터 (　　　　　　　)팀이 준비한 (　　　　　　　)을/를 발표하겠습니다. 저희 팀은 (　　　　　　)로 구성되어 있습니다.	
최종 보고서	주제 선정 이유		□ PPT □ 영상 □ 기타	먼저 주제 선정 이유입니다. 저희 팀의 탐구 주제는 (　　　　　　)으로 이 주제를 선정한 이유는 다음과 같습니다.	
	탐구 목표		□ PPT □ 영상 □ 기타	저희 팀의 탐구 목표는 첫째, ~ 둘째, ~ 셋째, ~ 넷째~와 같습니다.	
	탐구 방법 및 역할 분담		□ PPT □ 영상 □ 기타	저희 팀의 탐구 방법은 다음과 같습니다. 각각의 탐구를 하기 위해서 다음과 같이 역할을 분담하였습니다.	
	탐구를 통해 알게 된 내용		□ PPT □ 영상 □ 기타	탐구를 통해 알게 된 내용은 다음과 같습니다. 첫째, ~ 둘째, ~ 셋째…	
	제작 과정 소개		□ PPT □ 영상 □ 기타	저희는 최종산출물로 (PPT와 영상)을 준비했습니다. 먼저 (PPT)는 다음과 같은 과정으로 제작하였습니다. 두 번째 (영상)은 다음과 같은 과정으로 제작하였습니다.	
최종산출물			□ PPT □ 영상 □ 기타	저희가 완성한 산출물은 다음과 같습니다.	
후기			□ PPT □ 영상 □ 기타	프로젝트를 마치면서 저희 팀원들의 소감을 말씀드리겠습니다.	
끝맺는 말			□ PPT □ 영상 □ 기타	지금까지 (　　　　　　)에 대하여 발표하였습니다. (마무리 멘트)	

최종 **탐구** 결과 **발표**하기

그간의 탐구 활동이 결실을 맺는 시간입니다.
학생들이 자신감과 성취감을 충분히 느낄 수 있도록 발표를 격려해줄 필요가 있습니다.

9차시 수업은 어떻게 진행되나요?

이제 고지가 눈앞이다! 최종 탐구 결과 발표회는 바로 학생들이 탐구한 과정이 꽃으로 피어나는 시간이다. 그동안 학생들은 탐구의 전 과정을 경험하고, 스스로 최종산출물까지 제작했다. 이제부터 학생들은 발표회라는 형식으로 탐구한 내용을 발표하게 된다. 이 경험을 통해 학생들은 자신감, 성취감 그리고 탐구에 대한 긍정적인 인식을 갖게 될 것이다.

최종발표회는 내가 탐구해온 과정과 결과물을 다른 사람들에게 알린다는 점에서도 중요하지만, 다른 팀의 발표를 들으면서 새롭게 아이디어를 얻고 지식을 확장해나갈 수 있는 기회가 된다는 점에서도 매우 큰 중요성을 띤다. 이번 차시는 그간 열심히 노력해온 것들의 결실인 멋진 결과물을 발표하는 자리인 만큼 부모님, 교사, 타 학년 학생들 등 많은 사람들을 초대하여 축하와 격려의 자리가 될 수 있도록 하는 것이 좋다. 함께 최종발표회를 지켜보다 보면 프로젝트 학습을 통해서 훌쩍 성장해버린 아이들의 모습에 다들 깜짝 놀라며 대견해할 것이다.

9차시의 수업 전략은?

1. 프로젝트를 마무리하는 수업이므로 지금까지 해왔던 탐구 과정에 집중해 피드백을 해준다.
2. 편안한 분위기를 조성해주어 준비한 내용을 충분히 발표할 수 있도록 한다.
3. 최종보고서를 팀별로 인쇄 후 복도에 게시하여 다른 팀들의 탐구 내용을 미리 익혀 다른 팀의 발표에 대한 이해도를 높이고, 질의응답 등을 통해 탐구를 확장해나갈 수 있도록 한다.

9차시에는 어떤 수업 활동이 이루어지나요?

활동 1 **프로젝트 학습 과정 되돌아보기**

교사의 역할은 무엇인가?
- 프로젝트 활동 사진 또는 영상을 보여주며 그동안 학습해온 과정을 상기시키기
- 한 학기의 활동을 마무리하는 의미 있는 시간임을 강조하며, 그간의 노력을 격려하기

활동 2 **최종산출물 발표하기**

교사의 역할은 무엇인가?
- 순서에 따라 팀별로 모두 돌아가며 탐구 과정과 최종산출물에 대해 발표하도록 안내하기
- 다른 팀의 최종발표를 들으며 부족한 점이나 잘된 점 등에 대해 워크북에 작성하도록 안내하기
- 모든 팀의 발표를 들으며 발표 태도·내용·참여도 등을 기준에 맞게 평가하기
- 다양한 팀의 질의응답이 골고루 나올 수 있도록 질의응답 순서에 맞게 진행하기
- 다른 팀의 질의응답과 발표 팀의 답변 후 발표에서 좋았던 점에 대해 정리해서 제시하며 격려하기

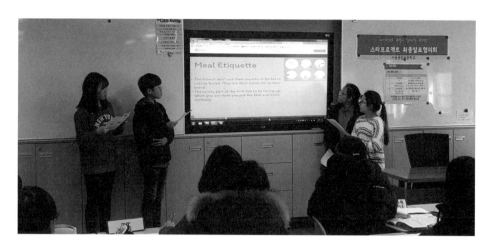

친구들 앞에서 최종 결과물을 발표하는 모습

활동 3 프로젝트 활동 소감 나누기

교사의 역할은 무엇인가?

- 워크북에 자신의 프로젝트 활동을 돌아보며 부족했던 점과 좋았던 점 등에 대해 전반적으로 평가하도록 안내하기
- 부족했던 점에 대해 발표를 하도록 안내하고 내용을 피드백하여 다음 프로젝트 활동에 반영하기
- 지식나눔강연회 일정 및 강연팀 발표 방법 안내하기

9차시의 평가는 어떻게 진행하나요?

평가 문항	평가 방법
- 다른 팀의 발표를 경청하며, 적극적으로 질문하고 좋았던 점, 보완할 점을 발표하였는가? - 발표 계획에 맞게 팀원들과 협력하여 최종 결과물을 발표하였는가?	(교) 산출물 발표 평가 및 피드백 (학) 자기평가, 동료평가

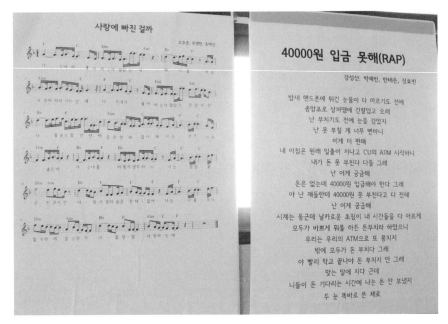

학생들이 제작 및 발표한 다양한 종류의 프로젝트 학습 결과물

조교사 : 아이들 대체로 잘하지 않았어요? 진짜 준비를 많이 해서 그런지 아이들이 긴장하면서 발표하는 모습이 새로우면서도 대견했어요.

이교사 : 모두가 열심히 준비했기 때문에 결과에 너무 상관하지 않고 그동안 탐구한 노력에 대해 격려하고 결과를 나누는 시간이 되었다면 좋겠네요.

최교사 : 지식나눔강연회에 진출하지 못해 속상해서 우는 아이를 보니 마음이 아프더라고요. 이 시간이 지난 후에 팀별로 따로 불러 학생들 한 명 한 명을 격려하는 시간을 같이 가져요.

김교사 : 저는 워크북 작성 피드백해줄 때에 편지를 써서 잘한 점과 조금 더 노력하면 좋을 점들에 대해 써주려고요.

심교사 : 경쟁이 아니라 진짜 내재적 동기를 발휘하면서도 학생들이 협력을 하면서 활동을 할 수 있도록 이끌어가는 방법은 앞으로도 같이 고민해보면 좋을 것 같아요.

무엇이든
물어보세요

9차시 수업, 이것이 궁금해요!

Q : 다른 팀의 질의응답 시간에는 주로 보완할 점에 대해서만 이야기가 나오고 있습니다. 어떻게 하면 좀 더 다양한 피드백이 나오게 할 수 있을까요?

A : 수업 전 다른 팀의 발표 자료를 미리 나누어주어 읽어보게 한 후 발표를 들으며 좋았던 점, 부족했던 점, 보완할 방법에 대해 각각 한 가지 이상을 쓰도록 합니다. 그리고 팀별로 돌아가면서 한 팀은 좋았던 점, 다음 팀은 부족했던 점, 그다음 팀은 보완할 점에 대해 이야기하도록 주제를 정해준다면 좀 더 생산적인 피드백이 많이 나올 것입니다.

9차시 수업에 사용한 활동지를 소개합니다!

활동 2 프로젝트 청중 피드백 활동지

프로젝트 청중 피드백	프로젝트명		발표 팀원명	

☞ 발표를 듣고 궁금한 질문을 적어봅시다.

질문	답변 내용

☞ 프레젠테이션에서 무엇이 가장 좋았는지 적어보세요.

☞ 프레젠테이션에서 배운 점이나 생각하게 된 점을 적어보세요.

☞ 발표를 듣고 한 줄 평을 해줍시다.

한 줄 평	별점
	☆ ☆ ☆ ☆ ☆

활동 2 **팀별 평가지**

■ **프로젝트 팀별 평가**

---

* 팀별 발표를 잘 듣고 기준에 맞춰서 평가해봅시다.
  단, 평가 시에는 책임감을 갖고 공정하게 참여하도록 합니다. (팀별 점수 10점 반영)

평가 기준
1. 탐구가 성실하게 잘 진행되었으며 탐구 주제 해결을 위한 조사가 충분히 이루어졌는가? (3점)
2. 탐구 주제와 연관된 적절하며 관심을 끄는 산출물인가요? (3점)
3. 발표를 명확하고 설득력 있게 하였나요? (3점)
표기 방법   ○: 3점   △: 2점   ×: 1점

팀 이름	팀원명 팀 탐구 주제	1. 탐구 성실성 (3점) (○, △, ×)	2. 산출물 (3점) (○, △, ×)	3. 발표 (3점) (○, △, ×)	합계 (9점) 모든 팀 1점 플러스 (총 10점)

지식나눔강연회 및 평가하기

프로젝트 학습에서 성찰의 시간은 매우 중요합니다. 이 시간을 통해
더욱 의미 있는 탐구로 기억될 것이며, 이후의 심화 탐구로 이어지는 계기가 될 것입니다.

10차시 수업은 어떻게 진행되나요?

10차시는 그동안 프로젝트 수업을 통해 학생들이 뿌린 씨로 맺은 귀한 열매를 나누는 시간이다. 학생들은 이미 그간의 탐구 활동을 진행해오면서 배움의 깊이를 더해왔다. 하지만 진정한 성장을 도모하려면 상호작용을 통해 배움의 넓이를 확장해야 한다. 특히나 자신이 속한 교과의 탐구 과정은 쉽게 이해할 수 있지만, 다른 교과에서는 어떤 주제를 정했고, 어떠한 탐구 과정을 거쳐, 어떻게 산출물을 만들어냈는지는 보고 이해할 기회가 필요하다. 또한 우수한 탐구 과정과 결과물을 보여준 팀의 발표를 보며 자신이 앞으로 성장시키고 배워야 할 부분을 발견하는 기회가 되기도 한다.

'지식나눔강연회'라는 소중한 지식을 서로 나누는 의미 있는 자리를 마련해 프로젝트 활동을 마무리하는 것도 좋은 방법이다. 또한 프로젝트 학습을 성찰해볼 수 있는 시간을 마련함으로써 프로젝트의 전 과정을 돌아보며 자신의 활동을 반성해보고, 서로를 격려하고 칭찬해줄 기회를 마련해준다. 이를 통해 학생들은 보람과 성취감, 자신감을 얻을 수 있을 것이다.

10차시의 수업 전략은?

1. 사전에 제작한 최종보고서 모음집을 지참해 강연을 들음으로써 다른 팀의 탐구 과정과 산출물에 대해 충분히 이해할 수 있도록 한다.
2. 단순히 흥미 위주로 끝나지 않도록 강연회가 끝난 후 평가 활동지를 활용해 프로젝트 활동을 전반적으로 되돌아볼 기회를 제공한다.

10차시에는 어떤 수업 활동이 이루어지나요?

활동 1 **탐구한 내용 발표하기**

교사의 역할은 무엇인가?

- 국어, 미술, 사회, 음악, 영어 과목별 우수 2팀씩 순서대로 탐구한 내용과 최종산출물을 발표할 수 있도록 진행하기
- 각 팀의 발표를 듣고 나서 비로소 알게 된 점에 대해서 정리하도록 하기

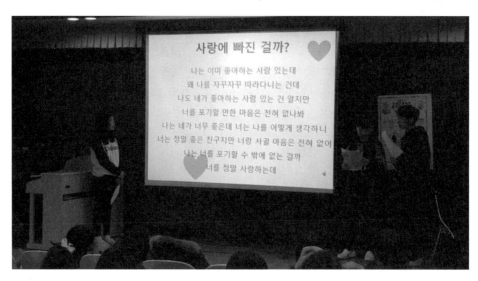

10차시 지식나눔강연회에서 탐구 결과물을 발표하는 모습

> 교사의 역할은 무엇인가?
>
> - 한 학기의 프로젝트 활동을 되돌아보며 자신, 팀원, 프로젝트 활동에 관해 보완
>   할 점과 좋았던 점에 대해서 쓰도록 하기
> - 한 학기 동안 함께한 친구들에게 서로 감사함을 표현하는 시간 제공하기

10차시의 평가는 어떻게 진행하나요?

평가 문항	평가 방법
- 지식나눔강연회에서 다른 팀의 발표를 경청하고 소감을 나누었는가?	(교) 개인별 활동 보고서 (학) 프로젝트 성찰일지

교사들의
talk? talk!
10차시 수업연구

김교사 : 아, 드디어 끝났네요!!! 마치 제가 팀플을 마친 느낌이에요.

최교사 : 맞아요. 저희가 미래 핵심 역량을 기른 것 같은 느낌이 드네요.

이교사 : 그래도 팀이 수준별로 고르게 되어 있어서 초등학교에서 상을 한 번도 받아보지 못했던 학생도 친구들과 같이 탐구하면서 지식나눔강연회도 서보고 상도 받아보고. 아이한테는 정말 특별한 경험이었을 거 같네요.

조교사 : 유독 그러한 아이들이 많아서 뿌듯해요. 혹시 아이들이 설문조사한 내용은 보셨나요?

심교사 : 네, 주로 시간이 부족했다고 많은 아이들이 얘기를 해주었어요.

최교사 : 더 많이, 더 잘하고 싶었는데 아쉬웠다는 의미겠죠? 이렇게 아이들이 투자한 시간만큼 정말 많은 것을 배웠을 것 같아요. 우리 학년만이 하는 특별한 경험을 했다고 좋아하기도 했고요. 어쨌든 선생님들도 그동안 정말 수고 많았습니다!

10차시 수업에 사용한 활동지를 소개합니다!

■ 프로젝트를 돌아보며

☞ **자신에 관하여**

Q1 프로젝트 학습을 통해 배운 것은 무엇인가요?

Q2 프로젝트 학습 중 내가 잘했다고 생각하는 부분은 무엇인가요?

Q3 프로젝트 학습 중 내가 부족했거나 노력해야 할 부분은 무엇인가요?

☞ **프로젝트에 관하여**

Q1 프로젝트에서 가장 즐거웠던 부분은 무엇입니까?

Q2 프로젝트에서 가장 즐겁지 않았던 부분은 무엇입니까?

Q3 다음 프로젝트가 더 나아지기 위해서 선생님이 어떻게 해주면 좋겠다고 생각합니까?

☞ **우리 팀에 관해서: 팀원들의 잘한 점이나 보완할 점을 적어봅시다.**

예시〉 토의를 잘 진행한다 / 협동이 잘될 수 있도록 도와주었다 / 아이디어가 많다 / 분위기 메이커 / 맡은 일을 척척 해주었다 / 존중과 협력을 잘한다 / 항상 성실하다 / 친절하다 / 발표를 잘한다 / 워크북을 잘 썼다 / 보고서를 잘 만들었다 / 컴퓨터를 잘 다루었다 등등

팀원 이름	잘한 점	보완할 점

☞ **나에게 프로젝트란?**

나에게 프로젝트란 (   )이다.

4장

실전!
교과별 프로젝트 수업 따라잡기

3장에서 계획하기, 실행하기 I·II, 발표하기로 이루어지는 프로젝트 수업의 10차시 진행 과정과 핵심 수업

활동 및 여러 가지 유용한 팁들을 살펴보았다. 이제 4장에서는 본격적으로 수업에 적용해볼 수 있도록 교

과별로 프로젝트 수업을 어떻게 진행했는지, 실제 이루어진 수업을 중심으로 살펴보려 한다. 각 교과에서

프로젝트 수업을 적용해보았으나 결과가 신통치 않았던 교사들은 물론, 프로젝트 수업에 처음 도전해보

는 교사들에게도 여기에서 보여주는 생생한 수업의 전개 모습이 앞으로 수업을 함에 있어 실질적인 도움

을 줄 것이다.

세상을 바꾸는 AD Maker

- 관련 단원 : 국어 1학기 5단원. 광고 읽기
- 적용 학년 : 초등학교 6학년
- 관련 교과 : 국어, 창의적 체험활동
- 팀 구성 : 7모둠 (22명)

◆ **왜 국어과에서 이 주제로 프로젝트 수업을 진행했나?**

오늘날 우리는 TV, 컴퓨터, 스마트폰 등을 통해 하루에도 수십 개의 광고를 접하며 살아가고 있다. 광고는 디지털 시대에 살고 있는 우리에게 글자, 그림, 영상 이상의 의미를 전달해준다. 단 한 장의 그림 또는 약 15초 길이의 짧은 영상이라 하더라도 그중 어떤 광고는 평생 우리의 기억 속에 남는다. 잘 만들어진 광고는 보는 사람의 내면에 큰 깨달음을 주어 삶의 변화를 이끌어내며 더 나아가 우리가 살고 있는 사회에 영향을 주고 더 나은 방향으로 발전하도록 사회 구성원들을 설득한다. 이것이야말로 광고가 가진 힘이라고 할 수 있으며, 세상을 향한 우리의 생각을 나타낼 수 있는 매우 효과적인 방법이다.

광고의 홍수 시대를 살아가야 하는 요즘, 광고를 비판적으로 수용할 수 있는 능력이야말로 사회 구성원에게 꼭 필요한 능력일 것이다. 또한 나의 생각을, 의견을 적극적으로 표현하고 설득하는 능력은 미래 핵심 역량 중 의사소통 능력이라고 할 수 있다.

학생들이 세상을 이끌어가는 주체로서 적극적이고 능동적인 삶의 태도를 갖게 되기를 희망하고 기대하는 마음으로 이 주제를 선정하게 되었다. 또한 학생들은 이 프로젝트를 통해 광고 제작자가 되어 한 편의 광고를 제작하게 될 것이다. 우리 주변에서 문제를 발견하고, 그 문제를 해결할 수 있는 광고를 제작함으로써 '우리가 살아가는 세상을 조금이라도 바꿔보자!' 하는 마음이 이 프로젝트의 출발선이다.

백문이 불여일견, 백 번 듣는 것이 한 번 보는 것보다 못하다는 뜻으로 경험의 중요성을 뜻하는 속담이다. 이 속담을 오늘날 우리의 교육 현실에 적용해보면 백 번 말로 교육하는 것보다 한 번 보는 미디어의 힘이 오히려 학생들의 교육에 더 효과가 있다는 것으로 해석해볼 수 있다.

오늘날 우리 학생들은 미디어 세대에 살고 있다. 글보다 미디어가 더 익숙하고 이해하기 쉬운 세대이기 때문에, 말이나 글보다는 미디어를 통해 접하는 것이 더욱 자연스러운 세대라 할 수 있다. 의미를 담은 광고 하나가 한 권의 책보다 더 크게 영향을 받는 사람이 많은 세상 속에 우리는 살고 있는 것이다.

광고를 만들 때 가장 중요한 게 무엇일까? 대부분의 사람들은 식당에 가서 음식을 시켜 먹을 때, 음식이 담겨져 나오는 접시나 음식이 올려지는 테이블, 식당의 분위기보다 음식 그 자체 본연의 맛을 더 중요하게 생각한다. 식당의 성공 여부는 음식 그 자체의 맛에 있기 때문이다. 아무리 분위기가 좋고 식당의 외적인 상태가 좋아도 음식이 맛이 없으면 그 식당은 손님이 더 이상 찾지 않게 된다. 그러나 음식이 맛이 있으면 식당이 조금 좁아도, 식당이 조금 허름해도 발 디딜 틈 없이 손님들로 가득 찬다.

광고도 이와 같다. 광고는 두 가지 요소, 광고의 외적인 형식과 광고의 내적인 의미로 나눠볼 수 있다. 학생들에게 광고를 만들라고 하면 광고의 내적인 의미나 내용보다는 광고의 촬영 기술, 편집 방법에 더 초점을 맞추는 것을 심심치 않게 볼 수 있다. 광고의 촬영 기술이나 편집의 방법도 매우 중요하지만 알맹이가 없으면 속 빈 강정일 뿐이다. 전달하고자 하는 메시지가 깊이 있고 확실하게 담겨 있어야 그것을 전달하는 촬영 기술이나 편집 방법도 더욱 빛나는 것이다.

학생들이 영향력 있는 광고를 만들 수 있도록 하기 위해서는 어떤 내용의 광고를 만들 것인지, 효과적으로 그 의미를 전달하려면 어떻게 내용을 구성해야 하는지에 초점을 맞추게 해야 한다. 광고의 촬영 기술과 편집은 그다음이다.

차시	단계	주요 학습 요소	활동 내용
1-2	프로젝트 계획하기	준비하기 및 소집단 구성하기	• 학습내용 안내 및 프로젝트 탐구 계획 수립하기 • 프로젝트 학습 주제 및 방법 안내하기 • 팀 구성 및 팀원 역할 정하기, 팀 서약서 쓰기, 토의하는 방법 익히기
		주제 결정 및 활동 계획하기	• 탐구하고 싶은 주제 선정 및 주제망 짜기 • 광고 제작 토의하기 및 광고 제작 활동 계획하기
3	프로젝트 실행하기 I	탐구 활동하기	• 광고 제작을 위한 배경 지식 익히기 - 광고의 표현 특성 이해하기, 광고의 신뢰성 평가하기 • 기존 광고 작품을 통해 광고 분석해보기
4		탐구 활동하기	• 조사해온 내용을 토대로 광고 분석하고 발표 준비하기 • 결과물 제작 방법 협의하기 • 중간발표를 위한 팀별 역할 분담 및 중간발표 자료 만들기
5		중간 탐구 결과 발표하기	• 중간 탐구 결과 발표하기 • 선생님의 의견 및 다른 팀의 의견을 듣고 세부적인 활동 방법 수정 및 보완하기
6	프로젝트 실행하기 II	산출물 제작 계획하기	• 다양한 방법을 활용하여 광고 제작하기 • 탐구 계획 세운 대로 광고 완성하기
7		최종보고서 작성하기 및 산출물 제작하기	• 프로젝트 탐구 과정을 담은 최종보고서 작성하기 • 프레젠테이션 준비 및 역할 분담하기
8		최종발표회 준비하기	• 좋은 발표에 대해 생각해보기 및 발표 방법 알아보기 • 프레젠테이션 준비 및 역할 분담하기 • 발표 방법 협의 및 프레젠테이션 최종 점검하기
9-10	프로젝트 발표하기	최종 탐구 결과 발표하기	• 탐구 과정 및 결과물 발표하기 • 다른 팀의 발표를 경청하고 질문하기 • BEST 광고 선정하기
		지식나눔강연회 및 평가하기	• 각 교과별 산출물 결과가 우수한 2팀씩 출전하여 탐구 과정 및 결과 발표하기 • 프로젝트 활동 반성 및 소감 나누기

준비하기 및 소집단 구성하기

이 차시에는 프로젝트를 소개하고, 팀을 구성하고, 팀 이름을 결정합니다.
아울러 탐구를 진행할 과제에 대해 안내해줍니다.

'세상을 바꾸는 AD Maker' 프로젝트 소개하기

학생들에게 광고가 무엇이라고 생각하는지 질문을 던지며 수업을 시작한다. 그리고 가장 기억에 남는 광고가 무엇인지 돌아가며 말하게 한다. 내가 진행했던 수업에서는 신기하게도 22명의 학생 중 8명이 '오로나민C' 광고 영상을 뽑았다. 이처럼 잘 만들어진 광고는 많은 사람들의 기억 속에 오래 남아 영향을 준다는 것을 설명하면서, 광고의 힘과 영향력을 느낄 수 있도록 광고에 대한 서로의 경험을 나눈 후 프로젝트에 대한 안내를 한다.

또한 학생들이 우리 주변에서 발생하는 문제들을 인식하고 그 문제가 해결될 수 있도록 행동과 마음의 변화를 이끌어내는 광고를 제작하는 것이 이 프로젝트의 목적임을 설명하고, 앞으로 10차시의 프로젝트 진행 과정과 방향에 대해서도 설명해준다. 그 기간 동안 학생들은 광고에 대해 기초적인 지식을 배우고 탐구를 통해 광고의 주제, 광고의 제작 방법 등에 대해 토의하며 모두 광고 제작자가 되어 팀별로 광고를 1편씩 만들 것이다. 광고 제작자가 된다는 말은 학생 개개인에게 프로젝트에 대한 기대감과 흥미를 한층 더 높여줄 것이다.

팀 구성하기 및 팀 이름 정하기

프로젝트 팀은 프로젝트 시작 전 학생의 성별, 성향, 학업 능력, 기술적 능력 등을 고려하여 교사가 미리 구성한다. 동질적인 성향의 집단보다는 이질적인 성향의 집단일수록 더욱 협력하고 서로를 통해 배움의 효과도 크다고 한다.

　그만큼 팀 구성은 신중하게 해야 한다. 한 번 팀이 구성되면 한 학기 동안 좋든 싫든 함께해야 하므로, 교사는 어떻게 하면 모든 팀이 효과적으로 프로젝트를 진행할 수 있을지를 고민하고 적절하게 구성해야 할 것이다. 팀을 구성할 때에 좋은 방법은 각 팀별로 리더십 있는 학생을 1명씩 넣는 것이다.

　이렇게 구성된 팀을 발표하면 학생들은 팀별로 모여 자기소개를 한다. 간단한 아이스브레이킹 활동이나 팀 빌딩 활동을 준비하여 진행하면 어색함을 없애고 좀 더 친근하고 편한 분위기로 팀 활동을 시작할 수 있다.

표 4-1 국어 프로젝트 모둠 구성

심쿵미남 1조	임페리오	우리의 AD 는 레전드	자체발광 광고팀	Masa Yume 현실된 꿈	AD Dreamteam	도전 광고지호팀
김○○	김○○	변○○	홍○○	박○○	유○○	시○○
박○○	김○○	김○○	이○○	노○○	조○○	박○○
권○○	안○○	이○○	남○○	최○○	유○○	황○○
	차○○					

좋은 아이스브레이킹 활동 : I SEE YOU

① 각 학생에게 A4 용지를 한 장씩 나누어준다.

② 각자 오른쪽의 그림처럼 A4 용지에 자신의 이름, 오늘 나의 에너지, 요즘 나의 관심사, 내가 들으면 기분 좋은 말을 쓴다(가운데에 친구의 얼굴을 그려주는 것까지 하면 더욱 큰 즐거움을 가져다준다).

③ 팀원이 모두 쓰면 팀원 중 에너지가 가장 높은 사람이 진행자가 되어 친

구들이 쓴 내용을 돌아가며 발표하게 한다.

④ 한 명의 발표가 끝나면 나머지 팀원 모두가 발표한 친구를 향해 그 친구가 들으면 기분 좋은 말을 함께 외쳐준다.

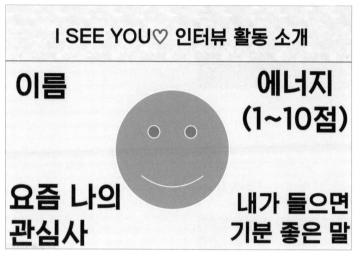

I SEE YOU 활동지 예시

과제 안내하기

프로젝트를 더욱 원활하게 진행하려면 학생들이 학교는 물론 가정에서도 적극적으로 탐구하고 연구해야 한다. 프로젝트 진행을 위한 기본적인 지식들은 과제를 통해 학생들이 스스로 공부하게 함으로써 좀 더 효율적인 시간 활용이 가능해진다.

세상을 바꾸는 AD Maker 1차시 과제 안내 (예시)	1. 내가 생각하는 좋은 광고를 찾아 링크를 카페에 올리기 2. 광고의 제작 과정 조사하여 다음 시간까지 제출하기

1차시 수업자료 예시

프로젝트 국어 1차시

기억에 남는 광고?

광고란?

- 광고는 동시에 다수의 소비대중에게 상품 또는 서비스 등의 존재를 알려 판매를 촉진하는 일종의 설득 커뮤니케이션 활동

광고란?

- 즉, 광고는 글·그림·사진·영상·소리 등의 표현메시지를 신문·잡지·라디오·텔레비전 등 대중매체, 또는 우편·포스터·팜플렛·옥외광고·극장·인터넷 등 다양한 전달매체에 게재 또는 방송한다.

침대는 가구가 아닙니다.
⬛⬛⬛ 입니다.

세상을 바꾸는 광고?

태국 이동통신 회사
'True Move H'
광고영상입니다.
"The communication is the best"

프로젝트 모둠 발표

프로젝트 국어 모둠						
1	2	3	4	5	6	7
김○○	김○○	변○○	홍○○	박○○	유○○	시○○
박○○	강○○	김○○	이○○	노○○	조○○	박○○
권○○	안○○	이○○	남○○	최○○	유○○	황○○

주제 결정 및 활동 계획하기

이 차시에서는 어떤 주제로 탐구를 할 것인지를 정해야 합니다.
그리고 어떤 식으로 탐구 활동을 할 것인지 계획합니다.

탐구 주제 결정

학생들은 어떤 광고를 찍을지 함께 토의하게 된다. 먼저 우리 주변에 있는 문제를 인식하는 것이 광고 주제를 선택하는 첫 단계이다. 나는 학생들에게 우리 학교에서 발생하는 문제를 해결할 수 있는 광고를 제작하라고 했다. 학생들은 학교에서 발생할 수 있는 여러 가지 문제들을 찾아보고, 어떤 주제로 광고를 찍을지 서로 이야기를 나누었다.

학교에서 발생하는 문제는 다양하지만, 팀별로 주제가 겹치는 경우가 종종 있다. 하지만 주제는 다양하게 하는 것이 좋다. 교사가 광고의 주제를 몇 가지 안내하는 것도 괜찮은 방법이다. 주제가 결정되면 팀별로 주제와 주제를 선정한 까닭을 발표하게 한다.

프로젝트 세상을 바꾸는 AD Maker

1. 광고 주제 정하기

의견	근거

2. 광고의 형식

☐ 포스터　　☐ 광고 영상　　☐ 노래 만들기　　☐ 스톱 모션 애니메이션
☐ 그 외 (　　　　　　　　　　　)

3. 광고의 내용

탐구 주제 결정 활동지

활동 계획하기

광고 주제가 결정되면 광고 제작을 위한 구체적인 계획을 세워야 한다. 광고의 구체적인 내용 및 시나리오 작성, 광고 제작 기간, 광고 제작 장소, 광고 제작 방법, 역할 분담 등을 토의하고 결정하는 것이다. 이때 교사는 각 팀을 돌아다니면서 학생들이 계획을 잘 세우고 있는지 확인하고, 계획을 더 잘 세울 수 있도록 도와주어야 한다. 학생들이 놓치고 있는 것은 무엇인지, 학생들이 세운 계획이 적절한지, 문제점은 없는지 살펴보고 함께 고민하고 생각해야 한다. 교사가 함께 고민한 것과 고민하지 않은 것은 큰 차이를 가져오기 때문이다.

특히 활동 계획 단계부터 의견 충돌이 발생하는 팀이 있는데, 이런 팀은 교

사의 더욱더 세심한 주의와 관심이 필요하다. 처음에 팀워크가 흐트러질 경우 남은 차시도 잘 안 될 확률이 높기 때문에 처음 문제가 발견되는 즉시 교사가 개입해 중재하고 문제를 함께 해결하도록 해야 한다.

2차시에 활동 계획서를 작성하는 아이들

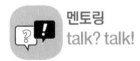 멘토링
talk? talk!

2차시 수업, 이것만은 꼭 기억하라!

프로젝트 수업을 진행하면서 프로젝트를 잘 알고 계신 전문가 선생님께 어떻게 하면 프로젝트 수업을 잘할 수 있을지 여쭤본 적이 있습니다. 그 선생님께서는 교사가 직접 그 팀의 팀원이 되어야 한다고 말씀하셨습니다. 팀의 일원이 되어 같은 문제를 놓고 함께 해결책을 생각하고, 같은 고민을 놓고 함께 생각하고 이야기할 때 프로젝트의 성공도가 더 높아진다는 뜻이겠지요. 교사의 관심과 적극적인 참여도와 프로젝트의 성공도는 비례한다는 점, 꼭 기억해주세요!

세상을 바꾸는 AD Maker 2차시 과제 안내 (예시)	1. 활동 계획 완성하여 카페 게시판에 올리기 2. 팀 주제와 관련된 영상 찾아보고 비교하기

탐구 활동하기

이 차시에는 본격적으로 광고 시나리오 작업을 시작합니다.
교사는 학생들의 시나리오를 살펴보며 지속적인 피드백을 해주어야 합니다.

광고 시나리오 작성하기

광고의 주제가 결정되었다면 광고 시나리오를 작성해야 한다. 학생들은 지난 시간 과제에서 조사했던 관련 영상을 보고 어떻게 광고를 제작하면 좋을지 함께 토의한다. 나는 학생들이 일반적인 영리적 성격을 띠는 상품 광고보다는 의미를 담은 스토리텔링식의 광고를 만들기를 바랐다. 광고 영상 시간은 3분 이상으로 제작할 것을 요구했고, 학생들도 그에 따라 시나리오를 작성했다.

표 4-2 국어 프로젝트 팀별 광고 주제

심쿵미남 1조	임페리오	우리의 AD 는 레전드	자체발광 광고팀	Masa Yume 현실된 꿈	AD Dreamteam	도전 광고지호팀
나무를 지키자!	환경을 보호하자!	학교폭력 없는 아름다운 학교	사이버폭력 하지 말자!	사이버폭력 카톡폭력 금지!	질서를 지키자!	성폭력, 이젠 금지!

모둠 이름	우리의 AD는 레전드다	팀원 이름	이○○, 변○○, 김○○
광고 주제	학교폭력을 하지 말자		
광고 제작 시나리오	방법: 총 4개의 소주제로 나눠 찍는다(언어폭력, 신체폭력, 금품 갈취, 따돌림) 언어폭력 1. A학생(왕따)이 화장실 어느 한 칸에 들어가 있는데, 친구들이 들어와서 A학생이 있는지 모르고 뒷담을 한다. 조금 뒤 A학생이 칸에서 나온 뒤 화장실 밖으로 나간다. 친구들은 재수 없다며 계속 나쁜 말을 한다. 신체폭력 2. A학생이 집에 가려고 학교 밖으로 나왔는데, 힘이 센 친구들이 A학생이 짜증 난다며 때리고는 그냥 간다. 금품 갈취 3. A학생이 학교가 끝나고 가방을 보니 지갑과 핸드폰이 없어서 선생님께 여쭤보았지만 찾지 못해서 우울하게 집에 가고 있는데, 한 친구가 A학생의 지갑을 가지고 "야, 이거 너 거 아니야?"라고 말하고 도망간다. 따돌림 4. 쉬는 시간에 A학생이 애들에게 같이 놀자고 하는데, 친구들이 싫다며 같이 놀지 않는다.		

광고 시나리오 만들기

멘토링

talk? talk!

3~4차시 수업, 이것만은 꼭 기억하라!

시나리오를 작성하는 것이 학생들의 입장에서는 결코 쉬운 작업이 아닙니다. 따라서 시나리오를 써서 제출한 것을 보면 교사의 기대와는 달리 시나리오의 흐름이나 내용이 부족할 것입니다. 따라서 교사는 학생들의 시나리오를 살펴보고 계속해서 피드백을 주면서 어떠한 방향으로 시나리오를 쓰면 좋을지 고민하고 조언을 해주어야 합니다. 시나리오를 작성하고 파일로 정리해서 게시판에 올리도록 하면 더욱 좋습니다. 지속적인 피드백이 중요함을 꼭 기억해주세요!

중간 탐구 결과 발표하기

이 차시는 지금까지의 탐구 내용을 돌아보는 중간 점검의 시간입니다.
이 시간을 통해 새로운 아이디어를 떠올리거나 탐구의 방향을 재정비해야 합니다.

탐구 보고서와 PPT 작성하기

중간 탐구 결과 발표는 지금까지 탐구한 내용을 돌아보고 앞으로의 탐구 방향을 설정하는 시간이다. 각 팀별로 광고의 주제, 주제를 선정한 이유, 광고 제작 계획, 광고 시나리오를 발표한다. 발표를 준비하면서 부족한 부분은 보완하고, 내용을 구체적이고 명확하게 준비하도록 한다. 중간 탐구 발표 이후의 계획도 발표함으로써 각 팀이 앞으로의 계획을 정확하게 인지하고 탐구가 꾸준히 지속될 수 있도록 해야 한다. 중간 탐구 결과 발표는 중간 탐구 보고서를 작성하고 중간 탐구 결과 발표 PPT를 제작해서 발표하도록 한다. 3~4차시 탐구 활동하기 단계에서 미리 중간 탐구 결과 발표 양식을 학생들에게 제공하고 작성 방법을 안내해준다.

내가 운영했던 프로젝트 국어 팀의 경우 총 7개의 팀이 있었기 때문에 각 팀당 5분의 발표 시간을 주었는데, 5분 중 4분은 팀별 발표를 하고 나머지 1분은 질의응답 시간을 가졌다. 학생들은 다른 팀의 발표를 듣고 새로운 아이디어를 얻기도 하고, 날카로운 질문을 통해 비판하기도 했다.

중간발표 PPT 예시

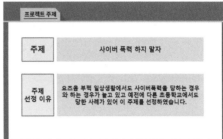

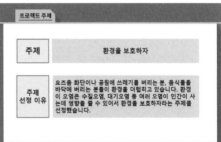

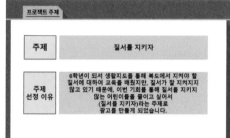

탐구 방법

1. 주제와 관련된 광고 영상을 시청한 후 어떻게 광고를 찍으면 좋을지 토의하기.
2. 광고 시나리오와 대본을 작성하기.
3. 친구들과 함께 연기하여 광고 영상 찍기.
4. 친구들과 함께 연기한 동영상을 편집해서 발표하기.

광고 시나리오

1. A가 복도에서 뛰다가 B랑 부딪히게 된다.
2. 결국 그 둘은 싸우게 된다.
3. 이 상황을 목격한 C가 이 상황을 선생님께 알려서 두 아이는 복도에서 지켜야 할 질서에 대하여 선생님과 상담을 하게 된다.
4. 이번 일로 선생님은 이 학교 학생들에게 복도에서 지켜야 할 질서들에 대해서 얘기하게 되고, 그 후로 이 학교의 복도에서 뛰거나 장난치는 사람은 없어졌다고 한다.

멘토링
talk? talk!

5차시 수업, 이것만은 꼭 기억하라!

간혹 학생들에게 다른 팀의 발표에 대해 질문을 하라고 하면, 오직 비판적인 내용으로만 흘러갈 때가 있습니다. 이렇게 될 경우 자칫 감정적인 문제가 발생하거나, 앞으로의 학습동기를 저하시킬 우려도 없지 않습니다. 따라서 학생들의 피드백이 비판으로만 치우지지 않도록 칭찬할 점을 한 가지 넣어서 질문할 수 있도록 지도해야 한다는 점, 꼭 기억해주세요!

산출물 제작하기

이 차시에는 광고 영상을 촬영 및 편집하여 우리들만의 광고를 만들어내야 합니다.
학생들의 결과물이 다소 미흡해도 격려해주는 자세가 필요합니다.

광고 영상 촬영하기

6~7차시는 학생들이 계획했던 광고를 제작하고 편집하는 시간이다. 비록 3분
짜리 영상이지만, 제작과 촬영에 들어가는 시간이 꽤 많다. 각 팀별로 촬영 날
짜가 언제인지 알고 있다가 촬영할 때에 촬영을 돕거나 함께하는 것만으로도
더 좋은 광고를 제작할 수 있다. 촬영 구도나 대사 전달과 같이 중요한 부분은
교사가 봐주는 것이 좋다.

광고 영상 편집하기

영상을 모두 찍었다면 편집을 하는 것도 매우 중요하다. 아직 학생들이므로
어려운 영상 편집 프로그램보다는 스마트폰 어플인 키네마스터(KineMaster)를
활용할 수 있도록 했다. 키네마스터는 조작법이 간단하고 또 무료로 사용할
수 있어, 학생들도 쉽게 이용하고 편집할 수 있는 장점이 있다. 각 팀별로 광고

영상 편집이 완료되면 교사가 영상을 확인한 후, 편집이 부족한 부분이나 보충하면 좋을 부분들에 대해 피드백을 주면 광고의 완성도가 더 높아질 것이다.

학생들은 프로젝트를 진행하면서 실제로 광고 제작과 편집을 경험하기 때문에 즐겁고 재미있게 참여하는 모습을 보인다. 또한 자신들이 직접 만든 광고를 보며 자부심을 느끼고 뿌듯해한다. 어린 학생들이 만든 광고이므로 교사가 보기에는 미흡하고 부족한 영상으로 보일 수도 있을 것이다. 그렇지만 광고의 내용, 제작 과정 등을 보며 학생들에게 칭찬과 격려를 해준다면 학생들은 더 큰 자신감을 얻게 될 것이다.

세상을 바꾸는 AD Maker 6~7차시 과제 안내 (예시)	1. 광고를 촬영하고 편집하여 완성되면 선생님 메일로 보내기(최종발표회 때 공유할 수 있도록) 2. 팀 소개 영상을 찍어 영상의 끝 부분에 함께 넣기

최종발표회 준비하기

이 차시에는 광고 영상 제작을 마무리하고, 아울러 최종발표회를 위한 보고서와
PPT 자료를 준비합니다. 팀원 모두가 발표에 참여할 수 있도록 지도해야 합니다.

이제 다음 9차시 최종발표회를 앞두고 발표를 준비하는 시간이 돌아왔다. 탐구의 과정을 담은 최종보고서와 최종 PPT, 최종산출물인 광고 영상 제작을 완료하고 발표를 준비한다.

보고서와 PPT, 영상 제작 마무리하기

최종보고서와 최종 PPT 역시 처음 제작해보는 학생들이 많기 때문에 어떻게, 어떤 내용으로 써야 하는지 몰라 헤매는 학생들이 많다. 이럴 때에는 교사가 보고서와 PPT의 예시를 들어 미리 안내해주면 학생들이 보다 쉽게 쓸 수 있다. 보고서와 PPT는 교사의 피드백이 더욱 필요하다. 보고서를 쓸 때에는 탐구의 과정이 잘 드러나도록, 내용을 풍성하고 구체적으로 쓸 수 있도록 학생들에게 안내해준다. PPT를 제작할 때에는 모든 내용을 담으려고 하지 말고 탐구과정별로 핵심 내용만 담을 수 있도록 해야 한다.

제출 기한은 엄수한다

이 과정에서 중요한 것은 제출 기한이다. 만약 제출 기한을 정해놓지 않으면 미리 제작하지 않고 있다가 기한이 되어 대충 작성을 하게 되는 경우가 발생할 수도 있고, 잘하고 싶은 마음에 수정에 수정을 거듭하다가 정작 마무리를 짓지 못하는 경우도 있다. 나는 제출 기한을 정해놓고 날짜를 넘겨 제출한 경우 평가에서 감점을 주었다. 아무리 잘 쓴 보고서, PPT라 하더라도 제출 기한을 지키지 못한다면 엄격하게 감점을 진행한 것이다. 안타깝지만 이렇게 해야 교사도 다음 단계를 진행하는 데 어려움이 덜하다는 점을 기억하자.

세상을 바꾸는 AD Maker 8차시 과제 안내 (예시)	1. 최종보고서, 최종 PPT를 국어팀 게시판에 기한 맞춰 올리기 2. 최종산출물 영상 피드백 참고하여 편집 후 선생님 메일로 보내기 3. 팀별 발표 역할을 나누고 발표 대본을 작성하여 발표 준비하기

멘토링
talk? talk!

8차시 수업, 이것만은 꼭 기억하라!

발표를 할 때에 팀원 모두가 참여하는 것을 원칙으로 정하면 팀원 모두 발표에 참여하고 발표를 연습하게 됩니다. 이때 평소 발표에 소극적인 학생들도 발표에 적극적으로 참여하게 할 수 있는 방법이 있습니다. 발표 분량이나 순서를 자율에 맡기면 발표를 두려워하거나 자신 없어하는 학생들에게 부담은 최소화하며 발표에는 적극적으로 참여하게 할 수 있다는 점, 꼭 기억해주세요!

최종발표하기

이 차시에는 팀별로 나와서 발표를 하고, 질의응답 시간을 갖게 됩니다.
최종발표 영상을 촬영해두면 이후 평가에 도움이 될 것입니다.

이번 시간은 그동안 탐구한 모든 과정을 발표하면서 최종산출물인 광고 영상을 공개하는 날이다. 학생들은 각 팀별로 준비한 발표를 순서대로 진행한다.

팀별 발표와 질의응답

최종산출물 발표는 한 학기 전체의 내용을 담아 발표하는 시간이므로 내용이 중간발표 때보다 더 많다. 그래서 7팀이 40분 안에 모든 것을 발표하기란 현실적으로 어렵다. 따라서 약 10분 정도 더 연장해 50분 수업으로 구성했다(만약 팀의 수가 적으면 40분 안에도 가능함).

각 팀마다 5분의 발표 시간과 1분의 질의응답 시간을 가졌다. 친구들의 보고서를 참고하면서 발표를 들을 수 있도록 학생들이 작성한 최종보고서를 모두 인쇄해 전체 학생에게 배부했다. 발표는 각 팀별로 모든 팀원이 참여하는 것을 원칙으로 하며, 발표가 끝난 후에는 다른 두 팀이 발표한 팀에 대해 칭찬, 비판, 질의 등을 한다. 발표뿐만 아니라 칭찬, 비판, 질의 등도 발표 점수에 포함되므로 발표를 잘 듣고 피드백을 해주는 것도 매우 중요하다.

최종발표회에는 학부모님들을 초청해 자녀들이 프로젝트 학습에 참여하는 모습을 보실 수 있도록 했다. 학부모들은 교실에 가만히 앉아 수동적으로 공부하는 모습이 아니라 직접 탐구하고 몸으로 움직이며 적극적으로 참여하며 발표까지 하는 자녀의 모습에 매우 긍정적이고 대견해하는 반응을 보여주었다.

세상을 바꾸는 AD Maker 9차시 과제 안내 (예시)	1. 최종산출물 광고 영상 국어팀 게시판에 올리기 2. 스타 프로젝트 워크북 최종발표 내용 정리하기

멘토링
talk? talk!

9차시 수업, 이것만은 꼭 기억하라!

최종발표를 한층 더 정확하게 평가하기 위해 최종발표의 영상을 찍어두는 것이 좋습니다. 삼각대를 이용하여 카메라 또는 스마트폰으로 촬영해놓는다면 피드백을 해주기도 좋고, 평가를 할 때에도 매우 좋을 것입니다. 디지털 시대, 영상을 적절히 활용하는 것만으로도 평가의 질을 높일 수 있다는 점, 꼭 기억해주세요!

최종산출물 광고 영상
프로젝트 국어팀 최종산출물 광고 영상입니다. 오른쪽 QR코드를 통해 접속하시면 학생들이 제작한 영상을 보실 수 있습니다.

최종산출물 광고 영상

학생들이 제작한 최종발표 PPT

프로젝트 활동 돌아보기

끝으로 탐구 활동을 돌아보는 시간을 마련합니다. 성찰의 시간을 통해
학생들 스스로 자신의 탐구 활동을 평가하게 하고, 이후의 심화 탐구로 이어질 수 있도록 지도합니다.

프로젝트에 대한 성찰과 격려의 시간

드디어 프로젝트를 마무리하는 시간이 돌아왔다. 10차시 수업에서는 '세상을 바꾸는 AD Maker' 프로젝트를 돌아보는 시간을 가졌다. 프로젝트 학습을 통해 배운 점, 느낀 점, 즐거웠던 점, 어려웠던 점, 팀원을 향한 칭찬과 격려 등을 성찰 활동지에 작성하고 팀별로 나누는 시간을 가진 것이다. 또한 지도한 교사에 대한 감사도 학생들이 나누어 더욱 뿌듯하고 알찬 시간이었다.

**톡?톡!
교사후기**

〈국어과 01〉 '세상을 바꾸는 AD Maker' 프로젝트

프로젝트 수업은 나에게 가르친다는 것의 진정한 의미를 발견하게 해주었다. 프로젝트 학습을 시작하고부터 나부터 먼저 스스로 배우고 연구하게 되었다. 그 과정에서 나 역시 아이들과 함께 성장해갔다. 나는 학생들에게서 엄청난 잠재력과 가능성을 보았다. 아이들은 목표 달성을 위해 집중했고, 노력했고, 혼신을 다했다. 아이들이 정말 즐겁게, 집중해서 수업에 참여하는 모습을 보며 내가 느꼈던 기쁨과 감격을 다른 모든 교사들도 느낄 수 있었으면 좋겠다!

최고의 수업!! 프로젝트 수업!!
6학년 김미송

6학년에 올라와서 처음으로 접했던 새로운 경험이 바로 '프로젝트 학습'이었다. 6학년 학생들이 전체 시청각실에 모여서 프로젝트 학습에 대한 설명을 들었는데, 새롭게 접하는 거라서 무슨 말인지 잘 이해가 되지 않았고, 어떤 과목을 해야 할지 엄청 고민이 되었다. 처음 해보는 것이었기 때문에 친구들이 많은 쪽으로 가고 싶었지만 국어 교과를 하게 되었다. 국어는 지루한 과목이라서 재미가 없을 거 같아 큰 기대를 하지 않았다.

드디어 첫날, 팀이 정해지고 팀원 간 서로 소개를 했다. 팀원을 보고 '아… 우리 팀은 망했다'라고 생각했다. '어차피 이렇게 된 거 잘해보자!'라는 마음으로 시작했는데, 같은 팀이었던 두 명의 친구들 중 한 명은 조금만 참여하고, 다른 남자애는 떠들기만 하고… 진짜 망해간다는 생각이 들었다. 하지만 선생님께서 아이들이 잘 집중할 수 있도록 도와주시고 어려운 부분을 함께 고민하며 조언해주셔서 조금씩조금씩 잘할 수 있게 되었다.

프로젝트의 과정은 쉽지 않았다. 역할을 나누어 조사를 하고 내가 자료를 모아서 정리하고, 광고 영상을 찍기 위해 친구들을 섭외하여 영상을 찍고, 잘못된 부분이 있어 찍고 다시 찍었다. 시간도 서로 맞지 않아 만나기가 힘들었다.

그러나 최종 결과물을 보고 최종발표회를 위해 고생했던 일을 생각해보니까 정말 뿌듯했다. 초등학교 마지막 학년에 경험한 처음이자 마지막인 프로젝트 학습을 돌이켜보니 서로 이야기해서 문제를 해결하게 되고 의견을 내는 과정들이 모두 의미가 있었다. 프로젝트 학습을 다시 할 수 없을 것 같다고 생각하니까 아쉽기도 했다. 6학년 1년 동안 함께한 팀원들과 도와주신 선생님들께 정말정말 감사했다. 후회하지 않을, 나의 기억 속 최고의 수업이었다.

나는 학생기자다!

• 관련 단원 : 국어 2학기 10단원. 뉴스와 생활
• 적용 학년 : 초등학교 6학년
• 관련 교과 : 국어, 창의적 체험활동
• 팀 구성 : 6팀 (20명)

◆ 왜 국어과에서 이 주제로 프로젝트 수업을 진행했나?

우리 생활 속에서 없어서는 안 될 것 중의 하나가 바로 뉴스일 것이다. 뉴스는 사람들에게 새로운 정보를 알려주기도 하고, 어떤 일을 긍정적이거나 비판적인 시각으로 보게 하기도 하며, 여러 사람의 생각에 영향을 주어 여론을 형성하기도 하는 등 우리 생활에 다양한 영향을 미치고 있다. 세계는 세계화·정보화의 흐름 속에서 점점 빠르게 변해가고 있으며, 뉴스 역시 빠르게 보도되었다가 빠르게 사라진다. 이렇듯 끊임없이 엄청난 양의 뉴스가 매일 생성되고 있는데 우리는 어떠한 기준과 관점을 가지고 뉴스를 바라봐야 할까?

오늘 뉴스 기사 A가 보도되었다가 몇 분 지나지 않아 기사 A를 반박하는 기사 B가 보도되는 일이 우리가 살아가는 곳에서 끊임없이 일어나고 있다. 자동차를 가장 잘 아는 사람이 누구일까? 바로 그 자동차를 만든 사람일 것이다. 그리고 뉴스를 가장 잘 배우는 방법은 바로 뉴스를 직접 만들어보는 것이다.

'나는 학생기자다!' 프로젝트는 생활 속 여러 가지 일 가운데에서 자신이 관심 있는 문제에 대하여 취재 및 보도 계획을 세운 뒤 직접 뉴스를 만들어 발표한다. 이를 통해 뉴스를 비판적으로 바라볼 수 있는 안목을 기르고, 뉴스가 만들어지는 과정이나 원리를 학습하고, 더 나아가 뉴스에 대한 전반적인 이해의 폭을 확장시키고자 한다. 프로젝트 학습이 진행되는 동안, 학생들은 기자가 되어 우리 주변에서 일어나는 일들에 관심을 갖고 기자의 정신으로 활동하게 된다.

탐구 문제	우리가 학생기자로서 우리 생활에 영향을 미치는 뉴스를 어떻게 제작할 수 있을까?

오늘날 우리가 살아가는 세상에서 없어서는 안 될 것 중의 하나가 바로 뉴스입니다. TV를 틀면 뉴스가 나오고, 스마트폰, 라디오를 통해서도 뉴스는 쉽게 접할 수 있습니다. 뉴스는 세상을 보는 창입니다. 뉴스를 통해 세계 각지에서 일어난 여러 가지 일들을 알게 되고, 뉴스를 통해 우리의 생각이 더욱 확고해지거나 바뀌기도 합니다. 이처럼 뉴스는 많은 사람들에게 영향을 주기 때문에, 뉴스를 제작하고 보도하는 기자의 역할은 매우 중요해지고 있습니다.

여러분은 지금부터 학생기자가 되어 우리의 생활 주변에서 보도할 만한 가치가 있다고 생각하는 사건에 대해 뉴스 취재 계획을 세워 뉴스를 취재하게 됩니다. 취재한 내용을 바탕으로 뉴스를 만들고 보도하게 됩니다.

근데 여러분! 혹시 그거 알고 있나요? 셀 수 없을 정도로 많은 뉴스들이 제작되고 있지만, 그중 일부만이 사람들에게 보여지고 기억됩니다. 여러분도 이제 팀을 이루어 뉴스를 제작하게 될 텐데, 어떤 뉴스가 가장 영향력이 큰 뉴스가 될 수 있을까요? 지금부터 학생기자로서 우리 생활에 영향을 미치는 뉴스를 제작하여 보도해주세요!

차시	단계	주요 학습 요소	활동 내용
1-2	프로젝트 계획하기	준비하기 및 소집단 구성하기	• 학습내용 안내 및 프로젝트 탐구 계획 수립하기 • '나는 학생기자다!' 프로젝트 학습 주제 및 방법 안내하기 • 팀 구성 및 팀원 역할 정하기, 팀 서약서 쓰기, 토의하는 방법 익히기
		주제 결정 및 활동 계획하기	• 탐구하고 싶은 주제 선정 및 주제망 짜기 • 뉴스 제작 토의하기 및 뉴스 제작 활동 계획하기
3	프로젝트 실행하기 I	탐구 활동하기	• 뉴스 제작을 위한 배경 지식 익히기 - 뉴스의 구성 이해하기, 뉴스의 신뢰성 평가하기 • 뉴스의 다양한 종류 알아보기
4		탐구 활동하기	• 조사해온 내용을 토대로 토의하기 • 결과물 제작 방법 협의하기 • 중간발표를 위한 팀별 역할 분담 및 중간발표 자료 만들기
5		중간 탐구 결과 발표하기	• 중간 탐구 결과 발표하기 • 선생님의 의견 및 다른 팀의 의견을 듣고 세부적인 활동 방법 수정 및 보완하기
6	프로젝트 실행하기 II	산출물 제작 계획하기	• 다양한 방법을 활용하여 뉴스 제작하기 • 탐구 계획 세운 대로 뉴스 완성하기
7		최종보고서 작성하기 및 산출물 제작하기	• 뉴스 제작하기 • 프로젝트 탐구 과정을 담은 최종보고서 작성하기 • 프레젠테이션 준비 및 역할 분담하기
8		최종발표회 준비하기	• 좋은 발표에 대해 생각해보기 및 발표 방법 알아보기 • 프레젠테이션 준비 및 역할 분담하기 • 발표 방법 협의 및 프리젠테이션 최종 점검하기
9-10	프로젝트 발표하기	최종 탐구 결과 발표하기	• 탐구 과정 및 결과물 발표하기 • 다른 팀의 발표를 경청하고 질문하기 • BEST 뉴스 선정하기
		지식나눔강연회 및 평가하기	• 각 교과별 산출물 결과가 우수한 2팀씩 출전하여 탐구 과정 및 결과 발표하기 • 프로젝트 활동 반성 및 소감 나누기

준비하기 및 소집단 구성하기

이 차시에는 프로젝트를 소개하고, 팀을 구성하고, 팀 이름을 결정합니다.
팀을 구성할 때는 교사가 학생들의 능력과 성향을 파악해 미리 구성하는 것이 좋습니다.

'나는 학생기자다!' 프로젝트 소개하기

학생들에게 가장 최근에 본 뉴스가 무엇인지 물어보며 수업을 시작한다. 돌아가며 자신이 본 뉴스에 대해 이야기를 나누고, 왜 뉴스를 보는 것인지 뉴스를 보는 이유에 대해 다시 질문한다. 사람들이 여러 가지 이유로 뉴스를 본다면 뉴스를 볼 때 주의해야 할 점은 무엇이 있을지 의견을 나누어본다.

뉴스에 대한 이야기를 마치면 기자에 대해 함께 이야기를 나눈다. 기자란 무엇을 하는 사람이며, 기자가 갖춰야 할 마음자세에 대해 고민해보고 생각해본다. '나는 학생기자다' 프로젝트 첫 시간에는 뉴스와 기자에 대해 스스로 생각해보고 뉴스를 전하는 기자로서의 마음가짐을 가질 수 있도록 한다.

팀 구성하기 및 팀 이름 정하기

앞서 '세상을 바꾸는 AD Maker' 프로젝트 수업 사례에서 팀 구성하기 및 팀 이

름 정하기 방법을 다룬 적이 있다. 무엇보다 중요한 것은 학생의 성별, 성향, 학업 능력, 기술적 능력 등을 고려하여 교사가 미리 팀을 구성하는 것이다. 팀을 구성할 때 각 팀별로 리더십 있는 학생을 1명씩 넣는 것도 좋다.

1차시 수업 자료

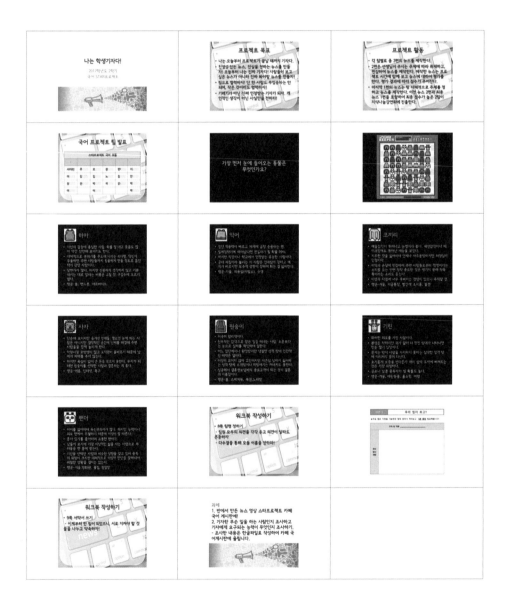

주제 결정 및 활동 계획하기

이 차시에서는 과제를 발표하고, 뉴스를 제작하기에 앞서 기본 상식을 배우며,
어떤 뉴스를 제작할지 주제를 생각하게 합니다.

조사한 과제 발표하기

지난 프로젝트 수업 때 과제로 제출한 내용을 팀별로 돌아가며 발표한다. 기
자란 무엇이고, 기자에게 필요한 능력은 무엇인지 이야기한다.

학생들이 제출한 프로젝트 과제

뉴스 제작에 앞서 알아야 할 기본 상식 배우기

학생들이 직접 주제를 선정하고 문제를 해결하는 것이 프로젝트 학습의 중심 활동이지만, 필요에 따라서는 교사가 직접 학생들에게 내용을 가르치기도 해야 한다. 뉴스를 제작하려면 뉴스가 무엇이며, 뉴스가 가지는 성격, 뉴스의 종류엔 어떤 것이 있는지 등은 알아야 한다. 또한 뉴스로 보도해야 할 것은 무엇인지에 대해서도 판단할 수 있어야 할 것이다. 뉴스를 제작하는 데 뉴스에 대해 알지 못한다면 제대로 된 뉴스를 제작할 수 없기 때문이다. 따라서 먼저 뉴스에 대해 배워야 어떠한 방법으로, 어떤 주제의 뉴스를 만들 것인지 구체적인 계획을 세울 수 있다.

2차시의 수업 자료

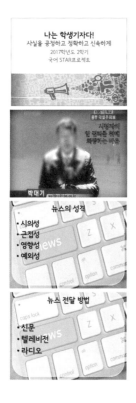

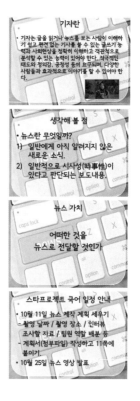

뉴스 주제 생각하기

'나는 학생기자다!' 프로젝트에서는 총 3종류의 뉴스를 제작하게 된다. 온라인과 모바일상에서 많이 읽는 카드 뉴스, 흔히 우리가 알고 있는 동영상 뉴스, 종이로 인쇄하여 배부되는 신문 이렇게 총 3종류를 만들게 했다. 각각 어떠한 주제로 만들 것인지 고민이 필요하다. 3종류를 만든 이유는 6학년 국어과 교육과정에서 제시된 뉴스의 3가지 기능을 모두 만들어보게 하기 위함이었다. 6학년 국어과 교육과정에서는 뉴스의 기능을 ① 여론 형성의 기능, ② 사회 현상 비판의 기능, ③ 정보 전달의 기능으로 설명하고 있다.

카드 뉴스는 모바일상에서 쉽고 편하게 볼 수 있는 뉴스의 형태로 정보 전달 기능을 목적으로 만들게 했다. 동영상 뉴스는 사회 현상 비판의 기능을, 신문 뉴스는 여론 형성의 기능을 담아 제작하도록 안내했다. 이후 각각의 주제를 생각하고 뉴스 제작 계획을 세워보는 활동을 진행했다.

탐구하고 싶은 주제와 뉴스 제작 계획을 이야기하는 모습

탐구 활동하기

이 차시에서는 카드 뉴스를 제작하고, 앞으로 동영상 뉴스를
어떻게 제작할 것인지 계획합니다. 팀원 간에 역할이 골고루 분담될 수 있도록 지도합니다.

카드 뉴스 제작하기

카드 뉴스에 대해 설명을 하고, 학생들이 카드 뉴스를 제작할 수 있도록 제작
방법에 대해 안내를 해준다. 카드 뉴스 제작 방법에 대하여는 컴퓨터실에서
함께 진행했다. 내용을 잘 이해하지 못하는 학생들을 위해 그 제작 방법이 잘
설명된 인터넷 블로그 링크를 카페 게시판에 올려 참고하도록 했다. 카드 뉴
스는 개인별 제출이지만 각각의 카드 뉴스에 대해 평가를 한 후 팀별로 평균을
계산하여 평가에 활용했다.

동영상 뉴스 제작 계획 세우기

동영상 뉴스는 사회 현상 비판의 기능을 담아 제작하게 했다. 학생들은 마치
진짜 기자가 된 것처럼 날카로운 시선으로 주변을 잘 관찰하여 뉴스로 보도할
만한 가치가 있는 사건들인지 파악해보고, 학교 내의 현상뿐만 아니라 학교 밖

학생들의 생활 속에서도 비판 가능한 사회 현상을 찾아 이를 뉴스로 보도하게 했다.

　계획은 되도록 구체적이고 명확하게 세우도록 안내해준다. 역할 분담 역시 세부적으로 작은 것까지 나누어 팀원 모두가 참여할 수 있도록 해야 한다. 계획 세우기 단계에서는 교사가 적극적으로 팀에 들어가서 팀원들과 함께 고민하며 계획을 세워주는 것이 필요하다. 뉴스 계획 세우기가 완성되면 기사문을 작성해야 하는데, 기사문은 육하원칙에 따라 사실만을 보도해야 한다.

뉴스 제작 계획서

3~4차시의 수업 자료

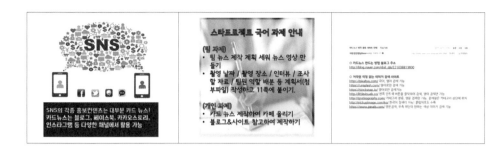

학생들이 만든 카드 뉴스 자료

중간 탐구 결과 발표하기

앞으로의 올바른 탐구 방향 설정을 위해 중요한 시간입니다.
다른 팀들의 발표를 통해 아이디어를 얻거나 부족한 부분을 보충할 수 있게 지도합니다.

중간보고서와 중간발표 PPT로 발표하기

중간 탐구 결과 발표는 지금까지 탐구한 내용을 돌아보고 앞으로의 탐구 방향을 설정하는 시간이다. 이 시간에는 각 팀별로 만든 카드 뉴스를 함께 보고, 앞으로 제작할 동영상 뉴스 제작 계획에 대해 발표하도록 한다. 뉴스의 주제, 주제 선정 이유, 취재 일정, 취재 장소, 인터뷰 대상, 역할 분담 등에 대하여 중간보고서와 중간발표 PPT를 활용해서 작성하고 발표를 진행한다.

이 시간을 통해 각 팀은 다른 팀의 발표를 들으며 우리 팀에 적용하면 좋은 아이디어들을 얻기도 하고 부족한 부분을 보충하기도 한다. 각 팀당 4분 동안 발표를 진행하고, 나머지 1분 동안 다른 팀으로부터 질의를 받아 응답하는 시간을 가진다.

5차시의 중간보고서

프로젝트 산출물 발표대회 중간보고서

주 제	패륜적 드립		교과명	국어
팀 명	취재중		지도교사	
팀 원	학년 반	이 름	주 역할	
	6학년1반	서○○	발표,ppt만들기	
	6학년2반	이○○	자료조사	
	6학년3반	이○○	보고서만들기, 설문조사	
	6학년4반	장○○	설문조사,대본 만들기	
주제 선정 이유	초등학생들이 패륜적드립을 얼마나 쓰는지 알고 싶기 때문이다.			

탐구 방법	1. 뉴스로 제작할 주제 선정 : (초등학생의 패륜적드립)
	2. 주제에 관한 자료 조사 : (패륜적 드립을 들어본적 있는지 설문조사·인터뷰)
	3. 뉴스 제작 방법 계획하기 : (취재하기, 영상찍기, 영상 편집하기)
	4. 뉴스 제작하고 뉴스 홍보하기 : (포스터 만들기, 카페에 올리기)

탐구를 통해 알게 된 내용	주제에 관한 자료 조사 (출처 및 전문가 자료 활용)	패륜적 드립이 담고 있는 뜻: family 드립을 줄여 말하는 것으로 ...

프로젝트 결과물 제작 방법	❶ 취재기간	10월 25일부터						
	❷ 인터뷰대상	패륜드립을 들어본 학생에게 인터뷰한다.						
	❸ 뉴스 제작 방법	1. 아나운서의 도입 2. 패륜드립에 대한 기자의 보도(설문조사 결과) 3. 패륜드립을 들어본 학생 인터뷰 내용 4. 촬영후 편집						
	역할	아나운서	기자	촬영	기사작성	편집	보고서작성	기타
	이름	이○○	서○○		장○○	이○○	서○○	이○○

프로젝트 과정 (일정)	일 시	탐구 내용
	09.13~09.19	팀 선정, 팀 서약서 작성, 모둠명 정하기
	09.20~09.26	주제 선정하기, 탐구 방법 논의하기
	09.27~10.04	조사 자료 나누고 탐구 방법 논의하기
	10.05~10.10	카드뉴스 제작 방법 배우기
	10.11~10.17	중간 보고서 작성하기 및 중간 발표 준비하기
	10.17~10.25	중간 발표 준비하기

느낀 점 및 다짐	이 름	소 감
	서○○	패륜적드립을 들은 아이들이 많아 마음이 좋지 않았고 ○○가 시간을 내서 설문조사 해줘서 고마웠고 ○○형 ○○이 여러 가지 조사를 해주어서 고마워다.
	이○○	자료조사를 찾게 된데 아린이가 확실히 하고 말해줘서 고마웠다.
	이○○	여러면에서 어려운점도 있었지만 팀원들과 힘들하게 잘 해내서 되어 좋았다.
	장○○	친구들과 힘을 하는 것이 좋았다.

프로젝트 산출물 발표대회 중간보고서

주 제	심각한 사이버 폭력 문제, 이대로 괜찮은가?		교과명	국어
팀 명	하나마		지도교사	
팀 원	학년 반	이 름	주 역할	
	6-1	노○○	아이디어 제공, 촬영, 섭외	
	6-2	곽○○	PPT 작성, 사진 및 녹음 편집	
	6-3	장○○	한글문서 작성, 촬영, 동영상 편집	
주제 선정 이유	요즘 SNS/카카오톡 등에서 사이버폭력 사례가 늘어나고, 점점 심해지고 있다. 사이버폭력 사례의 심각성을 조사해나가고 싶어 이 주제를 선정하게 되었다.			

탐구 방법	1. 뉴스로 제작할 주제 선정 : (심각한 사이버 폭력 문제 이대로 괜찮은가?)
	2. 주제에 관한 자료 조사 : ...
	3. 뉴스 제작 방법 계획하기 : (인터뷰 한 뒤 키네마스터로 뉴스를 만든다.)
	4. 뉴스 제작하고 뉴스 홍보하기 : (설문조사지를 만들어서 학생들을 대상으로 설문조사를 한다.)

탐구를 통해 알게 된 내용	주제에 관한 자료 조사 (출처 및 전문가 자료 활용)	죽림조등학교 6학년 학생들 50명을 대상으로 설문조사를 진행한 결과...

프로젝트 결과물 제작 방법	❶ 취재기간	사이버 폭력 경험 학생 섭외 후 즉시 인터뷰						
	❷ 인터뷰대상	사이버 폭력을 경험했던 학생에게 직접 인터뷰를 해본다						
	❸ 뉴스 제작 방법	다음과 같은 순서로 뉴스를 제작한다 (키네마스터 앱 사용) ①아나운서의 도입 ②기자의 보도 - 설문조사 결과 ③사이버 폭력 경험 학생 인터뷰 - 사이버 폭력을 당했을 때 기분 등 ④기자의 마무리						
	역할	아나운서	기자	촬영	기사작성	편집	보고서작성	기타
	이름	장○○	곽○○	노○○	장○○	곽○○	장○○	곽○○

프로젝트 과정 (일정)	일 시	탐구 내용
	09.13~09.19	팀 선정, 팀 서약서 작성, 모둠명 정하기
	09.20~09.26	주제 선정하기, 탐구 방법 논의하기
	09.27~10.04	조사 자료 나누고 탐구 방법 논의하기
	10.05~10.10	카드뉴스 제작 방법 배우기
	10.11~10.17	중간 보고서 작성하기 및 중간 발표 준비하기
	10.17~10.25	중간 발표 준비하기

느낀 점 및 다짐	이 름	소 감
	노○○	팀원들과 함께 협동심을 길러나가겠다.
	곽○○	드디어 뉴스 제작이 시작되었다. 열심히 하여 좋은 결과물이 보아야겠다.
	장○○	1학기 때보다 산출물 제작에 더 열정적으로 임하겠다.

멘토링 talk? talk!

5차시 수업, 이것만은 꼭 기억하라!

발표할 때 제한 시간을 두지 않으면 한없이 길어져서 지루한 발표가 되는 경우가 종종 있습니다. 시간제한이 없으면 발표를 듣는 청중의 집중도도 많이 떨어질 수밖에 없습니다. 5분 정도로 제한 시간을 미리 제시하고 학생들에게 발표를 연습할 때 대본을 작성하여 시간에 맞춰 연습하도록 안내해주는 것이 좋습니다. 발표 제한 시간을 꼭 기억해주세요!

산출물 제작하기

이 차시 동안 학생들은 뉴스와 신문 제작 및 편집을 해야 합니다.
교사는 수시로 점검을 통해 학생들의 진행 상태를 확인해야 합니다.

뉴스 영상 및 신문 제작하기

학생들은 계획한 대로 뉴스와 신문을 제작하고 편집해서 최종산출물을 완성한다. 지금 이 시기는 뉴스 영상은 제작 계획에 따라 촬영이 마쳐진 상태여야 하며, 편집이 이루어지고 완료되어야 할 때이다. 교사는 각 팀의 제작 계획을 수시로 점검하여 학생들의 프로젝트 진행 상태를 확인해야 한다.

뉴스 영상 제작을 다 마친 모둠은 신문을 제작할 수 있도록 안내해준다. 신문을 제작할 때는 여론 형성의 기능을 담을 수 있도록 해야 하는데 어떠한 내용을, 어디에 배치할지 고민이 필요하다. 나는 이 프로젝트를 6학년 2학기에 진행했기 때문에 신문에 소규모 테마교육여행, 중학교와 관련된 기사가 꼭 들어가도록 했다. 또한 신문에 광고가 들어가듯이 공익광고를 1개 넣도록 했으며, 나머지 남은 칸에는 팀에서 넣고 싶은 기사를 넣게 했다.

학생들이 만든 신문자료

최종발표회 준비하기

최종발표회에 필요한 보고서와 PPT 자료 준비를 하도록 합니다. 최종발표회가
그저 결과물을 자랑하는 자리가 아닌, 탐구 과정을 보여주는 자리가 되도록 지도합니다.

보고서와 PPT, 뉴스 영상 제작 마무리하기

8차시는 다음 9차시 최종발표회를 앞두고 준비를 하는 시간이다. 따라서 탐구
의 과정을 담은 최종보고서와 최종 PPT, 최종산출물인 뉴스 영상 제작을 완료
하여 발표를 준비해야 한다. 보고서와 PPT는 교사의 피드백이 더욱 필요한 부
분이다.

보고서를 쓸 때에는 탐구의 과정이 잘 드러나도록, 내용을 풍성하고 구체적
으로 쓸 수 있도록 안내해준다. 특히 PPT를 제작할 때에는 모든 내용을 빠짐
없이 담으려고 하지 말고 탐구 과정별로 핵심 내용만 담을 수 있도록 안내해준
다. 학생들이 최종보고서와 최종 PPT를 모두 제작했다면 발표 대본을 만들도
록 한다. 발표 대본을 만들어 누가, 어떻게 말할 것인지 역할을 정하면 발표가
더욱 깔끔해질 것이다.

프로젝트 수업을 하다 보면 종종 산출물에만 집중하는 경우가 생기기도 하
는데, 최종발표회는 그동안 우리 팀이 어떠한 과정을 거쳐서 탐구를 진행했는
지에 초점을 맞춰 발표를 준비하도록 안내해준다.

최종발표회를 앞두고 팀별로 모여서 최종 점검과 역할 분담을 하는 아이들

최종발표회를 준비하면서 학생들이 만들었던 신문은 6학년 교실이 있는 복도에 게시하여 모든 학생들이 볼 수 있도록 했다. 학생들은 자신이 만든 신문이 게시되고 다른 학생들이 관심을 갖고 신문을 보자 매우 행복해하고 즐거워하였으며, 자신이 한 것에 대한 보람과 자부심을 느끼게 되었다.

memo

8차시의 수업 자료

프로젝트
Making Newspaper

최종 발표회 준비

- 최종 발표 점수는 **20점**으로 탐구 목표를 성취하기 위해 어떠한 탐구 방법으로 어떻게 탐구를 진행하였는지, 그리하여 어떠한 탐구 결과가 나왔는지 **전체적인 과정을 평가.**
- 소감은 개인별로 작성하여 발표하되, 스타프로젝트를 하면서 **좋았던 점, 어려웠던 점을 어떻게 극복했는지,** 배운 점을 구체적이고 성실하게 작성하도록 함.

최종 발표회 준비

- 발표는 팀원 모두가 나누어 발표에 참여할 것
- 발표는 5분 (뉴스 영상 재생 시간 포함), 질의 응답은 1분으로 함.

최종 발표회 준비

- 최종 보고서와 최종 PPT 제작하여 **12월 4일** 화요일 오후 **9시**까지 ~~~~~~~~~~ 으로 보내기
- 최종 보고서와 PPT양식은 국어 학습자료 게시판에 올려져 있음
- 최종 보고서와 PPT는 예시일뿐 팀별로 자유롭게 수정가능(단, 목차와 순서는 지키기)

memo

최종발표하기

한 팀씩 돌아가며 팀별로 발표를 진행합니다. 발표 후에는 질의응답 시간을 갖고,
그간의 탐구한 내용을 마음껏 표출할 수 있는 자리를 마련해줍니다.

최종산출물 공개와 발표

지금까지 탐구한 모든 과정과 결과를 친구들과 부모님 앞에서 보여주는 날이
다. 또한 모든 팀이 프로젝트를 진행하며 얼마나 노력하고 수고했는지 확인할
수 있는 날이기도 하다. 최종발표회는 팀별 순서에 따라 한 팀씩 돌아가면서
발표를 진행한다. 한 팀의 발표가 끝나면 다른 팀의 질의가 있고 그에 대한 응
답을 하게 하는데, 이번 프로젝트는 탐구한 내용이 너무 많아서 피드백은 기록
해두었다가 다음 시간인 마무리 단계에서 하기로 했다.

최종산출물 뉴스 영상
학생들의 최종산출물 뉴스 영상을 담아 QR코드로 제작하였습니다.
오른쪽 QR코드를 통해 학생들의 뉴스 영상을 보실 수 있습니다.

'으르렁'팀의 최종보고서

으르렁 최종 보고서
- 나는 학생 기자다! -

서울○○초등학교 6학년 국어 교과
팀명: (으○○)
팀원명: (주○○, 김○○, 전○○)

Ⅰ. 탐구(프로젝트) 목표
1. 학생 기자로서 필요한 능력과 역량을 배우고 기를 수 있다.
2. '비속어 사용 실태'에 대한 뉴스 제작 계획을 세우고 뉴스를 제작할 수 있다.
3. 기사문이 갖추어야 할 조건을 알고 우리 팀에서 제작하기 원하는 주제로 기사를 작성할 수 있다.
4. 팀원과 협력하여 국어 프로젝트를 수행할 수 있다.

Ⅱ. 탐구 방법 및 역할 분담
1. 탐구 방법

기 간	한 일	방 법	준비물 (참고도서 및 사이트명)
09월 13일~09월 27일	주제 선정하기 및 탐구 계획 세우기	팀원들과 토의	생각나눔판, 보드마카
09월 28일~10월 10일	카드 뉴스 제작	파워포인트 활용	인터넷, 파워포인트
10월 11일~10월 18일	뉴스 형상 세작 계획 및 뉴스 제작	토의, 촬영, 인터뷰, 편집	무비메이커(앱)
10월 19일~10월 25일	중간탐구발표회 준비하기	중간보고서 제작, PPT 만들기	PPT, 중간보고서
10월 26일~11월 15일	신문 기사 제작 계획	토의, 인터넷 조사	스마트폰, 컴퓨터, 생각나눔판, 보드마카
11월 16일~11월 22일	최종 산출물 제작 및 보고서 제작하기	토의, 인터넷 조사, 한글로 보고서 제작하기	컴퓨터, 생각나눔판
11월 22일~12월 06일	발표 PPT 제작 및 최종 발표 연습하기	파워포인트 활용, 토의	컴퓨터, 마이크

2. 역할분담

학년 반	이 름	주 역할
6학년 2반	주○○	기사문 작성, 인터뷰, 최종 보고서& 최종 PPT 작성
6학년 3반	김○○	기사문 작성, 비속어 동영상 편집
6학년 4반	전○○	비속어 동영상 촬영 최종 보고서 작성

3. 신문 기사 제작 계획

신문 제목	으르렁 신문 (GN)
팀 좌우명	이 세상에 열정없이 이루어진 위대한 것은 없다.
신문에 넣은 내용 (기사 제목 또는 간략어)	**중학교**: 성동중학교, 대광중학교, 정화여자중학교의 집단검사 조사
	소규모 테마여행: 하이원리조트, 하이캐슬리조트의 편의시설이나 숙소내부 등을 조사
	공익광고: 저출산 문제, 이유, 해결방안 조사
	STAR 프로젝트: 종암초등학교 6학년에서 실시하고 있는 STAR 프로젝트 조사
	연말가족행사: 제기록 맛집, 서울약령시한의약박물관 소개
	QUIZ: 비속어를 사용하지 말자는 표어 만들고 팔찌 받기(메일 Growl○○@naver.com - 12월 6일 오후 12시까지 꼭 참여 바람)
역할	주○○: 기사문 작성 및 정리(마무리)
	김○○: 중학교, 소규모 테마여행 조사
	전○○: 중학교, 공익광고 조사

Ⅳ. 탐구 결과
가. 뉴스의 짜임

순서	사진	내용	역할(이름)
진행자의 도입		학생들의 비속어 실태, 이에 대한 해결방안	진행자(전○○) 촬영(김○○)
기자의 보도		학생들의 비속어 실태, 비속어를 쓰는 이유	기자(주○○)
자료 화면		종암초등학교 6학년 학생을 대상으로 설문조사	(나레이션) 김○○
인터뷰		비속어를 많이 쓰는 학생과, 비속어를 많이 들은 학생 인터뷰	기자(주○○), 인터뷰 대상(변○○) 김○○
기자의 마무리		비속어의 문제점, 피해, 향후 방향	기자(주○○)

1. 카드뉴스

우리나라의 국경일	람보르기니	가장 높은 건물 TOP6
주현영	김민욱	전승민

2. 뉴스 동영상 (뉴스 제목: 비속어 사용 실태)
가) 뉴스 제작 계획

주제	비속어 사용 실태
주제 선정 이유	요즘은 많은 학생들이 스스럼없이 자연스럽게 일상대화 속에서 비속어를 사용하는 경우를 많이 보았습니다. 이유는 딱히 없었던 거 같습니다. 또한 이들의 공통점이라고도 할 수 있습니다. 모두 자신이 쓰는 비속어의 문제점, 심각성을 몰라합니다. 이에 우리 팀은 학생들이 이 프로젝트를 통해 비속어를 예전보다 덜 쓰는 계기가 될 수 있을 거 같기 때문입니다.
탐구 방법	1. 뉴스트 제작할 주제 선정 : (비속어 사용 실태) 2. 주제에 관한 자료 조사 : (비속어의 문제점, 비속어로 인한 피해와 같은 비속어의 실태를 조사하고, 6학년 학생을 대상으로 비속어를 사용하는 이유를 설문조사를 하고, 실제 피해사례의 여부를 직접 인터뷰를 하여 자료를 수집합니다.) 3. 뉴스 제작 방법 계획하기 : (비속어를 사용하는 학생, 많은 비속어를 인터뷰 하며, 무비메이커 영상 편집) 4. 뉴스 제작하고 뉴스 홍보하기 :(기사문 작성, '비속어를 사용하지 말자' 라는 의미로 팔찌 제공)
탐구를 통해 알게 된 내용	(생략)
프로젝트 결과물		역할	아나운서	기자	촬영	기사작성	편집	보고서작성
		이름	전○○	주○○	전○○ 김○○	주○○	주○○ 김○○	주○○ 전○○
	취재기간	2017.10.25 ~ 2017.11.22
제작 방법	인터뷰대상: 비속어를 많이 사용하는 학생, 비속어를 많이 들은 학생
	뉴스 제작 방법: 1. 인터뷰를 영상으로 찍는다.(동영상 촬영) 2. 진행자, 기자의 마무리를 영상으로 찍는다. 3. 모든 영상을 편집한다.(무비메이커)

나. 신문

Ⅵ. 프로젝트 후기

학년 반	이 름	내용
6학년 2반	주○○	팀원들과 함께 작업을 하며 잘 마무리를 할 수 있어서 좋았다. 그래도 조금 더 시간이 있었으면 더 멋지고 더 편했을 것 같고, 시간이 생각보다 적었던 게 아쉬웠다. 팀원들이 생각하는 생각이나 친구들이 비속어를 많이 사용하는 것을 이 프로젝트를 통해서 다시 한 번 느끼게 되었다. 그리고 최종PPT, 최종보고서를 마무리 하는 과정에서 원하는 만큼 계속 하느냐 힘들었다. 또한 뉴스 만드는 과정에서 많이 배웠기도 했지만 팀원들과의 호흡도 배우고, 협력도 배우는 좋은 시간이 된 거 같다. 신문을 잘 읽지 않았지만 팀원들과 같이 신문을 만드니 신문에 대한 거리감이 생기지 않게 된 거 같다.
6학년 3반	김○○	팀원들과 의견을 모아가며 뉴스를 만드는 것이 뜻깊었고, 좋았다. 뉴스를 편집할때 우리 팀이 원하는 대로 나오지 않아 힘들었다. 그리고 뉴스 제작방향이 팀원들마다 다르다는 것을 알게 되었다. 이 프로젝트를 통해서 팀원들이 생각하는 것과 팀원들이 원하는 것을 알 수 있어 어떤 편으론 뿌듯하고, 어떤 편은 다행이라는 생각이 들었다. 1학기 STAR프로젝트 때 보다 훨씬 좋은 성적이 나온 거 같아 뿌듯했다. 팀원들과 함께 해서 더 즐거웠던 거 같다.
6학년 4반	전○○	생각나 하였는데 내가 직접 뉴스가 나오니 기분이 묘했다. 팀원들이 열심히 해주었기 때문에 나도 최선을 다해 프로젝트에 임할 수 있게 된 거 같다. 알지 못했던 많이나 최종 PPT를 만드는 과정에서 뉴스에 관한 내용을 알게 되었다. 또한 내가 컴퓨터를 못하는데 옆에서 도와준 팀원들이 정말 고맙고, 팀원들을 위해 더 최선을 다하고 싶다. 신문에 많은 기사가 있는데 직접 작성해 보니 얼마나 힘든 작업인지 알았다.

프로젝트 활동 **돌아보기**

지난 시간에 미처 해주지 못한 피드백과 함께, '나는 학생기자다' 프로젝트를 통해
배우고 느낀 점, 어려웠던 점, 즐거웠던 기억 등을 나누는 시간을 갖습니다.

발표 피드백과 프로젝트에 대한 성찰로 채운 알찬 시간

10차시에는 지난 시간 하지 못했던 최종발표 피드백과 '나는 학생기자다!' 프
로젝트를 돌아보는 시간을 가졌다. 프로젝트 학습을 통해 배운 점, 느낀 점, 즐
거웠던 점, 어려웠던 점, 팀원을 향한 칭찬과 격려 등을 성찰 활동지에 작성하
고 팀별로 나누는 시간을 가진 것이다. 또한 지도한 교사에 대한 감사도 학생
들이 나누어 더욱 뿌듯하고 알찬 시간이 되었다.

 **톡?톡!**
교사후기

〈국어과 02〉 '나는 학생기자다' 프로젝트

프로젝트 수업을 통해 학생들에게 무엇을, 어떻게 가르쳐야 하는지 깨닫게 되었다.
학생들은 좋아하는 것을 스스로 선택하고 결정한 것에 대해 놀라운 집중력과 참여
도를 보여주었다. 학생 중심의 수업 진행으로 학생들은 이전과 달리 창의력, 문제해
결력을 보여주었고, 그 과정에서 의사소통 능력도 성장해갔다. 이 프로젝트를 진행
하면서 비록 기술적인 면은 부족했지만, 학생들은 이미 기자의 자세를 갖춰 기자로
서 할 수 있는 최선을 보여주었다고 자부한다.

**뜻깊고 보람 있었던 '나는 학생기자다!' 프로젝트
6학년 오형은**

1학기 프로젝트 학습을 성공적으로 마치고 2학기 프로젝트 학습을 선택하던 중에 내가 예전부터 하고 싶었던 '나는 학생기자다!' 프로그램이 있어서 기대감을 안고 들어가게 되었다. 처음 팀원들을 보고 사실은 실망하였다. 왜냐하면 내가 원하던 친구와는 다른 팀이 되었고 왠지 다른 팀원들이 더 좋아 보였기 때문이었다. 하지만 아직 시작도 하지 않았고 우리 팀도 개성이 있어서 긍정적으로 생각하기로 하였다.

처음에는 의견을 모으는 과정과 컴퓨터를 작성하는 방법, 친구들과 생각이 잘 맞지 않아 힘들었고 과제를 안 해오거나 친구들이 잘 참여를 하지 않아 속상하였다. 게다가 중간보고서 때는 팀원 전체가 모이지 않고 의견이 조율이 되지 않아서 결과가 좋지 않았다.

하지만 친구들과 점점 의견을 조율해가고 친구들과 즐겁게 활동하다 보니 차츰 의견도 잘 맞게 되고 친구들과의 사이도 더욱 돈독해지면서 프로젝트 학습이 점점 더 즐거워졌다. 특히 뉴스를 취재하고 신문으로 만드는 과정을 직접 경험해보니 뉴스를 만드는 일이 힘들고 많은 노력이 필요한 일이라는 것을 알게 되었다. 또한 우리가 만든 신문을 친구들이 읽고 정보를 얻는 것을 보고 뉴스가 다른 사람들에게 큰 영향을 끼칠 수 있으니 객관적이고 사실적인 뉴스를 만들어야 한다는 생각이 들었다.

'나는 학생기자다!' 프로젝트 학습을 하면서 친구들과 함께 우리만의 멋진 신문을 만들어서 보람 있고 뿌듯하였다. 처음에는 힘들고 '과연 이 수업이 나에게 도움이 될까?' 하는 마음도 있었지만 막상 배우고 나니 정말 도움이 많이 되었고, 친구들과 함께 노력해서 산출물을 작성했다는 보람과 성취감을 느낄 수 있었다. 그리고 기자가 하는 일에 대해 더 정확히 알게 되었고, 내가 하지 못했던 방법이나 신문 만들기 등을 해볼 수 있어서 정말 좋았다. 또한 항상 열심히 가르쳐주시고 준비해주신 선생님들이 있어서 더욱 재미있고 많은 것을 알아갈 수 있는 뜻깊은 시간이었다. 이 프로젝트 학습을 우리 후배들도 꼭 해보았으면 좋겠다.

역사인물 판정단

- 관련 단원 : 1. 조선사회의 새로운 움직임(역사)
- 적용 학년 : 초등학교 6학년
- 관련 교과 : 사회, 창의적 체험활동
- 팀 구성 : 6모둠 (22명)

◆ 왜 사회과에서 이 주제로 프로젝트 수업을 진행했나?

역사 수업을 진행하다 보면 종종 정해진 시간 내에 모든 역사적 사실을 가르쳐야 한다는 강박증에 시달리곤 한다. 그러다 보니 되도록 많은 내용을 짧은 시간 안에 전달하는 데 효율적인 강의식 수업 방법을 선택하기 쉽다. 그러나 교사의 입장에서 강의식 역사 수업이 편할 것 같지만 실제로는 그렇지 않다. 역사적 사실을 외우고 정리해서 학생들에게 설명해야 하는 만큼 준비 시간도 오래 걸리고 부담스럽기 짝이 없다. 또한 학생들의 입장에서도 수동적인 자세로 들을 수밖에 없으니 지루하기만 하고, 교사가 알려주는 역사적 사실들을 전부 다 외워야 한다는 생각에 부담스럽기는 마찬가지이다.

이렇게 모두에게 부담스러운 강의식 수업 위주로 역사 수업을 진행한 결과는 어떠한가? 학생들에게 있어 역사 시간은 그저 외울 것만 많은 지루한 교과로 인식되어 역사 자체에 대한 흥미를 잃어버리기도 한다.

역사교육의 목표는 단편적 사실의 암기가 아닌, 역사적 사실이나 자료의 내면에 숨어 있는 핵심적 의미나 가치 또는 본질을 파악하는 능력인 역사적 통찰력을 길러주는 것이다.[1] 그러려면 학생들이 역사에 대한 관심을 가지고 심도 있게 탐구하여 역사적 사실을 기반으로 합리적으로 판단하는 능력을 기를 수 있도록 수업을 구성해야 한다.

'역사인물 판정단' 프로젝트 학습은, 역사는 사람들의 삶이므로 역사 속 한 인물의 삶을 심도 있게 탐구하다 보면 그 역사인물이 살던 시대를 이해할 수 있게 될 거라고 생각해 기획하게 되었다. 또한 학생들이 역사인물이 살았던 당시의 시대적 상황이나 역사적 사실을 종합적으로 이해하고, 인물이 한 행동이나 업적을 바탕으로 역사인물을 재평가해봄으로써 역사적 판단력과 통찰력을 키우는 활동으로서 기획되었다.

탐구 문제	어떻게 하면 역사인물을 제대로 평가하여 사람들에게 우리가 평가한 역사인물을 소개할 수 있을까?

인물은 관점에 따라 평가가 달라집니다. 어떻게 보느냐에 따라서 좋은 인물이 될 수도 있고 나쁜 인물이 될 수도 있겠지요. 그런데 여러분, 혹시 이런 생각 안 해봤나요? 세상에 평생을 모조리 좋은 일만 혹은 나쁜 일만 했던 사람이 있을까요?

우리가 알고 있는 역사인물 중에 나쁘다고 평가받는 인물이 좋은 일을 한 적은 과연 없을까요? 그리고 만약 옳지 못한 일을 했다면 그 역사인물이 그렇게 할 수밖에 없었던 시대적 배경이나 상황은 없었을까요? 또 반대로 훌륭하다고 평가받고 있는 역사인물들이 옳지 못한 일을 한 적은 없었을까요? 더 나아가 지금 시대 상황에서 판단해보았을 때 그들의 업적이 과연 훌륭한 것일까요?

여러분이 역사인물을 제대로 평가하여주세요! 그리고 여러분이 판정한 역사인물에 대해 다른 사람들이 공감할 수 있는 소개 자료를 만들어주세요! 여러분이 제대로 평가해서 만든 역사인물 소개 자료를 통해 많은 사람들이 가지고 있는 역사인물에 대한 인식이 바뀔 수도 있지 않을까요?

1. 정선영, 〈역사교육의 최종 목표와 역사적 통찰력〉, 역사교육연구회, 2008

차시	단계	주요 학습 요소	활동 내용
1-2	프로젝트 계획하기	준비하기 및 소집단 구성하기	• '역사인물 판정단' 프로젝트 학습내용 안내하기 • 소집단 구성하기 및 역할 나누기 • 팀 이름 정하기 및 팀 빌딩 활동하기
		주제 결정 및 활동 계획하기	• 탐구하고 싶은 역사인물 선정 및 주제망 짜기 • 역사인물을 조사하는 방법 토의하기 및 역사인물 조사 학습 활동 계획하기
3	프로젝트 실행하기 I	탐구 활동하기	• 각자 조사해온 내용을 토대로 토의하여 역사인물에 대해 정리하고 분석해보기 • 역사인물에 대해 더 조사해야 할 부분을 협의하고 역할 분담하여 추가 조사하기
4		탐구 활동하기	• 조사해온 내용을 토대로 역사인물에 대해 평가해보기 • 중간발표를 위한 모둠별 역할 분담 및 중간발표 자료 만들기
5		중간 탐구 결과 발표하기	• 중간 탐구 결과 발표하기 • 선생님 및 다른 팀의 의견을 듣고 세부적인 활동 방법 수정 및 보완하기
6	프로젝트 실행하기 II	산출물 제작 계획하기	• 결과물 제작 방법 협의하기 • 역사인물 소개 자료 만들기
7		최종보고서 작성하기 및 산출물 제작하기	• 최종보고서 작성 방법 알아보기 • 역사인물 소개 자료 만들기
8		최종발표 준비하기	• 좋은 발표에 대해 생각해보기 및 발표 방법 알아보기 • 프레젠테이션 준비 및 역할 분담하기 • 발표 방법 협의 및 프레젠테이션 최종 점검하기
9-10	프로젝트 발표하기	최종 탐구 결과 발표하기	• 탐구 과정 및 결과물 발표하기 • 다른 모둠의 발표를 경청하고 질문하기
		지식나눔강연회 및 평가하기	• 각 교과별 산출물 결과가 우수한 2팀씩 출전하여 탐구 과정 및 결과 발표하기 • 프로젝트 활동 반성 및 소감 나누기

준비하기 및 **소집단 구성하기**

영상을 보며 프로젝트를 소개하고, 팀을 구성하고, 팀 이름을 결정합니다.
과제를 안내할 때 교사는 과제 제출 기한이나 제출 방법 등을 명확하게 안내합니다.

'역사인물 판정단' 프로젝트 소개하기

수업의 도입 부분에서 파란만장한 삶을 살았던 '허균'이라는 역사인물에 대해 간략하게 소개한 후 허균에 대한 영상을 보여준다. 학생들이 '허균'에 대한 인물을 간략하게 평가해보고, 그렇게 평가한 이유를 돌아가면서 말해보는 활동을 통해 동일한 역사인물에 대한 다양한 평가가 나올 수 있음을 느낄 수 있도록 지도한다. 이러한 역사인물을 제대로 평가하려면 역사인물을 어떻게 조사하고 탐구할 것인지와, 탐구한 결과를 사람들에게 어떻게 소개할 것인지에 대한 탐구 문제를 던지면서 프로젝트 학습 방법을 안내해준다.

팀 구성하기 및 팀 이름 정하기

수업이 시작하기 전에 교사가 학생들의 학습 능력, 참여도, 성향 등을 미리 파악해서 1팀당 3~4명 정도로 미리 구성해놓는 것이 좋다. 팀 이름은 토의를 거쳐서 결정하되 팀원들이 모두 합의할 수 있는 이름으로 정하도록 지도한다. 팀 이름을 정하고 나면 팀원들이 화합할 수 있도록 팀원이 모두 나와서 자기 팀의 이름을 재밌게 소개하는 활동을 하는 것도 좋다.

과제 안내하기

프로젝트 활동은 거의 대부분 과제를 통해서 이루어진다고 볼 수 있다. 따라서 과제를 정확하게 안내하고 과제에 대한 확실한 역할 분담을 수업 시간 내에 할 수 있도록 지도해야 프로젝트 활동의 학습목표가 제대로 달성될 수 있다. 교사는 학생들에게 과제 제출 기한이나 과제 방법을 구체적이고 명확하게 안내해주어야 한다.

역사인물 판정단 1차시 과제 안내 (예시)	탐구해보고 싶은 역사인물에 대해 생각해보고 조사해오기 1. 과제: 역사인물에 대한 조사 내용을 워크북에 정리하거나 인쇄물인 경우에 인쇄해서 중요한 내용에 밑줄 그어오기 2. 다음 차시 준비물: 워크북, 과제, 스마트폰, 노트북 등

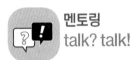

멘토링
talk? talk!

1차시 수업, 이것만은 꼭 기억하라!

'역사인물 판정단' 프로젝트는 탐구해보고 싶은 역사인물을 정하고, 그 인물이 살았던 시대적 상황과 역사적 사건을 토대로 역사인물이 한 행동이나 업적 등을 조사하여 역사인물에 대해 재평가를 해보는 활동입니다. 1차시 수업에서 가장 중요한 것은 역시 학생들에게 역사인물에 대한 탐구 동기를 불러일으키는 것이죠. 역사인물 중에서 학생들에게 잘 알려지지 않았지만 드라마틱한 삶을 살았던 인물이나 오늘날 평가 의견이 분분한 인물을 소개하는 것으로 시작하면 분명 학생들에게 프로젝트 활동에 대한 흥미와 기대감을 높일 수 있을 거예요!

주제 결정 및 활동 계획하기

팀원 간 토의를 통해 탐구하고 싶은 역사인물을 결정하고, 앞으로의 탐구 활동을
계획합니다. 교사는 활동 방향이나 역할 분담에 대한 적절한 피드백을 해주어야 합니다.

탐구 주제 결정 및 마인드맵 그리기

과제로 조사해온 탐구해보고 싶은 역사인물과 그 이유에 대해 돌아가면서 발
표한 후 팀원들끼리 토의를 통해 팀에서 탐구할 역사인물을 최종 결정한다.
역사인물을 결정한 뒤에는 마인드맵을 그려서 역사인물에 대해 탐구해보고
싶은 내용을 정리하고 구체적인 탐구 주제를 생각해보게 한다. 교사는 팀별로
돌아다니면서 토의 상황을 점검하고 학생들의 사고를 확장시킬 수 있는 질문
들을 던져 학생들이 역사인물에 대해 다양하게 생각해볼 수 있도록 유도한다.

표 4-3 실제 프로젝트 수업에서 학생들이 정했던 탐구 주제

팀 이름	탐구 주제
역사오브역사	홍경래는 사람들을 이끌 만한 인물이었나?
빛나는 역사박물관	신사임당이 5만 원 권에 들어가는 것이 적절한가?
킴취	사도를 죽인 건 과연 영조뿐인가?
투걸스원보이	연산군은 과연 폭군인가?
설민석	조광조의 개혁 실패의 또 다른 원인은 무엇이었을까?
몬스터볼	세조는 과연 잔혹한 왕이었을까?

프로젝트 학습 계획하기

역사인물과 탐구 주제를 결정한 다음 프로젝트 학습 계획서를 작성하도록 한다. 프로젝트 학습 계획서의 작성은 프로젝트 활동의 전반적인 흐름을 이해할 수 있고, 프로젝트 과정을 어떻게 진행해나갈지를 생각해볼 수 있는 중요한 활동이다. 따라서 교사는 학생들에게 구체적이고 실천 가능한 계획을 세우도록 지도하는 것이 중요하다. '역사인물 판정단' 프로젝트 활동 계획서에는 조사할 내용, 조사 방법, 조사 자료, 결과물 제작 방법, 역할 분담 등의 내용이 포함되어 있어야 한다. 교사가 각 팀별 프로젝트 활동 계획서를 살펴보고 팀별 프로젝트 활동 방향이나 역할 분담에 대한 점검 및 피드백을 해주어야 프로젝트 활동이 원활히 진행될 수 있다.

역사인물 판정단 2차시 과제 안내 (예시)	우리 팀 역사인물에 대해 조사해오기
	1. 과제: 우리 팀에서 정한 역사인물에 대한 조사 내용을 워크북에 정리하거나 인쇄물인 경우에 인쇄해서 중요한 내용에 밑줄 그어오기 (자신이 맡은 부분 조사해오기!) 2. 다음 차시 준비물: 워크북, 과제, 참고 도서, 스마트폰, 노트북 등

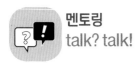

멘토링
talk? talk!

2차시 수업, 이것만은 꼭 기억하라!

탐구 주제를 잘 선정해야 탐구를 할 때 방향을 잃지 않고 프로젝트 활동의 목적지까지 잘 도착할 수 있습니다. 따라서 탐구 주제의 선정은 프로젝트 활동에서 나침반 같은 역할을 하는 굉장히 중요한 활동이지요. 탐구 주제를 정할 때 역사인물에 대해 생각해보고 싶은 내용이 구체적으로 들어갈 수 있도록 지도를 해야 합니다. 예컨대 역사인물을 '연산군'으로 정했다면 탐구 주제는 '연산군'에 관해 무엇을 탐구하고 싶은가에 대한 내용이 들어가 있어야 하는 식으로요. 즉 탐구 주제는 '연산군은 과연 폭군이었을까?'처럼 구체적인 탐구 내용을 정확히 알 수 있도록 정하는 게 좋다는 것, 꼭 기억해주세요!

탐구 활동하기

특정 학생에게 과중한 역할이 돌아가지 않도록 교사의 점검이 필요하고,
다음 차시에 있을 중간발표가 원활히 이루어질 수 있도록 피드백해줍니다.

철저한 역할 분담을 바탕으로 본격적인 탐구 활동 개시

3~4차시는 '역사인물 판정단' 프로젝트 활동에서 가장 핵심이라고 할 수 있다. 왜냐하면 이 기간 동안에 성실히 조사하고 자료를 수집해야만 의미 있는 산출물을 제작할 수 있기 때문이다.

　프로젝트 학습이 학생 스스로 하는 활동이라고 생각해서 무조건 학생들에게만 모든 것을 맡겨놓으면 몇몇 성실하고 의욕적인 아이들만을 위한 개인 과제 활동으로 흘러가기 십상이다. 프로젝트 활동 과정을 수시로 교사가 점검하고 조언하면서 팀원 모두가 프로젝트 활동에 참여할 수 있도록 지도해야 한다. 또한 프로젝트 수업 시간에는 휴대폰이나 태블릿 등의 기기를 활용하게끔 하면 학생들이 필요한 자료를 바로 찾을 수도 있고, 자료를 서로 공유하기에도 편리해서 여러모로 효율적이다.

탐구 내용에 대한 협의와 중간발표 준비

3차시 수업 시간에는 팀원들이 각자 조사해온 역사인물에 대한 내용을 발표하고 이를 토대로 역사인물에 대해 정리하고 분석한다. 그리고 더 조사해야 할 부분이 무엇인지 협의하고 각자 역할을 나누어 과제를 정한다. 이때 교사는 팀별로 탐구 주제에 맞게 조사가 이루어졌는지를 점검하고 보완해야 할 점을 피드백해줄 필요가 있다.

4차시 수업 시간에는 조사해온 내용을 토대로 역사인물을 평가하거나 탐구 주제에 대해 결론을 내리는 활동을 한다. 교사는 다음 차시에 있을 중간 탐구 결과 발표를 위한 안내와 역할 분담이 제대로 이루어지고 있는지를 점검해야 한다.

역사인물에 대해 조사해온 내용 정리하기

역사인물 판정단 3~4차시 과제 안내 (예시)	3차시 우리 팀 역사인물에 대해 추가 조사해오기 1. 과제: 우리 팀에서 정한 역사인물에 대한 추가 조사 내용을 워크북에 정리하거나 인쇄물인 경우에 인쇄해서 중요한 내용에 밑줄 그어오기 (자신이 맡은 부분 조사해오기!) 2. 다음 차시 준비물: 워크북, 과제, 참고 도서, 스마트폰, 노트북 등
	4차시 중간 탐구 발표 준비하기 1. 과제: 중간보고서를 작성해서 선생님 메일로 제출하기, 발표 준비하기 2. 다음 차시 준비물: 워크북, 과제, 참고 도서, 스마트폰, 노트북 등

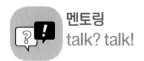

멘토링 talk? talk!

3~4차시 수업, 이것만은 꼭 기억하라!

3차시 활동부터는 본격적으로 팀별 불협화음이 들리기 시작합니다. 맡은 역할을 제대로 하지 않거나 불성실한 친구들이 생기기 때문이지요. 그러다 보면 팀 내에 한두 명이 모든 활동을 도맡아 하게 됩니다. 역할이 많아진 학생들은 할 일이 많아지니 버겁고, 한편 제대로 안 하는 학생들은 그들대로 프로젝트 학습에 점점 더 흥미를 잃어 급기야 관심 밖의 활동이 되어버리고 맙니다. 그래서 교사의 역할이 정말 중요한 것입니다. 교사는 팀별로 활동 상황을 수시로 점검하고 역할 분담이 제대로 이루어지고 있는지 지속적으로 확인해야 합니다.

우리는 프로젝트 수업에서 개인별 과제 점수를 팀 점수에 반영함으로써 팀원 모두 다 자신의 역할을 성실히 수행할 수 있도록 했습니다. 프로젝트를 수행하는 과정에 모든 팀원이 참여할 수 있도록 다양한 제도를 생각해보고, 이를 미리 마련해놓고 시작해보세요. 분명 큰 도움이 될 거예요!

중간 탐구 결과 발표하기

중간발표를 통해 팀별로 역사인물에 대한 탐구가 어느 정도나 이루어졌는지
점검하고, 끝까지 프로젝트를 포기하지 않도록 팀별 성찰일기를 쓰게 합니다.

팀별 중간발표를 통한 프로젝트의 수정과 보완

단기 프로젝트 학습이라면 중간 점검 과정을 생략해도 되지만, 석 달 이상의
장기 프로젝트 학습에서는 '중간 탐구 결과 발표하기' 활동을 넣어서 그간의
프로젝트 활동 과정을 점검해보는 것이 필요하다. 교사는 4차시에서 미리 중
간 탐구 보고서의 틀과 작성 방법을 안내해주어 과제로 작성하게 한다. 또한
교사는 중간 탐구 결과를 발표하기 전에 팀별 보고서를 검토해서 수정·보완할
수 있도록 피드백을 해준다.

　실제 수업에서는 팀별로 중간 탐구 결과를 3분 정도 발표하게 한 후 다른 팀들
의 질문에 답변하는 시간을 가졌다. 질의응답 시간에 역사인물에 대한 설명 중
잘 이해되지 않았던 부분이나 역사인물의 평가에 대한 자세한 근거를 묻는 질문
들이 많이 나왔다. 답변을 듣다 보면 팀별로 역사인물에 대한 탐구가 어느 정도
나 이루어졌는지를 평가할 수 있고, 팀별로도 부족한 부분을 보완할 수도 있기
때문에 중간 탐구 결과 발표에 질의응답 시간을 넣는 것이 효과적이다.

중간보고서

프로젝트 중간 탐구 결과 보고서

프로젝트 주제	사도를 죽인건 과연 영조분일까?	교과명	사회
팀 명	'컵워'	지도교사	최○○
팀 원	학년 반	이 름	주 역할
	6학년 반	강○○	조사, 중간발표 답변, 영상 제작
	6학년 1반	강○○	조사, 중간발표 답변, 영상 제작
	6학년 2반	박○○	조사, 중간발표 답변, 영상 제작
	6학년 3반	장○○	중간보고서 타이핑, 팀진별 업무, 영상 제작

주제 선정 이유	사도 와 같이 영조와 사도세자에 이야기를 담은 영화 · 책을 보고 사도세자를 죽인건 과연 영조의 나쁜 관계분이었을까? 얼마 싸움 을 다른 것은 가능한지 않았을까? 라는 생각이 들어서 이 주제를 선정하게 되었다.
탐구 방법	1. 사도와 사도세자 시대에 왕실의 룰결을 조사한다. 2. 사도세자가 미치게 된 이유가 있을지 찾아본다. A.영조·사도세자 관계에 가장 가까이 접근했던 인물·붕당 등을 알아본다. 3. 조사한 이유·사건을 중심으로 영조-사도세자의 관계변화를 연결하여 분석해본다. ㄴ.사도세자의 편은 궁중에 하나도 없었다. 그래서 사도세자가 미쳐 수도 있다. 4. 무비메이커를 활용해 영상을 제작한다.

탐구를 통해 알게된 내용	1.사건 전, 당시의 상황을 조사했다. ㄴ.당시배는 숙청에 발자취 뿐이 혼란으로 인하여 노론, 소론이만 붕당이 생겨나고, 당시 영의정이었던 영조를 노론이 책봉하며 노론이 권력을 얻게 되었다. 사도세자 뒤에 붙어있던 소론이 나중에 사도세자가 왕이 된후 권력을 잡을까 두려워던 노론은 사도세자를 모함해 영조의 슬퍼를 얻게 하고 점점 미치게 해서 죽인것이라 할수 있는 것을 알게 되었다. 2.분석 및 판명보다. ㄴ.사도세자를 죽인건 노론이라고 할수 있다. 노론은 사도세자 왕이 후 소론이 권력을 잡을것이 두려워 사도세자의 나쁜점을 영조에게 '날날'이 고해 영조의 슬퍼를 얻게 하고 사도세자를 미치게 해여 결국 영조조가 사도를 죽게 수 4세에 옛이 안 것이다.
프로젝트 결과물 제작 방법	무비메이커와 파워포인트를 사범하여 발표할 것이다.

프로젝트 과정 (일정)	일 시	탐구 내용
	4/26(수)	탐구주제 선정 · 인물을 조사시작
	5/14(토)	활동한 붕당 · 인물에 대해 알아본다
	5/17(수)	중간보고서 작성한다.
	5/20(토)	중간발표
	5/27(토)	영조-사도세자 관련 사진 수집
	6/3(토)	무비메이커 제작
	6/3(토) - 발표일	무비메이커 제작 발표 연습

어려웠던 점 이나 느낀 점	강○○	조사하는게 어려웠으나 재미있었다.
	박○○	조사하기 힘들어서 힘들었지만 인물들과 붕당이 많은 것을 알아 수 있었다
	장○○	사도세자의 비극적인 이야기를 다시 알수 있어 좋았다.

프로젝트 중간 탐구 결과 보고서

프로젝트 주제	조광조의 죽음의 원인은 과연 주초위왕 분이었을까?	교과명	사회
팀 명	설미어	지도교사	최○○
팀 원	학년 반	이 름	주 역할
	6-1	이○○	아이디어
	6-2	신○○	중간보고서, ppt
	6-3	김○○	중간보고서
	6-4	전○○	자료조사

주제 선정 이유	조광조의 죽음은 주초위왕 분이 아니라 다른 이유도 있을 수 있다는 의문이 들어서
탐구 방법	인터넷-naver, 관련도서(조광조 평전), 활동-조선왕조실록

탐구를 통해 알게된 내용	〈만달 조사〉 1. 조광조의 업적 - 현량과라는 새로운 과거제 실시 - 승려와 미교개의 도교행을 폐지 - 사림의 공론형 형성 - 세금제도의 불법교율 개선(공납제) - 어린이들의 인성교육 강화 2. 조광조가 죽은 이유 - 기묘사화로 인하여 많은 업적을 세웠지만 억울하게 죽음 - 급진적인 개혁으로 인하여 죽음 3. 기묘사화에 대해서 -조광조의 업적이 훈구와의 피 정 조율된 사건 〈만달 분석 및 판정〉 조광조는 많은 개혁을 한 사람이지만 급진적인 개혁으로 정적들의 미움을 사 죽게 된사람이지만 그의 개혁정신은 높이 말가할 만하다고 생각한다.
프로젝트 결과물 제작 방법	조광조의 죽음의 의문을 풀기위해 ppt를 제작하였다.

프로젝트 과정 (일정)	일 시	조사 내용
	5월10일	조광조의 업적 조사, 기묘사화에 대해 조사
	5월11일	책 몇권 참고하기
	5월14일	조사한 자료조ppt 만들기
	5월15일	중간보고서 작성

어려웠던 점 이나 느낀 점	이 름	소 감
	이○○	기묘사화, 주초위왕에 대하여 더 자세히 알게 되었다.
	신○○	팀원들과 협력하면서 조사를 하였고, 조광조의 죽음에 또 다른 이유를 생각해 보게 되었다. 그리고 여러 가지 매체를 이용하여 조사할 수 있다는 것을 알았다.
	김○○	조광조에 대해서 더 자세히 알게 됨
	전○○	다소 시간이 부족함

역사인물 판정단 5차시 과제 안내 (예시)

산출물 제작 방법 생각해오기
1. 과제: 다른 팀의 의견을 참고하여 탐구 내용 수정 및 보완하기
   역사인물 소개 자료 제작 방법 생각해오기
2. 다음 차시 준비물: 워크북, 과제, 스마트폰, 노트북 등

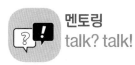

멘토링
talk? talk!

5차시 수업, 이것만은 꼭 기억하라!

중간 탐구 결과 발표가 끝난 다음에는 팀별로 의기투합해 끝까지 프로젝트를 포기하지 않고 수행할 수 있도록 팀별 성찰일지를 쓰게 합니다. 예컨대 탐구 활동을 해나가면서 기뻤던 일, 아쉬웠던 일, 고마웠던 일, 앞으로의 다짐, 우리 팀의 자랑 등과 같은 내용으로 성찰일지를 작성하는 식이지요. 작성한 후에는 같이 이야기를 나눠봅니다. 이 활동을 통해 팀원들이 더 화합하여 남은 프로젝트 활동을 더욱 성공적으로 진행할 수 있도록 팀원끼리 서로 칭찬하고 격려하는 분위기를 만드는 것이 중요하다는 점, 기억해주세요!

산출물 제작하기

팀별로 역사인물에 대한 소개물을 제작합니다.
특정 학생에게 과제가 쏠리지 않도록 팀원 모두가 고루 참여할 수 있도록 지도해줍니다.

역사인물 소개물 제작하기

6~7차시에는 지금까지 탐구한 역사인물에 대해 어떻게 소개 자료를 만들지 협
의하고 제작하게 된다. 나의 경우 6차시에서 학생들에게 역사 UCC대회 출품
작 중 그림으로 만든 역사인물 소개 영상, 기존 노래를 패러디한 역사인물 소
개 영상, 역할극으로 만든 역사인물 소개 영상 등을 보여주어 다양한 아이디어
를 얻을 수 있게 했다. 또한 대부분의 학생들이 역사인물 소개물을 동영상으
로 제작하고 싶어 했기 때문에 손쉽게 사용할 수 있는 스마트폰 동영상 편집
어플인 키네마스터 사용법을 가르쳐주어 간단한 영상을 만들어볼 수 있게 했
다. 6차시에는 팀별로 역사인물 소개물에 대한 제작 방법과 거기에 들어갈 내
용을 협의하여 선정해야 한다.

팀원 모두 참여할 수 있도록 역할을 세분화하기

7차시에서는 6차시에서 협의한 역사인물 소개물을 제작하면서 팀원끼리 아이디어를 나누거나 보완해야 할 점 등에 대해 토의한다. 역사인물 소개물을 제작할 때에도 역할 분담은 중요하다. 따라서 만약 역사인물 소개물을 영상으로 제작하는 경우라면 동영상 스크립트 쓰기, 영상에 넣을 사진 자료 찾기, 영상 편집 등으로 역할을 세분화해 팀원 모두가 참여할 수 있도록 지도한다. 또한 교사는 7차시에 최종보고서 작성 방법에 대해 안내하고 역사인물 소개물 제작에 대한 팀별 진행 상황 및 역할 분담이 제대로 되었는지도 점검해야 한다.

표 4-4 실제 프로젝트 수업에서 학생들이 정했던 역사인물 소개물 제작 방법

팀 이름	탐구 주제	역사인물 소개물 제작 방법
역사오브역사	홍경래는 사람들을 이끌 만한 인물이었나?	역사인물 소개 뮤직비디오 제작
빛나는 역사박물관	신사임당이 5만 원 권에 들어가는 것이 적절한가?	역사인물 소개 영상물 제작
킴취	사도를 죽인 건 과연 영조뿐인가?	역사인물 소개 영상물 제작
투걸스원보이	연산군은 과연 폭군인가?	역사인물 소개 영상물 제작
설민석	조광조의 개혁 실패의 또 다른 원인은 무엇이었을까?	그림으로 만든 역사인물 소개물 PPT 제작
몬스터볼	세조는 과연 잔혹한 왕이었을까?	역사인물 소개 영상물 제작

그림으로 만든 역사인물 소개물

역사인물 판정단 6~7차시 과제 안내 (예시)	역사인물 소개 자료 제작하기 1. 과제: 다른 팀의 의견을 참고하여 탐구 내용 수정 및 보완하기 　　　역사인물 소개 자료 제작하기 2. 다음 차시 준비물: 워크북, 과제, 스마트폰, 노트북 등

 멘토링
talk? talk!

6~7차시 수업, 이것만은 꼭 기억하라!

학생들은 처음에는 대단한 역사인물 영상물을 만들 거라는 기대에 부풀어서 거대한 목표를 가지고 시작하게 됩니다. 그러나 실제 수업에서 프로젝트를 진행하면서 기대만큼 완성도 높은 영상물을 만들지 못해 좌절하거나 포기하는 학생들을 많이 보았습니다. 따라서 수업 시간에 학생들에게 아이디어를 주기 위해 다른 사람들이 제작한 UCC를 보여줄 때는 완성도에서 다소 미흡하더라도 초등학생 수준에서 제작할 수 있는 작품들 위주로 보여주는 것이 좋아요. 그리고 영상 시간은 2~3분 정도로 제한하고, 미리 탐구 주제에 맞는 스크립트를 써본 다음에 스크립트에 해당되는 사진 자료를 찾고 영상 편집에 들어가게 하면 학생들이 훨씬 수월하게 영상을 제작할 수 있을 거예요.

최종발표회 준비하기

좋은 발표를 위한 방법을 알려주고, 연습해볼 시간을 가져봅니다.
발표 연습을 촬영해서 보여주면 학생들 스스로 좋은 발표에 대해 생각해볼 수 있습니다.

좋은 발표를 하는 방법에 대한 숙지와 발표 연습

5차시 중간 탐구 결과 발표회 때 학생들은 대부분 모니터나 보고서만을 보고 줄줄 읽는 형태로 발표했다. 그러다 보니 듣는 학생들도 발표에 제대로 집중하지 못했고, 더욱이 발표 내용을 이해하지 못하는 문제점이 드러났다. 이 부분을 개선해줘야겠다는 생각에서 8차시는 좋은 발표를 하는 방법에 대해 알려주고 발표 연습을 해보는 활동으로 구성했다. 모든 팀원이 돌아가면서 청중을 보고 목소리 크기를 알맞게 하여 발표를 해보면서 팀원들끼리 피드백을 해줄 수 있도록 한다.

발표 대본을 작성하여 역할을 나누어 모든 팀원이 발표할 수 있도록 하면 평소에 발표를 잘 하지 않는 학생들도 적극적으로 발표를 하게 된다. 또한 팀별로 청중들이 발표에 집중할 수 있는 방법을 같이 생각하여 발표 계획을 세우고 준비를 하게 한다.

역사인물 판정단 8차시 과제 안내 (예시)	최종발표회 준비하기 1. 과제: 역사인물 소개 자료 완성하기, 최종보고서 작성하기, 최종발표 준비하기 2. 다음 차시 준비물: 워크북, 최종보고서, 최종산출물 등

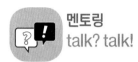

멘토링
talk? talk!

8차시 수업, 이것만은 꼭 기억하라!

대부분의 학생들은 많은 청중들 앞에서 자신들이 그동안 탐구한 결과물을 발표한다는 것에 부담감을 느끼곤 합니다. 그래서인지 평소보다 훨씬 더 긴장하여 목소리는 작아지고 시선을 대본에서 떼지 못하기도 하지요. 그렇기 때문에 프레젠테이션 훈련이 필요하고 많은 연습이 필요한 것입니다.

5차시 중간발표 때 학생들이 발표했던 영상을 보여주면서 문제점에 대해서 같이 이야기해보고 좋은 발표의 예시 영상을 통해 좋은 발표란 무엇인가에 대해 학생들이 스스로 정의해볼 수 있게끔 하면 큰 도움이 될 거예요. 교사는 팀별로 돌아다니면서 학생들의 발표에 대해 피드백을 해주고 시범을 보여주는 것도 필요하다는 것, 꼭 기억해주세요!

최종발표하기

그간의 탐구 내용을 맘껏 뽐낼 기회를 마련합니다.
학생들이 제작한 역사인물에 대한 소개물은 전시를 통해 다른 교사와 학부모도 볼 수 있게 합니다.

최종산출물의 전시와 발표 그리고 피드백

9차시는 '역사인물 판정단' 프로젝트 학습의 과정과 결과를 최종적으로 발표하는 시간이다. 그간의 프로젝트 학습을 마무리하는 자리이므로 발표회에는 학생들의 프로젝트 과정의 산출물이나 활동 사진 등을 전시하고 다른 교사와 학부모 등을 초대하여 학생들의 프로젝트 성과를 축하하고 격려해주는 자리로 만드는 것이 중요하다.

팀별로 발표 시간은 7분 이내로 하고, 발표가 끝난 뒤에는 질의응답 시간을 가짐으로써 잘한 점 및 궁금한 점을 묻고 답하도록 한다. 실제 수업에서 학생들이 역사인물에 대한 깊이 있는 탐구와 창의적인 아이디어가 들어간 최종보고서와 역사인물 소개 자료를 제작한 것을 보고 굉장히 감탄하기도 했다. 교사는 학생들이 그간 노력해온 과정을 칭찬해주고 긍정적인 피드백을 해주는 것이 좋다.

역사인물 소개 영상

학생들의 최종산출물인 역사인물 소개 영상을 담아 QR코드로 제작하였습니다. 오른쪽 QR코드를 통해 학생들이 제작한 역사인물 소개 영상을 보실 수 있습니다.

역사인물판정단

'빛나는 역사박물관' 팀의 최종보고서

프로젝트 최종발표회 모습

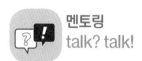

9차시 수업, 이것만은 꼭 기억하라!

학생들의 동기 유발을 위해 우수한 프로젝트 학습을 한 2팀을 선정해 전체 학생들 앞에서 발표할 수 있는 기회를 주었습니다. 이 진출권을 획득하기 위한 팀별 경쟁이 워낙 치열했는데, 나름의 장단점이 있었지요. 장점은 프로젝트 학습을 더 열심히 하게 만든 것이고, 단점은 우수한 2팀으로 선정되지 못했을 때의 좌절과 실망이 크다는 것이었습니다. 자기 나름대로는 최선을 다했는데 결과가 좋지 않으면 프로젝트 학습 전체 과정이 무의미하거나 잘못된 게 아니었나 하고 자책을 하게 되는 것이지요. 따라서 교사는 최종발표가 끝난 후 학생들 개개인에게 발전된 상황이나 노력한 점에 대해 격려해주고 칭찬해줌으로써 프로젝트 학습 그 자체가 의미 있고 보람되게 마무리될 수 있도록 해주어야 한다는 것을 꼭 기억하세요!

프로젝트 활동 **돌아보기**

‘역사인물 판정단’ 프로젝트 학습을 진행하며 느낀 점, 어려운 점,
배운 점 등을 함께 나누고, 그간의 성과를 서로 격려해줍니다.

프로젝트 전 과정에 대한 성찰과 마무리

10차시에는 ‘역사인물 판정단’ 프로젝트를 성찰하는 시간을 가졌다. 나는 프로젝트 학습을 통해 배운 점, 느낀 점, 즐거웠던 점, 어려웠던 점, 팀원들에 대한 조언이나 격려, 교사의 역할 등등의 질문을 담은 성찰 활동지를 미리 제작해두고, 실제로 10차시에 이 성찰 활동지를 학생들에게 작성하게 했다. 그리고 팀별로 함께 돌아가며 이야기를 나누는 것으로 프로젝트 학습을 마무리했다.

**톡?톡!
교사후기**

〈사회과 01〉 ‘역사인물 판정단’ 프로젝트

처음 이 프로젝트를 기획할 때는 과연 학생들의 흥미를 끌 수 있을지 걱정이었다. 그러나 기대보다 많은 학생들이 적극 참여해주었다. 학생들이 스스로 정한 탐구 문제에 감탄했고 또한 문제를 해결하는 과정에서 학생들의 굉장한 집중력과 창의성을 발견했다. 잘 준비된 프로젝트 수업은 학생들의 재능을 발견하고 성장시킬 수 있는 촉진제 역할을 한다는 것을 절실히 깨닫게 되었다.

6학년에 와서 프로젝트 학습을 한다고 알려주실 때에는 낯설기도 하고 궁금하기도 하였다. 교과를 선택할 때 내가 공부하고 싶은 교과가 무엇인지에 대해 많이 고민하다가 평소에 '역사' 교과에 흥미를 가지고 있어서 '역사인물 판정단' 프로젝트 학습을 선택하게 되었고, 최미리나 선생님께서 지도하신다고 해서 기대가 되었다.

처음에 팀이 정해졌을 때는 팀원이 마음에 들지 않았다. 남자밖에 없는 팀이라 뭔가 잘 되지 않고 갈등이 많을 것 같은 생각이 들었다. 그래도 열심히 하자는 생각을 가지고 프로젝트 학습에 임하였다.

프로젝트 학습을 하면서 팀 친구들과 언제 어디서 만날지, 역할 분담을 어떻게 할지 등의 의견으로 갈등이 있었다. 그리고 어떤 친구는 역할을 많이 하고, 어떤 친구는 역할을 제대로 하지 않아 속상하기도 하고 생각만큼 탐구가 제대로 되어가고 있지 않아 짜증 나기도 했다. 그럴 때마다 최미리나 선생님께서 팀을 위해 조언을 해주시고 방향을 제시해주시고 역할 분담에 대해 명쾌하게 정리해주셔서 끝까지 프로젝트 학습을 해나갈 수 있었던 것 같다.

중간보고서를 쓸 때까지는 우리 팀이 마음이 잘 맞지 않아 결과가 좋지 않았지만 최종산출물에서 우리 팀은 큰 히트를 쳤다. 탐구한 역사인물을 친구들이 이해하기 쉽도록 노래를 만들어 산출물을 제작하기로 한 우리의 아이디어가 빛을 발했다. 우리는 싸이의 〈챔피언〉이라는 노래에 맞춰서 우리가 탐구한 역사인물인 '홍경래'의 이야기로 개사하여 함께 노래를 불러 최종산출물을 완성하였다. 최종산출물을 만들면서 너무 뿌듯하고 보람 있었고, 발표하는 자리에서 친구들과 부모님들의 환호를 보면서 열심히 한 프로젝트 학습에 큰 기쁨과 보람을 느꼈다.

우리는 비록 최종 팀 점수는 좋지 못했지만 멋진 최종산출물을 함께 만든 것에 만족했다. 우리들에겐 처음 접하는 수업 방식이어서 '이게 뭐지?' 하면서 호기심으로 시작했지만 그냥 과제로 역사인물 조사 보고서 써오라면 재미없고 지루했을 것 같은데 이렇게 프로젝트 학습으로 친구들과 함께 조사하고, 그 결과를 다양한 방식으로 만들어 친구들 앞에서 발표할 수 있어서 더 많이 재밌고 즐겁게 배운 것 같다.

지구촌 문제해결단

- 관련 단원 : 4-3. 함께 해결하는 지구촌 문제
- 적용 학년 : 초등학교 6학년
- 관련 교과 : 사회, 국어, 창의적 체험활동
- 팀 구성 : 6모둠 (22명)

◆ 왜 사회과에서 이 주제로 프로젝트 수업을 진행했나?

오늘날 세계화로 인해 세계 여러 나라가 정치, 경제, 사회, 문화, 과학 등 다양한 분야에서 서로 많은 영향을 주고받으며 교류하게 되었다. 또한 국제적으로 기아, 지구 환경 오염, 전쟁, 인권 침해 등의 문제들이 많이 발생하고 있고, 이로 인해 우리의 삶에도 영향을 미치고 있다. 국제 사회는 이러한 문제를 함께 인식하고 대응할 필요성을 느끼게 되었고, 교육을 통한 세계 시민의식(global citizenship)의 함양을 강조하게 되었다. 전통적으로 국민국가를 중심으로 조직되고 운영되어오던 공교육의 지평을 넓혀 인류의 보편적 가치를 추구하는 인간을 육성하기 위한 교육이 필요하게 된 것이다.[1]

2009 개정 교육과정에서도 세계 시민 교육의 필요성은 강조되었지만 교육과정상 주어진 차시와 교수-학습 방법으로는 '국가 공동체의 발전을 위해 노력하며, 더불어 살아가며 협동하는 세계 시민으로서의 자질과 태도를 기른다'는 교육목표에 도달하기란 어렵다. 실제 6학년 2학기 사회 교과에서는 '4-3. 함께 해결하는 지구촌 문제'라는 단원에서 지구촌 문제를 알고 이를 해결하는 방법을 알아보는 내용을 3차시로 제시하고 있다. 그러나 교과서에 제시된 내용을 가지고 3차시로 지도할 때 과연 학생들이 지구촌 문제의 심각성을 느끼고 이를 고민하여 실천 방안을 모색할 수 있을까?

이 단원에서 가장 중요한 것은 학생들이 지구촌 문제의 심각성을 느끼고, 이에 대한 실천 방안을 모색하고, 이를 직접 실천해봄으로써 우리의 작은 노력이 지구촌 문제를 해결하는 데 도움이 될 수 있다는 것을 깨닫게 되는 것이 아닐까 싶다. 이에 '4-3. 함께 해결하는 지구촌 문제' 단원은 학생들이 지구촌 문제들을 심도 있게 탐구하고, 또 이 문제를 해결

---

1. http://blog.naver.com/PostView.nhn?blogId=setmefree15&logNo=221076639974

할 수 있는 실천 방안을 모색하여 직접 실천할 수 있는 10차시의 프로젝트 수업으로 재구성하게 되었다.

'지구촌 문제해결단' 프로젝트에서는 학생들이 지구촌에서 일어나는 다양한 문제 중 관심이 가는 문제를 한 가지 선정하고, 이를 집중적으로 탐구해 홍보물을 제작하기로 했다. 아울러 일상생활에서 실천할 수 있는 참여 방법을 모색하여 직접 실천해보고 그 결과를 발표해보는 활동으로 기획했다.

탐구 문제	우리는 세계 시민으로서 지구촌 문제의 심각성을 알리고, 이를 해결하기 위해 우리가 실천할 수 있는 노력은 무엇일까?

오늘도 지구촌에는 여러 가지 문제가 일어나고 있습니다. 지구온난화, 환경 오염, 물 부족, 인권 유린, 난민, 기아, 테러 등의 문제로 지구촌의 많은 사람들이 심각한 고통 속에 살아가고 있습니다. 과연 이런 문제가 우리에게는 영향을 전혀 끼치지 않는 먼 나라 이야기일까요?
오늘날은 세계화로 인해 여러 가지 지구촌 문제가 우리에게도 영향을 미치고 있고 이런 문제에 대해 공동체 의식을 가지고 함께 해결해나가려는 노력이 필요합니다. 대한민국의 국민인 것에서 더 나아가 우리는 모두 지구촌 안의 세계 시민입니다. 우리는 세계 시민으로서 지구촌 안에서 일어나는 문제들에 대해 외면하지 말고 관심을 갖는 것이 필요합니다.

여러분! 우리, 세계 시민으로서 지구촌 곳곳에서 일어나는 심각한 문제들을 제대로 조사해서 그 심각성을 사람들에게 알립시다! 그리고 우리가 이런 문제들을 해결하기 위해 실천할 수 있는 방법이 무엇인지 생각해보고 직접 실천해보도록 합시다. 여러분의 작은 노력들이 모여서 더 살기 좋은 지구촌을 만들 수 있지 않을까요?

차시	단계	주요 학습 요소	활동 내용
1~2	프로젝트 계획하기	준비하기 및 소집단 구성하기	• '지구촌 문제해결단' 프로젝트 학습내용 안내하기 • 소집단 구성하기 및 역할 나누기 • 팀 이름 정하기 및 팀 빌딩 활동하기
		주제 결정 및 활동 계획하기	• 탐구하고 싶은 지구촌 문제 선정 및 주제망 짜기 • 지구촌 문제 탐구 방법 토의하기 및 탐구할 내용 계획하여 역할 분담하기
3	프로젝트 실행하기 I	탐구 활동하기	• 선정한 지구촌 문제에 대해 조사해온 내용을 토대로 홍보물에서 소개할 내용 선정하기 • 지구촌 문제 홍보물 제작 방법 협의하기
4		탐구 활동하기	• 조사해온 내용을 토대로 토의하기 • 제작한 홍보물을 어떻게 활용할지 협의하기 • 중간발표를 위한 모둠별 역할 분담 및 중간발표 자료 만들기
5		중간 탐구 결과 발표하기	• 중간 탐구 결과 발표하기 • 선생님 및 다른 팀의 의견을 듣고 세부적인 활동 방법 수정 및 보완하기
6	프로젝트 실행하기 II	산출물 제작 계획하기	• 지구촌 문제해결 방법 모색하기 • 해결 방법 중 실천 가능한 방법 협의하여 선정하기
7		최종보고서 작성하기 및 산출물 제작하기	• 최종보고서 작성 방법 알아보기 • 지구촌 문제해결 방안 실천하기
8		최종발표회 준비하기	• 좋은 발표에 대해 생각해보기 및 발표 방법 알아보기 • 프레젠테이션 준비 및 역할 분담하기 • 발표 방법 협의 및 프레젠테이션 최종 점검하기
9~10	프로젝트 발표하기	최종 탐구 결과 발표하기	• 탐구 과정 및 결과물 발표하기 • 다른 모둠의 발표를 경청하고 질문하기
		지식나눔강연회 및 평가하기	• 각 교과별 산출물 결과가 우수한 2팀씩 출전하여 탐구 과정 및 결과 발표하기 • 프로젝트 활동 반성 및 소감 나누기

준비하기 및 소집단 구성하기

학생들에게 프로젝트를 소개하고, 팀을 구성하고, 팀 이름을 결정합니다.
과제를 안내할 때는 영상을 활용해 학생들이 다양한 지구촌 문제에 대해 생각해보게 합니다.

'지구촌 문제해결단' 프로젝트 소개하기

도입부에 먼저 학생들에게 지구촌에 어떤 문제가 일어나고 있는지를 질문한다. 대부분의 학생들은 이미 책이나 뉴스, 창의적 체험활동 시간의 세계 시민교육을 통해 지구촌 문제를 접했기 때문에 몇 가지쯤은 알고 있어서 대답이 쉽게 나올 것이다. 여기서 학생들에게 해야 할 중요한 질문은 "왜 우리가 지구촌에서 일어나는 문제에 관심을 가져야 할까?"이다. 이 질문에 대해 팀끼리 생각을 나누고 결과를 적어보게 한 뒤 발표를 하게 한다.

'지구촌 문제해결단' 프로젝트 1차시에는 세계 시민 교육의 필요성에 대해 생각해보고, 세계 시민으로서의 지구촌 문제에 책임감을 가지고 더불어 잘 사는 사회를 만들기 위한 노력이 필요함을 깨닫게 하는 것이 중요하다. 미리 준비한 사진 자료를 통해 오늘날 지구촌에서 일어나고 있는 각종 문제들에 대해 간략히 설명하고, 이런 문제들을 해결하기 위해 우리가 무엇을 실천할 수 있을지에 관해 같이 이야기해보면서 학습 방법을 안내해준다.

수업 시간에 활용한 지구촌 문제 사진 자료

팀 이름 정하기 및 팀 빌딩 활동하기

프로젝트 수업을 시작하기 전에 교사가 미리 한 팀당 3~4명 정도로 팀을 구성해놓고 발표한다. 이후 팀원들은 토의를 통해 팀 이름을 정하고, 우리 팀의 장점을 찾아보는 팀 빌딩 활동을 한다. 교사가 팀을 발표했을 때 같은 팀으로 배정된 친구들이 마음에 들지 않아 불만을 품은 학생들도 분명 있을 것이다. 따라서 주어진 시간 안에 우리 팀의 장점을 되도록 많이 찾아내는 활동을 통해 팀원들 간의 단합을 도모하고 팀에 대한 좋은 이미지를 심어주는 것이 좋다.

과제 안내하기

나는 학생들에게 지구촌 문제에 대한 관심을 불러일으키기 위해 EBS〈지식채널 e〉에서 지구촌 문제를 다룬 영상들을 소개하고 과제로 그 영상을 시청하도록 했다. 그리고 난민, 지구온난화, 아동 노동 착취, 물 부족, 전쟁, 공정무역,

쓰레기 오염 문제 등 다양한 지구촌 문제에 대해 생각해볼 수 있게끔 영상을 선정했다. 이후 자신이 탐구하고 싶은 지구촌 문제에 대해 생각해보고 해당 문제에 대한 사진 중 다른 사람들이 이 문제에 대해 심각성을 느낄 만한 사진 3장을 인쇄해오도록 했다.

지구촌 문제해결단 1차시 과제 안내 (예시)	탐구해보고 싶은 지구촌 문제에 대해 생각해보고 조사해오기 1. 과제: ① EBS 〈지식채널 e〉 영상 5편을 시청하고 워크북에 간략한 시청 소감 기록하기 ② 탐구하고 싶은 지구촌 문제에 대해 생각하여 사진 3장 인쇄해오기 (지구온난화, 아동 노동 착취, 난민, 기아, 물 부족, 자원 고갈, 전쟁 등) 2. 다음 차시 준비물: 워크북, 과제, 스마트폰, 노트북 등

지구촌 문제를 다룬 EBS 〈지식채널 e〉 추천 영상 안내

지구촌 문제	영상 제목
환경(지구온난화)	얼음 위를 걷고 싶어요!
환경(쓰레기 오염)	플라스틱 아일랜드
환경 오염	시그널
물 부족	물 좀 주소
전쟁(소년병)	킬링필드
난민	열다섯 살이 되는 법
공정무역	커피 한 잔의 이야기
인종 차별	모자이크 프로젝트

주제 결정 및 활동 계획하기

지난 차시 과제로 감상한 영상에 대해 소감을 발표하게 하고,
앞으로의 탐구 활동을 계획합니다. 교사는 실천 가능성에 초점을 맞춰 학생들을 지도합니다.

탐구 주제 결정 및 마인드맵 그리기

2차시에는 과제로 시청한 영상에 대한 시청 소감을 발표한다. 팀원끼리 돌아가며 과제로 탐구해온 지구촌 문제를 인쇄해온 사진과 함께 설명하는 것이다. 토의를 통해 팀에서 탐구해보고 싶은 지구촌 문제를 최종적으로 결정한다. 탐구할 문제를 결정한 다음에는 그에 맞는 탐구 주제를 정하고, 마인드맵을 그려 팀에서 결정한 지구촌 문제에 대한 내용을 정리하면서 더 조사해야 할 부분이 무엇인지 생각해보도록 한다.

표 4–5 실제 프로젝트 수업에서 학생들이 정했던 탐구 주제

팀 이름	탐구 주제
지구촌구조대	쓰레기로 인한 우리의 미래를 되살리자!
2B2G	기아 문제로 인하여 죽어가는 사람들
지구촌박물관	우리의 작은 정성으로 시리아 난민을 돕자!
난민's	시리아 난민을 위해 무엇을 할 수 있을까?
사회별수호단	쓰레기 오염 방지를 위한 작은 캠페인
헝그리정신	아프리카 기아 문제를 위해 우리가 할 수 있는 일은 무엇일까?

활동 계획하기

2차시 수업에서 팀별로 선정한 지구촌 문제를 해결할 구체적인 실천 방법을 생각해보도록 했다. 구체적인 실천 방법을 계획할 때는 여러 가지 방법들을 생각한 다음 그 방법들의 장단점을 토의해본 뒤 결정하도록 한다. 이때는 학생들의 의욕이 넘치는 시기라 실천 가능성을 검토해보지도 않고 무리한 해결 방법을 내놓기도 한다. 따라서 교사는 실천 가능성에 초점을 맞춰 학생들이 과연 해낼 수 있는 선에서 실천 방법을 선정했는지를 팀별로 돌아다니며 점검해야 한다. 토의가 끝나면 프로젝트 학습 계획서를 작성하여 프로젝트의 진행 과정을 계획하고 자기 역할을 확인하도록 한다.

지구촌 문제해결단 2차시 과제 안내 (예시)	우리 팀 지구촌 문제에 대해 조사해오기 1. 과제: ① 탐구 주제에 관해 자세히 조사하기 　　　　　　(워크북 아이디어 모음에 적거나 조사한 내용 붙이기) 　　　　　② 홍보물에 넣을 내용을 워크북에 적어오기 2. 다음 차시 준비물: 워크북, 과제, 참고 도서, 스마트폰, 노트북

멘토링
talk? talk!

2차시 수업, 이것만은 꼭 기억하라!

2차시 수업은 KOICA(한국국제협력단)에서 제작한 지구촌 체험관 교육 프로그램의 모음집에서 아이디어를 얻어 콩고에서 일어나는 내전과 콜탄 그리고 핸드폰 간의 관계를 설명해주는 것으로 시작했습니다. 학생들에게는 다소 생소할 수 있지만 관심 있게 들을 만한 지구촌 문제를 선정하여 설명함으로써 우리가 미처 생각하지 못한 많은 문제들이 지구촌에서 일어나고 있고, 그로 인해 많은 사람들이 고통받고 있음을 인식할 수 있게 한 거죠. 또한 학생들이 지구촌 문제에 관심을 가지고 직접 해결하기 위해 노력한 사례를 들려주며 우리가 생각하는 지구촌 문제해결 아이디어가 실제 반영될 수 있고, 도움을 줄 수도 있다는 것을 강조했습니다. 이 차시는 무엇보다 학생에게 '실천'해보고 싶은 '의욕'을 불러일으키는 데 중점을 두고 지도하는 것이 중요함을 기억해주세요!

실제 사례> 대형마트에 공정무역 초콜릿 판매

광주 광산구의 한 대형마트에 공정무역 초콜릿이 입점했다. 지난해 말이다.

전국적으로 사례가 없는 것도 아닌데 '무슨 대단한 일이냐?' 할 수 있다. 하지만 사연을 들여다보면 '대견한' 구석이 있다.

광주지역 한 중학생이 이를 건의해 성사됐기 때문이다.

실제 사례>알렉스 린(Alex Lin)

- 이 학생은 11살 때 전자폐기물들을 재활용해야 한다는 주장을 시작함
- 결국 이 소년의 노력으로 미국 로드아일랜드 주에는 버려진 전자제품을 재활용해야 한다는 전자폐기물법이 생김
- 지금까지도 버려진 컴퓨터들을 고쳐서 어려운 나라 친구들에게 전해주는 등 다양한 활동들을 하고 있음

지구촌 문제를 해결하기 위해 노력한 실제 사례들

홍보물 제작 및 홍보하기

그간 조사한 지구촌 문제를 토대로 홍보물을 제작합니다.
교사는 다양한 홍보물을 보여주며 홍보물 제작 시 유의사항을 전달합니다.

지구촌 문제를 해결하기 위한 활동 홍보물 제작

'지구촌 문제해결단' 프로젝트에서는 다른 사람들에게 지구촌 문제를 알리고 각 팀의 활동을 홍보함으로써 더 많은 사람이 동참할 수 있도록 하는 지구촌 문제 홍보물을 제작하게 했다. 제작된 홍보물은 학교 중앙 현관에 전시해 전교생이 평가할 수 있게 하고, 이를 프로젝트 전체 점수에 반영한다고 미리 공지해두었다.

3~4차시에는 조사해온 지구촌 문제를 토대로 홍보물을 제작하고, 다른 사람들에게 홍보하는 활동을 진행했다. 팀별로 각 팀이 정한 지구촌 문제를 알리는 홍보물 1장과 지구촌 문제를 해결하기 위한 활동 홍보물 1장을 제작하도록 했다. 3차시에는 교사가 다양한 홍보물을 보여주며 홍보물을 만들 때 유의사항에 대해 설명했다. 사람들을 집중시키는 홍보물을 만들려면 눈에 확 띄는 사진, 인상적인 문구, 정확하고 간단한 문구가 필요하다는 것을 설명한 다음 사전에 제작한 두 팀의 홍보물을 비교해보고 좋은 점과 보완할 점에 대해 팀별로 토의하고 발표했다. 그다음엔 학생들이 조사해온 내용을 토대로 홍보물

에서 소개할 내용, 사진 등을 선정하는 활동으로 팀별 홍보물 제작 방법을 협의하게 했다. 이때 교사는 팀별로 조사해온 과제물을 점검하고 홍보물에 넣을 내용이나 문구, 사진 등에 보완점이 없는지 살펴보고 조언하는 역할을 한다.

4차시에는 제작한 홍보물을 최종 수정하는 활동 및 중간 프로젝트 발표를 계획하는 활동을 진행한다. 제작해온 홍보물을 다시 한 번 살펴보면서 오류 사항은 없는지 최종 점검하고, 이후 5차시에 있을 중간 프로젝트 결과 발표를 어떻게 준비할 것인지 협의하고 역할을 분담한다.

3~4차시의 수업 자료

오늘의 활동 과제
- 조사해온 내용을 토대로 홍보물에서 소개할 내용 선정하기! (인쇄해 온 지구촌 문제 사진 중 홍보물에 적합한 사진 고르기!)
- 홍보물 제작 방법 협의하기!

홍보물 만들 때 주의할 점!!
- 정확하고 간단한 설명!
- 눈에 확 띄는 사진
- 인상적인 문구

홍보물로 사람들의 마음을 움직여라!!!

지구촌 문제해결단 미션!!!
- 사람들의 마음을 움직이는 홍보물을 만들어라!
- A4사이즈 2장으로 제작하기
- 한 장- 조사한 내용을 일목요연하게 정리하여 문제의 심각성 알리기!
- 한 장- 각 팀별 활동 내용 홍보하기!

3~4차시의 수업 활동지

<홍보물 제작하기> 지구촌 문제해결단

활동 1	두 팀의 홍보물을 분석해봅시다!

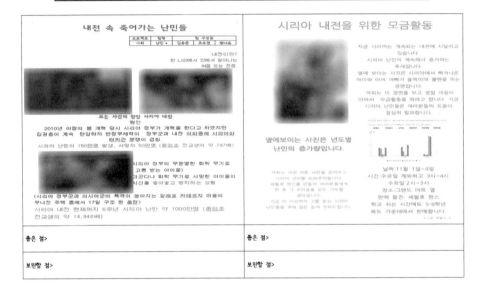

좋은 점>	좋은 점>
보완할 점>	보완할 점>

활동 2	우리 팀의 홍보물을 제작을 계획해봅시다!

★정확하고 간단한 설명, 눈에 확띄는 사진, 인상적인 문구를 넣어 홍보물을 제작해봅시다!

★ 두 장으로 제작하되 한 장은 우리 팀이 선정한 문제를 알리는 홍보물, 한 장은 우리 팀의 활동을 알리는 홍보물로 제작합니다!

★ 기한: **10월 18일까지** (점수 배점: **10점**)

항목	첫째 장 (지구촌 문제를 알리는 홍보물)	둘째 장 (우리 팀의 활동을 알리는 홍보물)
설명		
사진		
문구		

학생들이 직접 제작한 홍보물들

이것이 여러분이 원하던 지구의 모습인가요?
지구가 망가지고 있습니다!!

스타프로젝트 사회 사회별수호단팀

우리의 지구를 살려주세요!!

우리의 지구는 많이 망가져 있습니다.
사람이 버리는 쓰레기들은 하천, 바다로 가서
우리들의 생태계를 망가뜨리고 있습니다.

저희가 조사한 바에 따르면,
음식물 쓰레기는 전체 음식물의 7분 1에 해당합니다.
음식 7개 중 1개는 버려지는 셈입니다. 이렇게 버려진
음식물 쓰레기를 돈으로 환산하면 연간 **20조원**. 여
기에 쓰레기 처리비용으로 연간 **8000억원**이 더 소
요됩니다. 엄청난 경제적 손실이 아닐 수 없습니다!!

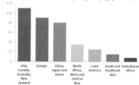

Annual food waste by region (kg/person)

이 그래프는 음식물 쓰레기가 가장 많이 나오는 나라
를 그래프로 나타낸 것입니다.**(한국 3위)**
쓰레기 줄이기.. 작은 실천이 지구를 살립니다!!

전쟁이 싫어요 제발 이들이 원하는 것은 그저 살려주세요. 제발 도와주세요.
제발 도와주세요. 가족이 그리워요 제발
제발 살려주세요. 살려주세요. 전쟁이 싫어요.
제발 도와주세요. 가족이 그리워요
제발 도와주세요. 가족이 그리워요 살려주세요. 제발

"딱 한 번만이라도 조용하게 자고 싶어요."

지금 시리아에서는 하루에 평균 12명이 폭격으로 인해
사망합니다. (한 달에 360명)
난민들이 잃는 것은 지금 우리가 가진 모든 것

이들은 죽음 각오로 시리아에서 탈출하였지만 정작 난민 약 1000만명
(동암초 전체학생들의 14,948배)동에 다른나라에 입국한 난민은 약 480만명. 그
중 어린이는 240만명. 시리아 난민 10명 중에 4명은 우리와 같은 어린이입니다.

난민's team

우리가 안전하고 자유롭고 행복한 삶을 사는 것처럼 그들도 행복하게 살
권리가 **있습니다!**

여러분의 작은 손길로 여러명을 도와 줄 수 있습니다.(11월 22일부터 사랑의 지우개 판매)

일시	장소	판매 상품	판매 가격(개당)	일시
화요일	4층 복도	사랑의 지우개	500원	11월 22일(수)
목요일				~11월 24일(금)

판매 수익은 전부 난민 기부에 이용됩니다.

여러분의 힘으로 여러명을 살립니다!
Let's save several people with our strength.
L.S.S.P.W.O.S

스타프로젝트 사회 난민's 일동

미래의 너의 손을 잡아줘 !

해양폐기물 무단 야적, 오염되는 육지

'해양쓰레기 수거예산만 매년 528억'

매년 해양쓰레기 7만 2천T이 수거

석문간척지 환경 오염 몰살

네꿈이 자란 영향
연구의 급류에 따른 연대의, 환경에 대한 인식 부족
등으로 무분별하게 지용 쓰레기가 이 경에
버려졌다. 다는 몸을 쳐가는 국내 유조제 넘을
수 없는 면금 쳐야바린 바그마디건

우리나라도 멀지 않았습니다!

지구는 너의,
따뜻한 손길이 필요에

지구촌 구조대 팀원 : 남윤호, 김여경, 김새은 변관우

프로젝트 사회 지구촌박물관팀

지금 시리아는 계속되는 내전에 시달리고 있습니다

난민은 꾸준히 증가하고 있습니다!
지금 이 시간 까지 내전에 시달리는 시리아인들은
여러분의 도움이 절실히 필요합니다.
여러분의 작은 마음이 시리아인들에게는 큰 희망이 될 것입니다.

굶주린 아이들을 살려주세요

★스타프로젝트★ 서혁2B2G팀:김**,주**,유**,왕**

11월부터 22일~24일 여행시간에

모금활동을 할 때정였습니다.

많은 참여 부탁드립니다.

모금2000원 이상을 넘으면

상품을 드립니다.

프로젝트 사회 지구촌박물관팀

더 이상 가족을 잃고 싶지 않아요.

1-6학년 까지 돌아 다니며 난민의 심각성을 알리려고 합니다.
쉬는 시간에 반마다 들어가 설명을 하오니 많은 참여 부탁드립니다!!

저희는 앞에 설명한 시리아 난민들을
보고 너무 가슴이 아팠습니다. 옆에
보이는 사진처럼 저희가 직접
디자인해 판매하여 수익금 모두 난민
단체에 기부하려고 합니다.

·날짜:11월 22일(수)-11월 24일(금)
·시간: 수요일:2시-3시 , 목,금: 3시-4시
·판매 물건: 세월호 판스
·장소: 학교 중앙현관 및 쉬는 시간마다 5-6학년 복도 가운데에서 판매합니다

당신의 양심을 믿습니다!!(버리지 말아주세요)

save me...
(구해주세요)

이 사진은 아프리카에서 굶주린 한 아이의 모습입니다. 여러 사람들이 이 사
실을 알고도 관심을 잘 주지 않습니다. 지금 아프리카 에는 하루에 약 1만
천명이 죽고 있습니다. 5초당 1명이 죽습니다. 또한 아프리카와 같은 나라들에
게 배급되는 음식은 20~75% 줄었습니다. (국연과 같은 국제기구로부터 오는 식량이
대부분 반군에게 빼앗기기때문)

이렇게 많은 사람들이 배고픔으로 죽어 가는 이유
현재 지구의 식량 생산량은 120억 인구가 먹을 수 있는 만큼의
식량이 생산 되고 있습니다. 이럼 에도 불구하고 이렇게 많은 사
람들이 죽습니다. (이유는 다음과 같습니다)
나라마다 경제 수준이 다릅니다.
가난한 나라들의 경제적 힘이 잘사는 나라의 5%도 안 됩니다. 잘사는 나라
의 국민들은 가난한 나라의 국민들보다 20배가 넘는 양의 빵을 가지고 있는
것과 마찬가지입니다.(가난한 나라의 아이가 빵 1개먹을 때 부자나라의 어
린이는 빵 20개를 먹을 수 있는것이다.)
위 내용과 기아는 무슨 상관이 있을까요?
잘사는 나라들에 자신들의 금전적 이득만을
위해 가난한 나라와 협력하지 않기 때문입니다.
하지만 우리는 그에 대해 뭐라할 수는 없습니다.
그들은 자유시장 안에서 평범한 사업을 하고
있는 것이기 때문입니다.

전교생이 참여하여 평가하는 지구촌 문제해결단 홍보물들

지구촌 문제해결단 3~4차시 과제 안내 (예시)	**3차시: 홍보물 제작하기** 1. 기한: 2017. 6. 15 (수) 2. 과제: 사람들의 마음을 움직이는 홍보물 제작하기 ★방법 ① 두 장의 홍보물 제작하기 　　　　　(각 팀이 정한 지구촌 문제 내용을 알리는 홍보물 1장, 지구촌 문제 　　　　　를 해결하기 위해 하는 활동 홍보물 1장) 　　　　② 제작 시 유의점: 정확하고 간결한 설명, 눈에 확 띄는 사진, 인상 깊 　　　　　은 문구, 창의적인 디자인으로 제작할 것!! 3. 다음 차시 준비물: 워크북, 과제, 참고 도서, 스마트폰, 노트북 등
	4차시: 홍보물 최종 수정하기 및 중간 탐구 결과 발표 준비하기 1. 기한: 2017. 6. 20 (월) 2. 과제: 홍보물 수정해서 최종 파일 전송하기, 중간보고서 작성해서 선생님 　　　　메일로 제출하기, 발표 준비하기 3. 다음 차시 준비물: 중간 탐구 발표 준비물, 워크북 등

멘토링
talk? talk!

3~4차시 수업, 이것만은 꼭 기억하라!

홍보물을 평가할 때는 홍보물을 본 사람이 직접 평가하는 것이 가장 정확합니다. 우리는 학생들에게 사전에 미리 홍보물은 전교생의 평가를 받도록 전시할 예정이라는 것과 이를 프로젝트 점수에 반영한다고 공지했더니 각 팀 모두 열심히 홍보물을 만들었습니다. 심지어 사람들의 관심을 집중시키는 홍보물을 만들기 위해 몇 번이고 수정하는 팀도 있었지요.

각 팀이 만든 지구촌 문제 홍보물을 정해놓은 날짜와 시간 동안 게시하고, 전교생에게 눈길이 가는 홍보물 2장을 골라 스티커를 붙이게 했습니다. 가장 많은 스티커를 획득한 팀을 기준으로 0.5점씩 차감하여 배점했습니다. 이를 통해 객관적인 평가와 더불어 전교생에게 지구촌 문제를 홍보하는 등 두 마리 토끼를 다 잡을 수 있었다고 생각합니다.

중간 탐구 결과 발표하기

중간발표는 앞으로의 탐구 방향을 결정하는 만큼 중요한 시간입니다.
발표 시 특정 학생에게 역할이 치우치지 않도록 지도합니다.

철저한 중간 점검을 통해 프로젝트 활동의 질 높이기

5차시에는 중간 탐구 결과를 발표하는 시간을 가졌다. 중간발표는 최종발표 전에 객관적인 시각에서 프로젝트를 돌아보면서 결과물의 수정 방향을 결정할 수 있다는 점에서 매우 중요하다. 이러한 과정은 결과적으로 프로젝트 활동의 질을 한 차원 더 높여준다.

벌써 몇 번의 프로젝트 활동을 진행한 결과, 학생들은 이제 프로젝트 학습의 방법과 절차를 어느 정도 익혀 보고서 작성, PPT 제작, 발표 연습을 스스로 잘 해내게 되었다. 특히 프로젝트 학습을 처음 시작할 때만 해도 학생들은 그간 탐구했던 내용들을 정리해서 보고서를 작성하는 것을 많이 어려워했다. 하지만 몇 번 보고서를 작성하다 보니 어느새 자신들의 탐구 과정을 일목요연하게 정리해 쓸 수 있게 되었다. 발표 시에도 역할을 분담하여 자신이 맡은 부분을 또렷하고 정확하게 발표하는 친구들의 모습을 볼 수 있어 지도교사로서 매우 뿌듯했다.

5차시의 중간 탐구 결과 보고서

프로젝트 중간 탐구 결과보고서

프로젝트 주제	시리아 난민을 구하자			교과명	사회
팀 명	난민's			지도교사	최**
팀 원	학년 반	이 름		주 역할	
	6학년 1반	김**		중간보고서 작성, 홍보포스터 제작	
	6학년 3반	조**		홍보포스터 사진 제공, 중간발표회 발표	
	6학년 1반	황**		중간발표회 ppt 작성, 홍보포스터 수정	
주제 선정 이유	시리아 내전이 지금까지 6주년이란 것을 알고 내전을 통해 많은 사람들이 죽어 가는 것과 일부는 살기 위해 시리아를 빠져나왔지만 수용 되지 못하는 일도 발생하는 것을 알고 이런 난민들에게 조금이나 보탬이 되고 싶어 선정하였다.				
탐구 방법	1. 난민 문제의 심각성을 깨달고 난민에 대하여 조사한다. 2. 사람들의 관심을 유도하는 홍보 포스터를 만든다. 3. 시리아 난민을 위한 모금 활동을 한다.				
탐구들 통해 알게된 내용	시리아 내전 이유	대통령의 장기 집권으로 국민들이 평화시위를 하지만 정부는 강하게 압박하면서 종교적인 문제까지 겹쳐 정부와 반정부군의 내전으로 발전하게 되었다.			
	시리아 난민 문제	시리아 전체 난민의 수 1,000만 명 중에 고작 등록된 난민은 480만 명, 어이난민은 240만 명이며 시리아 아동 10중에 4명은 난민 생활을 하고 있다. 다른 나라 아이들이 거미, 어둠, 악몽, 시험을 무서워한다면 시리아 아동의 43%는 공습, 총, 피, 폭격이 무섭다는 충격적인 결과도 있다. 그리고 아동 난민을 불법적인 물건 운송, 성적인 착취, 소년병으로 데려가는 일도 허다하고 난민 수용에 찬성하는 나라와 반대하는 나라도 있어 문제가 있다.			
프로젝트 활동 방법	1.	난민 모금 활동을 어떻게 할것인지 계획한다.			
	2.	홍보 포스터를 만들고 붙여 사람들에게 모금 활동을 알린다.			
	3.	사랑의 지우개를 판매하여 시리아 난민을 위해 모금 활동을 한다.			
프로젝트 과정 (일정)	일 시	탐구 내용			
	9.13~9.19	팀명 정하기 및 팀 주제 계획하기.			
	9.20~9.26	주제정하기 및 지구촌 문제에 대하여 배우기.			
	9.27~10.4	팀을 홍보하는 포스터를 만들 계획 및 포스터 붙이기.			
	10.4~10.10	지구촌 문제 동영상을 보기 및 해결방안 생각.			
	10.11~10.17	홍보물 계획 짜기 및 홍보물 작성.			
	10.17~10.25	중간보고서 작성, 중간발표회 ppt 작성, 홍보물 수정, 중간 발표회 발표 연습			
어려웠던 점 이나 느낀 점	이 름	소 감			
	김**	이 활동을 통해서 난민에게 작은 도움이 된다고 생각하니 뿌듯하며 팀원들과 같이 하니 협동심도 기르게 되어 좋다.			
	황**	물건을 판매하여 모금 활동을 하니 무역을 하는 기분도 들고 난민을 위해 활동하는 것이 뿌듯하다.			
	조**	난민들이 조금이나마 더 나은 생활을 할 수 있게 우리의 손으로 도우는 것이니 뿌듯하다.			

5차시의 수업 자료

프로젝트 사회팀 이렇게 만났어요!

- (2017.9.5) 5개의 교과 프로젝트 활동 발표 및 선택!!

교과	프로젝트명	단원	활동 목표
국어	나는 행생기자다	11.뉴스와 생활	뉴스가 우리 생활에 미치는 영향을 생각하며 뉴스를 만들 수 있다.
사회	지구촌 문제 해순단	4-3 함께 해결하는 지구촌 문제	지구촌의 문제를 해결하기 위하여 우리가 실천할 수 있는 방법을 알아볼 수 있다.
미술	종암 주니어 도슨트	미술작품과의 즐거운 만남	작가의 생애와 예술 활동을 알아보고 이를 통해 미술 작품을 바르게 감상할 수 있다.
음악	내 마음을 알아주는 음악 만들기	2-6 내 노래 만들기	내가 처한 상황을 노랫말로 표현하며 이에 어울리는 가락을 붙여 곡을 만들 수 있다.
영어	에티켓 배우며 세계 여행하기	9. You have to wait in line	세계 여러나라의 에티켓을 알아보고 지켜야하는 규칙을 표현할 수 있다.

사회팀의 프로젝트명은 '지구촌 문제 해결단'

프로젝트 사회팀 이렇게 활동했어요!

- (2017.9.13.) 첫 활동-팀 구성 및 모둠명 정하기
- (2017.9.27.) 두번째 활동 – 지구촌문제 탐구주제 정하기
- (2017.10.11.18) 세번째~네번째 활동 – 홍보물 제작하기

팀명	인원수	팀원명
지구촌 구조대	4	남**, 변**, 강**, 김**
난민'S	3	김**, 조**, 황**
2B2G	4	유**, 임**, 주**, 김**
사회별 수호단	4	유**, 김**, 이**, 박**
지구촌 박물관	4	유**, 박**, 강**, 변**
헝그리 정신	3	정**, 황**, 홍**
총	22	남자 12명, 여자 10명.

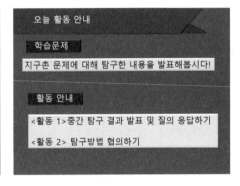

프로젝트 사회팀 점수 현황

- 중간보고서(5점)
- 지구촌구조대, 사회별수호단 , 헝그리정신- 5점
- 2B2G, 난민'S, 지구촌박물관 -4.5점
- 홍보물 선생님 평가(7점)
- 난민'S- 7점
- 지구촌구조대, 지구촌박물관-6.5점
- 헝그리정신-6점
- 2B2G- 5.5점
- 사회별수호단- 5점
- 홍보물 학생평가(3점)
- 지구촌구조대(56개)- 0.5점
- 사회별수호단(62개)-1점
- 지구촌박물관 (71개)-1.5점
- 난민's(81개)-2점
- 2B2G(104개)-2.5점
- 헝그리정신(116개)-3점

오늘 활동 안내

학습문제

지구촌 문제에 대해 탐구한 내용을 발표해봅시다!

활동 안내

<활동 1>중간 탐구 결과 발표 및 질의 응답하기

<활동 2> 탐구방법 협의하기

발표 안내

발표 순서

1. 헝그리정신   2. 난민'S   3. 2B2G
4. 지구촌박물관 5. 지구촌구조대 6. 사회별수호단

유의할 점

1. 팀 발표 제한시간은 3분입니다.
2. 워크북 18~19쪽에 기록하며 경청합니다.
3. 팀 발표가 끝난 뒤 다른 팀은 돌아가면서 궁금한 점, 보완할 점의 2개의 질문을 하고 발표팀은 이에 대해 답변합니다.

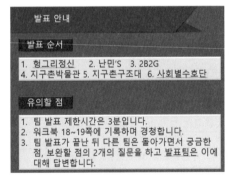

지구촌 문제해결단 5차시 과제 안내 (예시)	'지구촌 문제해결을 위한 활동'을 위한 준비하기 1. 과제: 지구촌 문제해결을 위한 활동 준비하기 2. 다음 차시 준비물: 워크북, 스마트폰, 노트북 등

문제해결을 위한 **활동 자료 제작**하기

활동 자료를 제작할 때는 자료 조사와 역할 분담이 중요합니다.
또한 학생들의 활동이 다른 교사나 학생들에게 피해가 가지 않도록 지도해야 합니다.

자료 조사와 철저한 역할 분담

6~7차시는 지구촌 문제해결을 위해 어떻게 활동할 것인지를 협의하고 활동을 위한 자료를 제작하는 시간이다.

6차시에서는 학생들에게 지구촌 문제해결을 위해 활동하는 사람들의 영상이나 단체들을 소개하고, 우리가 실천할 수 있는 활동 방법을 생각해보는 시간을 가졌다. 활동 기간은 동일하게 5일간으로 정하고 어떤 방법으로 다른 사람들에게 지구촌 문제를 알리고, 그 문제를 해결하기 위해 어떤 활동을 할지를 구체적으로 협의하도록 했다. 이때 교사는 팀별로 협의한 활동 방법의 실천 가능성을 염두에 두고 조언해주고, 활동 시간, 활동 장소, 활동 준비물, 역할 분담을 제대로 협의했는지 확인한다.

문제해결 활동을 위한 최종 점검과 보완

7차시에는 대부분의 팀에서 모금활동을 한다고 하여 다양한 모금활동 방법의 영상을 보여주면서 모금을 할 때 사람들의 참여를 유도할 수 있는 구체적인 방법을 생각해보게 했다. 스티커를 제작해서 판매 수익금 기부, 사랑의 지우개를 제작해 판매 수익금 기부, 주말에 사람이 많이 다니는 장소로 가서 모금활동을 하기, 학생들이 좋아할 만한 물건을 집에서 가져와서 특정 금액 이상을 기부한 학생들에게 선물을 주는 미션 모금활동하기 등등 팀별로 다양한 아이디어가 나왔다. 환경 오염을 지구촌 문제로 선정한 팀들도 급식 잔반 줄이기 미션, 학교 운동장 쓰레기 줍기 미션 등 다양한 활동 방법을 생각해내어 학생들이 많이 참여할 수 있게 했다. 7차시에는 팀별로 지구촌 문제해결 활동을 위해 준비물, 시간, 장소 등을 최종 점검하면서 6차시에서 생각했던 활동 방법을 보완해나갔다.

표 4-6 6차시 활동지 예시

활동	지구촌 문제를 해결하기 위한 활동을 계획해봅시다!	
★활동 기간: 22일(수)~26일(일), 5일간		
프로젝트 주제		
우리 팀의 지구촌 문제를 해결하기 위한 방법	*다양한 아이디어를 내고 문제점을 토의해서 최종 활동 방법을 결정하세요!	
우리 팀에서 결정한 활동 방법		
활동 시간		
활동 장소		
활동 준비물		
우리가 해야 할 일	팀원명	맡은 역할

표 4-7 실제 프로젝트 수업에서 학생들이 정했던 지구촌 문제해결을 위한 활동 방법

팀 이름	탐구 주제	활동 방법
지구촌구조대	쓰레기로 인한 우리의 미래를 되살리자!	• 캠페인 활동 • 쓰레기 줍기 미션 활동 • 급식 잔반 줄이기 캠페인 및 미션 활동
2B2G	기아 문제로 인하여 죽어가는 사람들	• 모금활동을 하여 기아 구호 단체에 기부
지구촌박물관	우리의 작은 정성으로 시리아 난민을 돕자!	• '난민 스티커'를 제작·판매한 수익금을 난민 구호 단체에 기부 • 유튜브에 난민 문제 영상 올려 홍보활동
난민's	시리아 난민을 위해 무엇을 할 수 있을까?	• '사랑의 지우개'를 제작·판매한 수익금을 난민 구호 단체에 기부
사회별수호단	쓰레기 오염 방지를 위한 작은 캠페인	• 캠페인 활동 • 쓰레기 줍기 미션 활동
헝그리정신	아프리카 기아 문제를 위해 우리가 할 수 있는 일은 무엇일까?	• 모금활동을 하여 기아 구호 단체에 기부

실제 프로젝트 수업에서 학생들의 활동 모습

지구촌 문제해결단 6~7차시 과제 안내 (예시)	지구촌 문제해결단 프로젝트 활동 자료 제작하기 1. 기한: 2017. 6. 7 (수) 2. 과제: 활동 모습이 들어간 자료 제작 방법 생각해오기 3. 다음 차시 준비물: 워크북, 과제, 스마트폰, 노트북 등

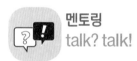 멘토링
talk? talk!

6~7차시 수업, 이것만은 꼭 기억하라!

프로젝트 활동 시 학생들이 직접 활동을 해야 할 때 가장 먼저 고려해야 할 상황은 학교의 사정입니다. 아무리 교육적으로 의미가 있는 활동이라도 학교나 다른 교사들과 학생들에게 피해를 주면 안 되겠죠? 이 수업에서도 모금이나 캠페인 활동을 하면서 가장 고민했던 부분은 혹시 학교나 다른 학생들에게 피해가 가지 않을까 하는 것이었지요. 따라서 프로젝트 활동 전에 먼저 학교나 다른 선생님들께 미리 양해를 구해두는 것이 필요합니다. 지구촌 문제 홍보물을 학교에 붙이는 것도 개수를 제한하고, 반드시 지정한 날짜에 전부 제거할 것도 함께 지도했습니다. 또한 모금이나 캠페인 활동을 할 때에도 기한을 되도록 짧게 잡고 등교시간, 점심시간 등으로 시간을 제한함으로써 다른 학생들에게 최대한 피해를 주지 않도록 했지요. 마지막으로 모금이나 판매 활동을 하는 팀에게는 돈을 기부하는 사람들에게 모금한 돈과 수익금은 어디에 쓸 것인지를 명확하게 설명하고, 반드시 기부 행위에 대해 감사 인사를 하라고 지도하는 것이 중요함을 꼭 기억해주세요!

최종발표회 준비하기

최종발표를 앞두고 지금까지의 탐구 과정을 사진이나 영상으로 남겨
산출물을 제작하게 합니다. 아울러 발표 계획을 세우도록 지도합니다.

역할을 분담해 발표 준비와 최종산출물 마무리하기

이제 어느덧 최종 프로젝트 발표를 앞두고 있다. 최종발표에 임하기 전에 만
반의 준비를 갖추는 것이 8차시 수업의 목표이다. 지금껏 학생들이 지구촌 문
제를 해결하기 위해 활동하는 과정을 모두 사진이나 영상으로 남겨 산출물을
제작하도록 했다. 산출물 제작 방법은 팀별로 동영상, PPT, 포스터 등 원하는
방식으로 자유롭게 만들되, 다만 3분 이내로 발표할 수 있도록 하고 활동한 내
용이 빠짐없이 들어갈 수 있도록 제작하게 했다. 8차시에는 학생들이 산출물
을 어떻게 제작할 것인지를 충분히 협의하고, 최종발표회 준비를 위한 발표 계
획을 세우고 역할을 분담하도록 한다.

지구촌 문제해결단 8차시 과제 안내 (예시)	최종발표회 준비하기 1. 과제: 활동 모습 자료 완성하기 　　　　최종보고서 작성하기 　　　　최종발표 준비하기 2. 다음 차시 준비물: 워크북, 최종보고서, 최종산출물 등

최종발표하기

팀별로 돌아가며 최종발표를 진행합니다.
평가를 위해 교사평가와 동료평가 외에도 참관한 학부모들도 평가에 참여할 수 있게 합니다.

팀별 발표와 질의응답의 시간

9차시는 '지구촌 문제해결단' 프로젝트 활동의 결과를 발표하는 시간이다. 각 팀별로 탐구한 지구촌 문제와 그 문제를 해결하기 위해 팀별로 어떤 활동을 했는지 발표했다. 팀별로 7분 이내로 발표하고, 질의응답은 팀별로 2개씩 할 수 있도록 진행했다. 평가를 위해 교사평가와 동료평가 외에도 참관 학부모님들이 평가할 수 있도록 미리 안내하고 평가지를 준비해두었다.

지구촌 문제해결단의 최종발표회를 보며 지도교사로서 처음에 프로젝트를 기획하면서 그렸던 모습보다 훨씬 더 기대 이상의 프로젝트였음이 느껴졌다. 프로젝트 기간 내내 학생들이 얼마나 빠져서 활동을 했는지가 역력히 보였고, 학생들의 빛나는 아이디어와 열정적인 활동으로 많은 사람들이 모금활동이나 캠페인 활동에 참여하게 된 모습을 보았을 때 프로젝트 수업의 힘을 다시 한 번 느낄 수 있었다.

'지구촌구조대' 팀 최종보고서

쓰레기로 인한 우리의 미래를 되살리자!

○○초등학교 6학년 (사회)교과
팀명: 지구촌 구조대
팀원명: 김**, 김**, 변**, 남**

Ⅰ. 주제선정 이유

밖에만 나가도 어딜가나 길거리에 놓여있는 쓰레기들, 현재 지금까지도 이러한 상황이 지속되고 있다. 이러한 상황을 언제까지나 지켜볼 수만은 없기 때문에 이 프로젝트를 통하여 쓰레기 오염 문제에 더욱 현실감을 갖고 이 문제로 인해 피해를 겪고 있는 사람들에게 조금이나마 도움이 되어 주기 위하여 이 주제를 선정하게 되었다.

Ⅱ. 프로젝트 목표

1. 쓰레기 오염문제에 대한 심각성, 이 문제에 현재 하고 있는 활동, 앞으로 우리가 해야 할 활동을 조사한다.
2. 쓰레기 오염문제의 심각성을 홍보 포스터로 사람들에게 알리고 난 후 캠페인을 실시하기 위하여 캠페인 홍보물을 만든다.
3. 캠페인 홍보물을 홍보하고 캠페인을 실시한다.

Ⅲ. 탐구 방법 및 역할 분담

1. 탐구 방법

기간	한 일	방법	준비물 (활동 도구 및 사이트)
(1) 9월 27일~10월 4일	이 문제를 어떠한 방법으로 탐구 할 것인지 정하기	사람들의 시선을 끌 포스터의 모습 생각하기	필기도구, 종이
(2) 10월 4일~10월 11일	지구촌 문제에 대하여 더 자세하게 알아보기 (동영상 숙제)	ebs 채널을 통하여 지구촌 문제에 대한 동영상 시청하기	ebs 채널, 컴퓨터
(3) 10월 11일~10월 17일	홍보를 어떻게 만들지 의논 및 홍보물 만들기	파워포인트로 만들기	컴퓨터
(4) 10월 17일~10월 25일	중간 발표 준비 역할 나눔기 및 중간 보고서, 중간 보고서ppt 만들기, 홍보를 수정하기	한글, 파워포인트로 만들고 수정하기	컴퓨터
(5) 11월 8일~11월 24일	홍보를 홍보하기 및 캠페인 홍보를 만들고 캠페인 활동 하기	홍보를 붙이기 캠페인에서 사람들을 끌기 활동 하기	우드락, 바구니, 상품, 카메라
(6) 11월 24일~12월 4일	산출물 동영상 및 최종 보고서, ppt 만들기	ppt와 한글로 그동안 조사했던 내용을 정리하기	컴퓨터, 조사 자료

2. 역할분담

학년 반	이 름	주 역할
6학년 4반	김**	최종 보고서 작성, 쓰레기 줄이기 캠페인 활동
6학년 1반	김**	최종 보고서 작성, 산출물 제작, 쓰레기 줄이기 캠페인 활동
6학년 2반	변**	최종 ppt 제작, 쓰레기 줄이기 캠페인 활동
6학년 3반	남**	최종 ppt 제작, 잔반 남기기 캠페인 활동
지도교사	최**	탐구방향 제시 및 지도 조언

Ⅳ. 탐구를 통해 알게 된 내용(조사 내용)

1. 쓰레기 오염의 심각성

가. 토양오염 : 쓰레기 매립지는 토양오염의 가장 큰 원인 제공이 등 하나이다. 하지만 쓰레기 매립지에 쌓여 있는 폐기물의 약 80%가 재활용이 가능하다고 한다.

나. 수질오염 : 네팔 같은 경우에는 쓰레기가 바구마릭 강에 버려져서 버려져 매년 홍몸 온 커널 손조차 넣을 수 없을 만큼 썩어버렸다고 한다.

다. 해양오염 : 매년 80억 킬로그램 이상의 쓰레기가 전 세계 바다에 버려지고 있다고 한다. 대부분의 쓰레기는 해양생물에게 위협을 줄 플라스틱류이다. 이레쿨라스틱 (혹은 플라스틱 비즈)는 해양생물을 거쳐 결국 우리의 밥상에 올라오는 무서운 재앙이 되고있다.

라. 방사성폐기물 : 러시아 서부에 위치한 카라차이 호는 소비에트 연방 시절 방사성폐기물을 버리는 장소였으며, 지구상에서 가장 위험한 곳으로 꼽히고 있다. 이곳 호수에서 1시간만 머물러도 사람들을 죽일 치명적인 양의 방사능이 축적될 수 있다고 한다.

마. 플라스틱오염 : 플라스틱 병이 분해되기 까지는 최대 500년의 시간이 소요된다고 한다. 생수나 음료수 구매 등 하루에 한 번 이상 플라스틱 병을 사용하는 경우가 생기는데, 외식적으로 사용을 줄여야겠다.

라. 테이크아웃 컵 되가져오기 활동 : 다른 매장의 일회용 컵도 주변에 있는 매장에서 버릴 수 있게 하는 운동이다.

마. 아나바다 운동 : 아나바다는 아껴쓰고, 나눠쓰고, 바꿔쓰고, 다시쓰자의 줄임말로 우리학교에서 하는 활동들이다. 이에 해당한다고 할 수 있겠다.

4. 쓰레기 오염을 줄이기 위해 보완되어야 한다고 생각하는 점

가. 커피 전문점이나 패스트푸드점에서 하는 일회용품 줄이기 활동의 홍보가 잘 안되있는 것 같아 많은 사람들이 이런 활동이 있었는지 알기 못한다.

나. 일회용품 컵 대신 개인컵을 가지고 오면 혜택을 준다는 것을 커피 전문점이나 패스트푸드점에 잘 보이는 곳에 광고를 하여 사람들에게 많이 알게 한다.

Ⅴ. 프로젝트 활동 결과

1. 지구촌 문제를 알리는 우리 팀 홍보물

2. 지구촌 문제를 알리는 홍보 캠페인 활동

<쓰레기 줄이기 캠페인 활동>

쓰레기를 한두 개 주워서 쓰레기분류에 버리고 잔디나 빌리를 상품을 준다.

<잔반 남기지 않기 캠페인 활동>

6학년을 골라다니며 잔반을 저울에 잰다. 그리고 3일 동안 한 양을 합쳐 제일 음식물 쓰레기가 적은 반에게 오예스와 요구르트를 상품으로 나눠준다.

3. 홍보 캠페인 활동의 결과

대략적으로 하루에 25명의 친구들이 쓰레기 줍기 활동에 참여했다. (생각보다 많은 친구가 참여 함) 특히 저학년 학생들의 참여가 눈에 띄었다. 상품의 관계 없이 쓰레기를 주워오는 계속적으로 주워오는 친구들도 많아서 쓰레기 줍기 캠페인 활동은 성공적이었다.
잔반 남기지 않기에서는 6학년 4반이 우승하여 오예스와 요구르트를 받게 되었다. 잔반 남기지 캠페인에 참여한 학급들의 잔반은 거의 남지 않았으며 잔반을 남기지 않은 반 순서는 4반, 2반, 1반, 3반 순이었다.

Ⅵ. 프로젝트 후기

1. 배운 점이나 알게 된 점

가. 김** : 이번 프로젝트를 통하여 환경의 소중함을 깨닫게 되었다.
나. 변** : 이번 프로젝트를 통하여 쓰레기 오염의 심각성에 대해 잘 알게 되었다.
다. 남** : 쓰레기 오염으로 많은 사람이 피해를 본다는 것을 알게 되었다.
라. 김** : 우리 주변에 쓰레기가 많이 버려진다는 것을 알게 되었다.

2. 소감 한마디

가. 김** : 아무렇지도 않게 버렸던 쓰레기를 다시 한 번 보게 되는 소중한 시간이었다.
나. 변** : 팀원들과 함께 캠페인을 이끈 것이 재미있었다.
다. 남** : 캠페인 활동이 귀찮을 때도 있었지만 잘 마무리해서 보람 있었다.
라. 김** : 캠페인 활동으로 나 또한 쓰레기 오염에 대해 다시 돌아볼 수 있었다.

'지구촌박물관' 팀 최종산출물

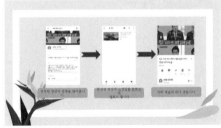

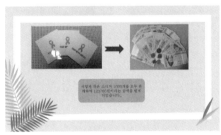

지구촌 문제해결단 최종산출물 영상
학생들의 활동 모습이 담긴 산출물 영상을 담아 QR코드로 제작하
였습니다. 오른쪽 QR코드를 통해 학생들이 제작한 산출물 영상을
볼 수 있습니다.

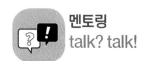

멘토링
talk? talk!

9차시 수업, 이것만은 꼭 기억하라!

우리는 프로젝트 시작부터 학생들의 동기를 유발하고 학생들이 성실하게 프로젝트 활동을 할 수 있도록 프로젝트 전 과정을 평가하여 그중 성적이 우수한 2팀을 선정해 우수 프로젝트 산출물 강연회에 참가할 수 있는 자격과 상장을 수여했습니다. 학생들은 1학기 동안 프로젝트 학습 방법을 이미 경험하여 산출물 제작 능력, 보고서 작성 능력, 발표 능력들이 현저하게 발전한 상태라 팀별로 우열을 가리기가 너무 어려울 정도였지요. 또한 프로젝트 학습에 재미를 느껴서 모두가 열심히 적극적으로 임하는데, 이 중 2팀만을 선정한다는 게 다른 팀들에게는 크나큰 상실감을 줄 수 있겠다는 생각이 들더군요. 이에 모든 학생들이 프로젝트 학습을 성실하게 잘 수행할 때는 굳이 비교와 경쟁을 조장하는 상대 평가보다는 어느 정도 기준점을 넘으면 모두 다 수상할 수 있는 절대 평가 방식으로 바꾸는 것이 좋다고 생각합니다.

프로젝트 활동 돌아보기

그간의 탐구 활동을 돌아보며 성찰하는 시간을 갖습니다.
열심히 탐구 활동에 임한 학생들을 격려함은 물론, 심화 탐구로 이어질 수 있는 자리가 되도록 합니다.

프로젝트에 대한 성찰과 격려

10차시에는 '지구촌 문제해결단' 프로젝트를 성찰하는 시간을 가졌다. 프로젝트의 전 과정을 돌아보며 배운 점, 느낀 점, 힘들었던 점, 즐거웠던 점과 팀원들에 대한 조언, 지도 선생님에 대한 고마운 마음 등을 성찰 활동지에 적고 함께 이야기한 것이다. 교사는 이때 학생들을 칭찬하고 격려해줌으로써 보람과 자신감을 심어주어야 한다.

**톡?톡!
교사후기**

〈사회과 02〉'지구촌 문제해결단' 프로젝트

첫 시간부터 학생들은 매우 흥미를 보이며 지구촌 문제를 해결하기 위한 활동을 계획하기 시작했다. 그리고 수업이 끝나면 수시로 만나서 자발적으로 문제해결을 위한 아이디어를 내고 홍보 자료를 만들며 활동에 필요한 소품을 제작하는 등 너무나 열정적이었다. 이 프로젝트는 학생들에게 체험을 통한 배움의 즐거움과 자신의 아이디어로 이루었다는 성취감을 주었다고 생각한다. 학생들이 프로젝트 학습에 푹 빠져 있는 모습을 지켜보는 게 너무나 행복했던 프로젝트 수업이었다.

자신감과 배움을 주는 프로젝트 학습
6학년 김나연

처음에 6학년 선생님들께서 '프로젝트 학습'이라는 수업을 한다고 하셨을 때 무척 궁금했다. '과연 어떤 수업일까?', '무엇을 하는 것일까?', '프로젝트 학습이라는 의미는 또 무엇이고, 무엇을 위해 하는 것일까?' 등등 여러 가지 생각들이 머릿속에서 맴돌았다. 그런 궁금증들은 수업을 들으며 점차 풀리게 되었고, 그러면서 수업에 더 많은 관심이 생겼다.

두근거리는 마음으로 수업에 들어가고 팀원을 구성할 때 팀원끼리 많이 친하지 않아 어색했다. 주제를 정할 때도 서로 잘 맞지 않아 다툼이 있었고, 주제를 힘겹게 정하고 활동을 할 때도 힘들었다. 하지만 서로 잘 맞지 않지만 가끔씩 서로 돕고 배려하며 활동하고 발표 준비를 하다 보니 팀원들에게 많이 고마웠다. 서로 부족한 점을 채워주며 도와가고, 맡은 일에 최선을 다하며 활동을 하니 재밌고 즐겁게 할 수 있었다.

처음 과목을 선택할 때 나는 '지구촌 문제'라는 주제를 가지고 친구들과 함께 많은 활동을 하며 탐구해보고 싶었다. 지구촌 문제는 지구 환경의 문제나 나라 간의 갈등, 나라 안에서 일어나는 일 등 많은 문제들이 있었다. 그중 우리 팀은 아프리카 기아에 대해 탐구를 하였고, 기부활동, 캠페인 등을 통해서 기부금을 모아 전액 모두 유니세프에 기부하였다. 유니세프에 기부한 것도 정말 뿌듯했지만 프로젝트 기간 동안 주말에도 나와 캠페인을 하니 즐거웠고, 아침마다 학교 앞에서 기부활동을 하니 흥미로웠다.

프로젝트 학습은 우리에게 많은 도움을 주었다. 6학년 1년 동안 프로젝트 학습을 하면서 탐구하는 실력을 키워주었고, 보고서, 발표 자료를 만드는 방법도 알 수 있었고, 발표를 함으로써 자신감을 키워주었다.

마지막으로 6학년 전체를 위해 이런 프로젝트 수업을 만들어주시고, 열심히 지도해주시고, 많은 격려와 힘을 주신 6학년 모든 선생님들께 정말 감사드린다.

함께 만드는 우리들의 노래

- 관련 단원 : 내 노래 만들기
- 적용 학년 : 초등학교 6학년
- 관련 교과 : 음악, 창의적 체험활동
- 팀 구성 : 6모둠 (21명)

◆ 왜 음악과에서 이 주제로 프로젝트 수업을 진행했나?

사람들은 예로부터 자신의 감정과 비슷한 노래를 듣고, 울고 웃으며 자신의 설레는 마음, 속상한 마음, 화난 마음 등을 정화해왔다. 하지만 아동을 대상으로 한 노래는 대부분 아동이 일반적으로 느끼는 감정이나 겪게 되는 사건들과는 다소 거리가 있는 게 사실이다. 그래서 교육적 효과는 논외로 하더라도 밝은 사건과 감정을 주로 다루는 노래들을 듣고 아이들이 크게 공감을 하거나 위안을 받기는 어렵다.

'함께 만드는 우리들의 노래' 프로젝트에서 학생들은 먼저 실제로 친구들이 겪는 다양한 상황들을 조사해본다. 그리고 자신들의 감정을 세심하게 살펴본 후 이를 노랫말과 가락에 반영하여 노래가 주는 힘과 즐거움을 만들어낸다. 학습 면에서도 학생들은 의미 있는 경험을 하게 되는데, 주어진 형식에 맞춰 노래를 만들고 가락의 일부를 바꿔 표현하는 성취 수준을 한 단계 넘어서서 학생 나름의 성취 수준으로 곡을 창작하게 된다.

한 곡의 노래가 만들어지려면 우선 음악에 대한 기본적인 지식이 필요하고, 가사 주제 정하기, 가사 정하기, 리듬 만들기, 악보 그리기 등의 다양한 과정이 수반되어야 한다. 이 과정에서 학생들은 음악적 수준에 얽매이지 않고, 자신이 잘할 수 있는 역할을 맡아 노래 만들기에 참여할 수 있다. 또한 음악 학습에 대한 동기가 높아지며 기본기를 탄탄하게 다질 수 있다.

탐구 문제	어떻게 하면 우리들의 마음을 알아주는 노래를 만들고 들려줄 수 있을까?

여러분은 요즘 어떤 노래를 즐겨 듣고 있나요? 왜 그 노래를 좋아하나요? 그 노래가 무엇이든 어떤 이유에서 좋아하든, 노래는 우리를 왈칵 눈물 쏟게 만들기도 하고 용기를 주기도 합니다. 특히 나를 알아주는 것 같은 노래를 듣다 보면 안 좋았던 기분이 누그러지고, 스스로 괜찮다는 말을 건네게 되죠.

그렇다면 나를 알아주는 것 같은 노래는 어떤 노래인가요? 학교에서 배우는 노래인가요, 가요 프로그램에서 나오는 노래인가요? 혹시 이러한 노래들이 너무 유치하다고 혹은 너무 어른들의 얘기라고 생각하지는 않았나요? 우리들, 초등학생들의 마음을 딱 알아주는 노래가 있다면 참 좋을 텐데 말이죠.

우리는 늘 노래를 듣는 사람으로만 살아왔습니다. 좋은 음악을 듣는 것 자체도 참 멋진 일이지만 우리들의 이야기를, 우리들의 목소리로 친구들에게 전달한다면 그것만큼 멋진 일이 있을까요?

노래를 만드는 것, 생각만큼 어렵지 않습니다. 노래를 만드는 몇 가지 규칙에 대해 조금 더 공부하고, 내가 그리고 친구들이 평상시에 어떠한 고민과 어려움을 가지고 있고, 어떠한 상황에 있는지 조금만 더 관심을 가지고 바라보세요. 보이지 않았던 우리들의 모습들이 가사가 되고, 지나쳤던 감정들이 멜로디가 되고, 여러분의 노래가 위로와 기쁨이 될 것입니다.

차시	단계	주요 학습 요소	활동 내용
1-2	프로젝트 계획하기	준비하기 및 소집단 구성하기	• '함께 만드는 우리들의 노래' 프로젝트 학습내용 안내하기 • 소집단 구성하기 및 역할 나누기 • 팀 이름 정하기 및 팀 빌딩 활동하기
		주제 결정 및 활동 계획하기	• 조사해온 내용을 토대로 주제별 노래 분석하기 • 공통된 관심사를 바탕으로 노래 주제 결정하기 • 곡 제작 활동 계획하기
3	프로젝트 실행하기 I	탐구 활동하기	• 곡의 형식 및 분위기를 토의를 통해 결정하기 • 선정한 주제에 관해 가져온 자료들을 토대로 가사 대략적으로 쓰기 • 후렴 부분 가사 쓰기
4		탐구 활동하기	• 가사에 맞는 리듬 넣기, 멜로디 라인 만들기 • 결과물 제작 방법 협의하기 • 중간발표를 위한 모둠별 역할 분담 및 중간발표 자료 만들기
5		중간 탐구 결과 발표하기	• 중간 탐구 결과 발표하기 • 선생님 및 다른 팀의 의견을 듣고 세부적인 활동 방법 수정 및 보완하기
6	프로젝트 실행하기 II	산출물 제작 계획하기	• 음 연결하여 멜로디 만들기 • 노래 제작 과정에서 세부적인 역할 분담하기 • 노래 및 반주의 형태 정하기
7		최종보고서 작성하기 및 산출물 제작하기	• 최종보고서 작성 방법 알아보기 • 가사, 리듬, 멜로디 수정 및 연습하기 • 노래 및 반주 녹음하기
8		최종발표회 준비하기	• 좋은 발표에 대해 생각해보기 및 발표 방법 알아보기 • 최종발표 프레젠테이션 준비 및 역할 분담하기
9-10	프로젝트 발표하기	최종 탐구 결과 발표하기	• 탐구 과정 및 결과물 발표하기 • 다른 모둠의 발표를 경청하고 질문하기 • 가장 공감 가는 가사와 좋은 멜로디의 노래 선정하기
		지식나눔강연회 및 평가하기	• 각 교과별 산출물 결과가 우수한 2팀씩 출전하여 탐구 과정 및 결과 발표하기 • 프로젝트 활동 반성 및 소감 나누기

준비하기 및 소집단 구성하기

노래를 직접 만들어보는 프로젝트인 만큼, 이 프로젝트는
다양한 음악적 능력을 가진 아이들이 각 팀에 고루 포함되도록 팀 구성을 해야 합니다.

'함께 만드는 우리들의 노래' 프로젝트 소개하기

수업의 도입 부분에서 학생들이 작곡에 대해 가지고 있는 편견, 예컨대 '천재만 하는 것이다', '영감은 갑자기 떠오르는 것이다' 등에 대해서 이야기해보면서 학습과 노력으로 얼마든지 좋은 노래를 만들 수 있다는 것을 알려준다. 또한 이번 프로젝트 활동의 목표가 주변의 많은 사람들이 공감할 수 있는 노래를 탐구하여 만들어보는 것임을 인지시키며, 노래를 만들려면 곡 쓰기, 가사 쓰기, 반주하기 등의 여러 과정이 필요함과, 프로젝트 학습 역시 이 과정에 따라 진행될 것임을 안내해준다.

팀 구성하기 및 팀 이름 정하기

교사는 미리 학생의 능력, 성향, 음악적 수준, 흥미 등을 고려하여 다양한 능력을 가진 학생들이 고루 포함되도록 3~4명으로 팀을 구성해둔다. 팀이 만들어

진 다음에는 '노래 맨 앞부분 3초 듣고 제목 알아맞히기'와 같은 활동을 통해 분위기를 가볍게 만들고, 음악에 대한 학생들의 흥미 및 사전 관심도를 파악하는 시간을 갖는다.

한 팀이 되어 한 학기 동안 함께 프로젝트를 진행하는 만큼 멋진 팀 이름을 짓는 것은 팀 활동에 대한 흥미와 동기를 높이는 데 중요한 과정이다. 이때 팀원들끼리 서로 소개를 한 후 팀원들의 공통점을 찾아본다거나, 이번 프로젝트 활동을 통해 성취하고 싶은 목표를 담아 이름을 만들도록 지도하면 좋다. 마지막으로 다양한 아이디어가 나왔다면 토의를 통해 팀원들이 모두 합의할 수 있는 이름을 정하도록 한다.

과제 안내하기

노래를 만든다는 것은 여러 과정이 포함되고, 시간도 오래 걸리기 때문에 수업 시간만으로는 목표를 달성할 수 없다. 교사는 노래를 만들기 위해 분석해야 할 것, 공부해야 할 것, 조사해야 할 것 등의 과제를 안내하고, 과제 제출 기한을 잘 지킬 수 있도록 지도해야 다음 수업에서 학생들이 준비된 자료들을 바탕으로 서로 토의하고 아이디어를 만들어낼 수 있다.

| 함께 만드는 우리들의 노래 1차시 과제 안내 (예시) | 만들고 싶은 노래 주제 조사하기
1. 과제
　① 짝사랑, 실연, 스트레스, 희망 등의 주제를 담고 있는 노래를 각각 3곡 이상 찾아오고, 가사 프린트해오기
　② 요즘 친구들의 관심사, 걱정거리가 무엇인지 알아보기
　③ 친구들이 좋아하는 노래를 찾아보고, 그 노래가 좋거나 인기 있는 이유도 생각해보기
2. 다음 차시 준비물: 워크북, 조사 자료, 스마트폰 등 |

'함께 만드는 우리들의 노래' 1차시 수업에서는 노래 만들기에 대한 두려움을 없애고 도전할 수 있도록 동기를 부여하는 것이 참으로 중요합니다. 'hum on', 'sound camp' 같은 애플리케이션을 이용하면 악기 연주 능력이나 악보로 옮기는 능력이 부족해도 이를 보완해서 얼마든지 노래를 만들 수 있다는 것을 알려주면서 학생들의 자신감을 북돋을 수 있습니다. 그렇지만 기본적으로 자신의 머릿속에 떠오르는 음악을 다른 사람과 나누고 오랫동안 간직하려면 음표의 길이, 음의 높낮이 등을 알고 악보에 쓸 수 있어야 한다는 것도 함께 알려주어 음악 이론 학습에 대한 필요성 또한 느끼게 해주는 것이 중요하다는 점, 꼭 기억해주세요!

1차시의 수업 자료

• 작곡하는 법을 차근차근 ➡ 단 표절하지 않도록 조심!!
• 음악을 조금 더 많이 듣고
• 평상시 1분이라도 내가 만들 노래를 생각하고 있다면

노래를 만들기 어렵지 않겠죠?

우리 팀의 자랑거리 찾기(5분)

• 성, 아파트 등의 공통점을 찾아보세요.

• 우리 팀의 분위기
• 우리 팀에는 ____가 있다.
• ____을 할 줄 안다.

팀 이름 정하기(10분)

• 우리 팀의 공통점
• 우리 팀의 자랑
• '우리 팀이 이랬으면 좋겠다'
• 우리 팀의 특징

등을 넣어 멋진 팀 이름을 정해주세요!

참고도서

• 10분 만에 뚝딱! 주니어 작곡 교실
 – 서명수(아름출판사)

활용할 수 있는 어플

• Hum on!

중요한 것!! 작곡의 기본은 이론이다!!

• feel대로 노래를 만들 수는 있다.
• 하지만 만들어서 남들과 나누고 발표하기 위해서는 악보가 반드시 필요하다.

주제 결정 및 활동 계획하기

어떤 곡을 제작할지 계획하는 단계입니다. 어떤 주제의 노래를 선정할지에 따라
이후의 탐구 활동이 좌우되는 만큼 교사의 각별한 지도가 필요합니다.

주제별 노래 분석하기,
공통된 관심사를 바탕으로 노래 주제 결정하기

2차시에는 과제로 조사해온 다양한 노래들을 친구들과 함께 나누며 같은 주제
에 관한 노래가 어떤 것이 있으며, 그 주제를 가진 노래들은 분위기가 어떠한
지, 어떠한 목소리가 어울리는지, 가사에 어떠한 단어가 많이 나오는지 등을
분석한다. 예를 들어 사랑에 관한 노래에서 '너', '마음'의 단어가 많이 나왔다
면 나중에 가사를 쓸 때 이를 반영해서 쓸 수 있을 것이다.

　다음으로는 자신이 평상시에 관심이 있고, 요즘 나 또는 친구들이 겪고 있는
상황에 대해 이야기를 나눈다. 그런 다음에 공통되면서도 친구들의 공감을 많
이 받을 것 같은 주제를 토의를 통해 결정한다. 노래의 주제가 결정되면 이 주
제와 관련한 단어들을 다양하게 브레인스토밍해본다.

표 4-8 프로젝트 활동에서 학생들이 정했던 노래 주제

팀 이름	노래 주제
사운드 오브 뮤직	초등학생의 짝사랑하는 마음
라면	학교에서의 일상
한조대기중	크리스마스를 앞둔 외로움과 기대
해피 싱어송 라이터	짝사랑하는 마음
환장의 팀	헤어짐을 피하고 싶은 간절한 마음
Mr.Music	전학생에 대한 사랑의 마음

곡 제작 활동 계획하기

프로젝트의 진행을 위해 필요한 여러 가지 역할들이 있다. 예를 들면 가사 만들기, 노래 부르기, 반주하기, 뮤직비디오 만들기 등이다. 이러한 역할들을 학생 한 명이 다 해낸다는 것은 매우 어렵고, 또 팀 프로젝트 활동의 본질에도 어긋난다. 그렇기 때문에 학생 개개인의 관심과 능력에 따라 역할을 나누어 맡아서 프로젝트 활동이 원활하게 이루어질 수 있도록 해야 한다. 또한 하나의 역할이 마무리되어야 다음 역할을 할 수 있는 경우가 많기 때문에 교사는 학생들이 기한, 조사할 자료, 조사 방법, 조사할 내용 등에 대해서 구체적으로 계획할 수 있도록 지도해야 한다.

함께 만드는 우리들의 노래 2차시 과제 안내 (예시)	노래에 담고 싶은 가사 내용 조사해오기 1. 과제 　① 우리 팀이 정한 주제의 노래에서 자주 나오는 단어 찾아오기 　② 일기, 드라마 대사, 기존 노래 가사, 친구의 사연 등에서 우리 노래에 담고 싶은 내용 써오기 2. 다음 차시 준비물: 워크북, 과제, 스마트폰 등

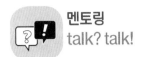

멘토링
talk? talk!

2차시 수업, 이것만은 꼭 기억하라!

노래의 주제 선정은 앞으로의 프로젝트 방향을 결정하는 만큼 아주 중요합니다. 학생들이 친근하게 접할 수 있고 관심을 가질 만한 주제를 정할 수 있도록 분위기를 유도하면 학생들의 학습동기를 높일 수 있지요. 같은 '짝사랑'이라는 주제라도 경쾌하게 아픈 마음을 표현하는 노래가 있는가 하면, 눈물을 자아내는 애절한 노래도 있습니다. 또한 표현하지 못하는 나의 마음에 초점을 둘 수도 있고, 반대로 내 마음을 몰라주는 상대방의 모습에 초점을 맞추어 노래를 만들 수도 있지요. 가장 진실하고 위로가 되는 노래는 학생들의 실감나는 경험이 녹아 나올 때 만들어집니다. 따라서 교사는 친구들 간에 개인적인 경험을 나누도록 하고, 자신이 경험해보지 못하는 부분들은 책이나 드라마 등을 통해서 느껴보도록 지도해야 한다는 것, 꼭 기억해주세요!

2차시의 수업 자료

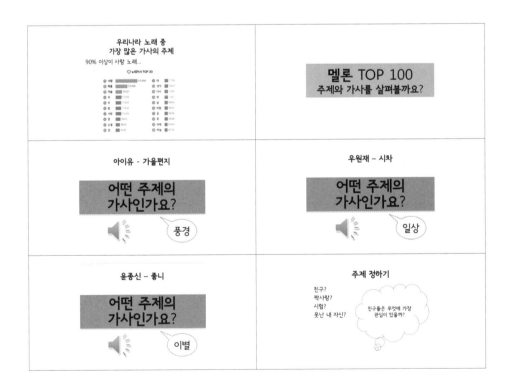

탐구 활동하기

노래의 분위기 정하기, 후렴구 및 가사 쓰기 등의 활동을 진행합니다.
노래를 만드는 게 학생들에게는 익숙하지 않은 작업인 만큼 교사의 세심한 관심이 필요합니다.

만들 노래의 길이와 분위기, 구성 결정하기

3차시 수업에서는 어느 정도 길이의 노래를 만들지 결정하고, 이에 맞는 곡의
형식을 정하게 된다. 일반적으로 가요는 3~4분 정도이지만, 학생들이 이러한
노래를 만들기에는 너무 복잡하며, 많은 내용을 담아야 한다. 그래서 학생들에
게는 1분 정도 길이의 노래를 만들도록 권장한다.

몇 개의 마디 그리고 몇 개의 도막으로 이루어진 곡을 만들지 정한 후에는
곡의 분위기는 발랄하게 할지, 슬프게 할지 등을 토의를 통해 결정한다. 예컨
대 아이유의 〈좋은 날〉이라는 노래는 짝사랑의 슬픈 마음을 담고 있지만 분위
기는 아주 발랄한 것처럼 말이다.

또한 지난 시간에 과제로 조사해온 가사 자료들을 바탕으로 후렴구의 가사
를 작성하도록 한다. 일반적으로 노래는 스토리가 있으며, 감정이 심화되고 또
한 해소가 되는 부분이 있는 것이 안정적이다. 따라서 가장 클라이맥스, 즉 이
노래를 통해서 가장 하고 싶은 말을 가사의 후렴부에 쓰고, 그 가사들이 반복
될 수 있도록 후렴부를 완성한다. 아직 리듬을 붙인 상태가 아니므로 생각해

둔 리듬과 상관없이 가사의 내용에 초점을 맞춰 자유롭게 써보면 된다. 학생들에게도 나중에 리듬에 맞게 글자 수를 조절하거나 단어를 바꾸는 등 수정 과정을 거친다는 것을 미리 안내해준다.

가사 쓰기와 중간 탐구 발표회 준비

4차시 수업 전 과제로 후렴부를 포함해 모든 부분의 가사를 대략적으로 써오도록 제시한다. 가사가 어느 정도 나왔으면 4차시 수업에서는 각 마디에 들어가는 가사의 글자 수를 대략 비슷하게 조절하고, 리듬도 가사에 맞춰 넣는다. 또한 그다음 주에 있을 중간 탐구 발표회와 중간 탐구 보고서를 쓰는 방법을 학생들에게 안내하며, 팀 내에서 각자 맡을 파트를 나누고 중간보고서를 직접 작성해보도록 한다.

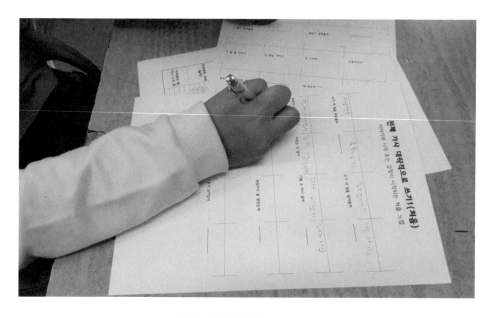

전체 가사 대략적으로 쓰기

| 함께 만드는
우리들의 노래
3~4차시
과제 안내
(예시) | 3차시: 우리 팀 노래 가사 써오기
1. 과제: 후렴부를 포함하여 도입부, 전개부, 후렴, 마무리까지 모든 가사를 대략적으로 써오기
2. 다음 차시 준비물: 워크북, 과제, 스마트폰, 멜로디언 등 |
| | 4차시: 중간 탐구 발표 준비하기
1. 과제: 중간보고서 작성해서 선생님 메일로 제출하기, 발표 준비하기
2. 다음 차시 준비물: 워크북, 과제, 참고 도서, 스마트폰, 노트북 등 |

멘토링
talk? talk!

3~4차시 수업, 이것만은 꼭 기억하라!

가사와 멜로디를 붙이는 작업은 학생들에게 그리 익숙한 일이 아니다 보니 학생들은 이 과정에서 많은 어려움을 겪을 수밖에 없습니다. 특히나 멜로디를 만드는 것은 마음을 먹는다고 해서 바로 만들어지는 것이 아닙니다. 따라서 학생들에게 평소에 순간순간 좋은 멜로디, 좋은 노래 가사가 떠오르면 바로 휴대폰으로 메모나 녹음을 해두는 습관을 기르도록 하는 것이 좋습니다. 수업 시간에도 팀에 키보드를 한 대씩 제공하거나 학생들에게 멜로디언을 가져오도록 하여 가사에 잘 어울리는 멜로디인지, 듣기 좋은 멜로디인지, 리듬은 너무 단순하지 않은지 등을 끊임없이 귀로 들으며 확인해갈 수 있도록 배려해야 함을 꼭 기억해주세요!

3~4차시의 수업 자료

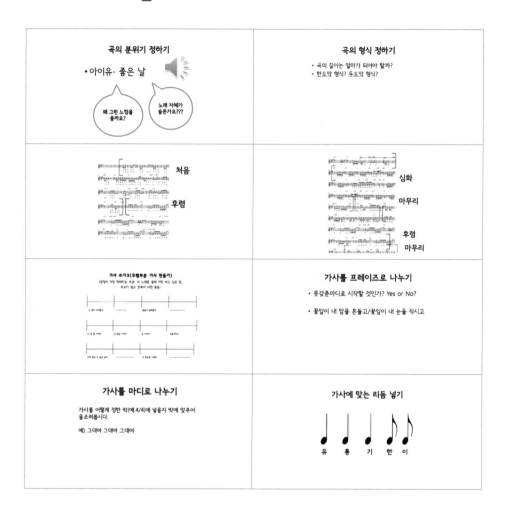

중간 탐구 결과 발표하기

지금까지의 탐구 과정을 친구들과 나누며 이후의 탐구 방향을 결정합니다.
중간발표가 생산적인 방향으로 나아가도록 교사의 지도가 필요합니다.

중간발표를 통해 탐구 결과 나누기

그동안 학생들은 노래 가사로 만들 자료들을 조사해왔고, 인기 많은 노래들을
분석해보는 등 다양한 탐구의 과정을 거쳤다. 이제 5차시에서 학생들은 지금
까지 탐구한 내용을 바탕으로 자기 팀의 노래 주제, 노래를 만들기 위해 탐구
해온 과정 등을 다른 학생들과 나누는 시간을 갖게 된다.

피드백을 바탕으로 탐구 내용을 수정·보완하기

5차시에서는 과제로 해온 중간 탐구 보고서의 내용을 발표하게 되는데, 이때
발표를 듣는 다른 학생들은 수동적으로 듣기만 하는 것이 아니라 발표를 듣고
누가 반주를 할 것인지 등의 세부적인 계획을 묻는다거나, 노래와 랩을 동시에
넣는 것이 어울리는지 등 구성에 대해서 적극적으로 질문을 던진다. 학생들은
다른 학생들의 질문이나 피드백을 들으면서 미처 생각하지 못한 부분에 대해

다시 계획을 세워 프로젝트를 진행하게 되며, 그간의 탐구 내용을 보완 또는 수정할 수 있다. 교사는 중간 탐구 결과 발표회가 지나치게 비판 일색으로 흐르지 않도록 팀의 탐구에서 잘된 점, 부족한 점, 제안할 점을 돌아가며 한 가지씩 발표하도록 지도하는 것이 좋다.

중간 탐구 결과 발표회 자료

프로젝트학습 중간 탐구활동 발표회

1. 우리 팀 소개
2. 탐구 주제
3. 탐구 방법
4. 탐구 내용
5. 산출물 제작방법
6. 소 감

가사(후렴)

너는 모르나 / 나만 아는 진실 /

그 진실을 말할 / 용기는 없어

하지만 언젠가 / 밝혀지게 돼 /

너가 몰라도 / 내가 알면

그건 내게 / 큰 기쁨/

언젠가는 너에게/알려줄게

프로젝트학습 중간 탐구활동 발표회

1. 우리 팀 소개
2. 탐구 주제
3. 탐구 방법
4. 탐구 내용
5. 산출물 제작방법
6. 소 감

표현 방법

• 좋아하는 남자를 향한 짝사랑 같은 풋풋하고 발랄한 사랑스러운 분위기를 표현
• 랩파트에서는 빠르게 노래
• 4/4박자, 중간 빠르기

함께 만드는 우리들의 노래 5차시 과제 안내 (예시)	만들 노래의 멜로디 생각해오기 1. 과제: 다른 팀의 의견을 참고하여 탐구 내용 수정 및 보완하기 노래의 멜로디 녹음 또는 악보에 그려오기 2. 다음 차시 준비물: 워크북, 과제, 스마트폰, 멜로디언 등

중간 탐구 결과 보고서

프로젝트 산출물 발표대회 중간보고서

프로젝트 주제	사랑(짝사랑)			교과명	음악
팀 명	해피 심어슬 라이터			지도교사	
팀 원	학년 반	이 름	주 역할		
	6-1		음악적 자료 모으기, PPT		
	6-2		자료 모으기, 가사 쓰기		
	6-4		중간 보고서, 가사 쓰기		
	6-4		가사 쓰기, PPT		
탐구 방법	사랑 관련 노래를 듣고 직접 생각해 가사를 쓰고 리듬, 멜로디를 조사해온 자료를 보고 만든다.				
탐구를 통해 알게 된 내용	분위기, 조성	좋아하고 있는 남자를 향한 짝사랑함을 못하고 발랄한 사랑스런 분위기, 다장조			
	가사 내용	좋아하는 남자를 향한 좋아하는 마음이나 행동으로 짝사랑하는 여자의 짝사랑하는 마음을 표현한 내용			
	박자, 빠르기	중간 빠르기(랩파트를 넣으려고 하면 그 부분은 빠르게) 4/4 박자			
	음역	낮은 도부터 높은 미, 파			
	리듬 가사보	파일로 첨부			
프로젝트 결과물 제작 방법	1. 주제를 정한 뒤에 주제에 관한 자료를 찾아본 후 주제에 맞는 가사를 쓰고 멜 로디와 리듬을 쓴다. 2. 중간보고서, 최종보고서, PPT 등을 만들어 발표한다. 3. 뮤직비디오를 만들어 발표한다.				
프로젝트 과정 (일정)	일 시	탐구 내용			
	9.13~9.19	팀 선정, 모둠명 정하기			
	9.20~9.26	노래 주제 정하기			
	9.27~10.10	곡 형식 정하기, 후렴부분 가사 쓰기			
	10.11~10.17	노래 전체 가사 쓰기			
	10.18~10.25	리듬, 멜로디 를 정하고 만들기			
어려웠던 점 이나 느낀 점	이 름	소 감			
		가사를 쓸 때 막막했는데 완성하니 뿌듯하고 재밌다.			
		가사를 쓸 때는 뭘로 하지? 이런 생각이 많이 들었지만 친구들이 많이 도와줘서 고마웠다.			
		모두 친구들이 잘해주니까 좋았다.			
		친구들이 내 의견을 존중해주어 좋았다.			

산출물 제작하기

이제부터 본격적인 노래 만들기가 시작됩니다.
교사는 학생들이 쉽게 다룰 만한 애플리케이션을 안내해 탐구 활동을 도와줍니다.

본격적으로 노래 만들기

6차시 수업부터는 학생들이 본격적으로 음악을 만들어가기 시작한다. 평소에 흥얼거리던 멜로디가 있으면 매끄럽게 연결을 시켜보며, 가사와 어긋나는 부분은 없는지, 더 좋은 멜로디는 없는지 확인하고 또 확인해본다.

교사는 학생들에게 노래를 만드는 일반적인 법칙 역시 알려주는 것이 좋다. 예컨대 다장조의 노래를 만든다고 했을 때 '도, 미, 솔'로 첫 음을 시작하는 것이 좋으며, 첫 음에서 5도(예를 들면 도→솔)를 넘어가는 훌쩍 뛰는 음을 다음 음으로 정하면 불안정한 느낌을 줄 수 있다는 것 등이다. 그리고 한 단의 마지막 마디는 4도 혹은 5도 화음을 바탕으로 하는 멜로디를 만들어 그다음 단으로 계속하여 나아가는 느낌을 줄 수 있도록 해야 한다는 것과, 팀에서 쓴 가사가 이어지는 내용이라면 멜로디도 이어지는 느낌으로 써야 한다는 점도 알려준다.

물론 학생들에게 이러한 음악 이론에 대해 모두 다 상세히 알려주기는 어려울 것이다. 그렇지만 어떤 소리가 듣기 좋은지, 1도로 끝냈을 때와 4도 혹은 5

도로 끝냈을 때 느낌이 어떻게 다른지 정도는 감각적으로 익힐 수 있도록 해야 한층 더 완성도 높은 노래를 만들 수 있다.

반주 입히기와 녹음하기

노래가 어느 정도 완성되면 7차시에서는 예쁘게 포장하는 '반주 입히기' 작업을 하게 된다. 이미 교사가 처음에 팀을 구성할 때 학생들이 가진 음악적 능력을 파악하고, 다양한 능력을 가진 학생들이 골고루 같은 팀에 배치될 수 있도록 조치했을 것이다. 팀에서 피아노나 기타, 드럼을 칠 수 있는 학생들이 있다면 손쉽게 반주를 입힐 수 있으며, 그렇지 않은 경우 다른 팀 또는 다른 프로젝트 과목을 택한 학생에게 부탁해서 자신들의 음악에 가장 잘 어울리는 반주를 만들 수 있다.

　물론 이렇게 해도 잘 되지 않는 경우는 있을 수 있다. 하지만 꼭 어쿠스틱 악기가 아니라도 악기를 연주하고 소리를 낼 수 있는 방법들이 많이 있으니 교사는 이를 학생들에게 알려줘야 한다. 여러 가지 방법들 중 학생들이 쉽게 할 수 있고 또 멀티미디어를 익숙하게 접하는 학생들에게 추천하는 방법은 휴대폰 애플리케이션을 사용하는 것이다. 예를 들어 'sound camp', 'garage band' 등의 어플을 이용한다면 드럼, 기타, 키보드 등의 악기 소리를 내어 쉽게 반주를 만들 수 있다.

　학생들이 어떤 악기로, 어떻게 반주를 할지까지 계획을 세웠다면 각자 역할에 맞게 연습을 해보고 반주와 함께 녹음을 하도록 한다. 만약 맡은 역할이 지나치게 적은 학생이 있다면 셰이커와 같이 비교적 간단한 악기로 반주 녹음에 같이 참여할 수 있도록 도와야 한다.

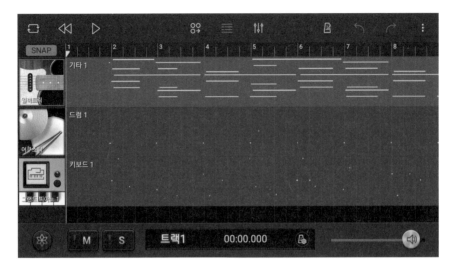

sound camp 어플을 이용한 반주 화면

함께 만드는 우리들의 노래 6~7차시 과제 안내 (예시)	우리 팀의 노래 완성하기 1. 과제: 녹음 및 반주 입혀서 음원 제출하기 2. 다음 차시 준비물: 워크북, 과제, 스마트폰 등

멘토링
talk? talk!

6~7차시 수업, 이것만은 꼭 기억하라!

학생들에게 멜로디를 만들어오라고 하면 '도도솔솔라라솔'과 같이 적어오는 경우를 많이 보게 됩니다. 다소 당황스러울 수도 있지만, 학생들이 음악 프로젝트 활동을 하는 목표는 '음악을 만드는 것'이며, 악보는 만든 음악을 공유하는 하나의 방법입니다. 그렇기 때문에 학생들이 만든 노래를 악보로 만들 때는 교사가 도움을 주는 것이 좋습니다. 교사가 음악적인 능력을 조금만 발휘한다면 학생들에게 길이 남을 악보를 선물로 줄 수 있답니다. 악보를 만들 때 'Finale'와 같은 프로그램을 사용할 수 있지만, 'Muse score'와 같은 무료 사보 프로그램으로도 충분히 학생들이 만든 음악을 종이 위에 표현할 수 있다는 점, 꼭 기억해주세요!

2차시의 수업 자료

<table>
<tr>
<td>

멜로디 라인 만들기

- 즉흥연주 해봅시다!!!
- 도, 레, 미, 솔, 라 오직 5개의 음만을 이용해서!

</td>
<td>

다음 음 선택하기

- 멜로디언 또는 real piano로 음 연결해보기

- 앞부분에서는 너무 많이 뛰는 음은 선택하지 않는 것이 좋음

</td>
</tr>
<tr>
<td>

악보쓰기!!!

1. 조표 쓰기
2. 박자표 쓰기
3. 마디 나누기(1줄을 4마디로 나누는 것이 일반적)

</td>
<td>

반주 만들기

- band practice
- Music Maker Jam

녹음하기

- Sound camp

</td>
</tr>
<tr>
<td>

Real piano로 코드 확인하기

</td>
<td>

도가 기본이 되는 화음은 C, 레는 D, 미는 E, 파는 F, 솔은 G, 라는 A, 시는 B

- 알파벳 뒤 아무것도 없는 밝은 느낌
- m은 슬픈 느낌
- 7이 뒤에 붙은 것은 조금 색다른 느낌을 줄 때 좋다

</td>
</tr>
<tr>
<td>

기타 코드 추가

줄을 긁듯이 손가락으로 드르륵하여 소리를 낸다.

</td>
<td>

기타 코드 추가

</td>
</tr>
<tr>
<td>

비트를 주면 좋으니 드럼도!

</td>
<td>

드디어 노래 녹음!!!

</td>
</tr>
</table>

반주를 위한 sound camp 어플 사용법 설명 자료

최종발표회 준비하기

최종발표를 앞두고 학생들은 모든 작업을 마치고 곡을 포함한
최종산출물을 완성해야 합니다. 아울러 교사는 최종발표회에서의 역할 분담이
고르게 될 수 있도록 하며, 발표 연습을 통해 최종발표의 질을 높이도록 지도합니다.

발표 자료 준비와 노래 완성하기

이제 노래는 다 만들어졌다. 학생들은 가수들이 쇼케이스를 통해 새로운 노래를 선보이듯 완성된 노래를 발표하는 최종발표회를 앞두고 있다. 사실 노래 발표야 1분 남짓한 시간이면 끝난다. 그렇지만 이 노래를 만들기 위해 팀원들은 끊임없이 고민해왔고, 완성된 노래 속에는 학생들의 관심사, 수많은 노력과 탐구한 과정들이 담겨 있다. 그렇기 때문에 만들어진 노래가 탐구의 결과물로서 의미를 가질 수 있도록 멋지게 발표를 하는 것은 매우 중요하다.

이를 위해 팀원들은 만든 노래를 소개하고, 탐구한 과정을 시나리오로 적어보며, 시간에 맞게 발표하는 연습을 해야 한다. 다른 팀원들은 발표를 듣고 고칠 부분은 없는지, 더 연습해야 하는 부분은 없는지, 목소리의 크기는 적당한지 등에 대해서 피드백을 주고받아야 한다. 교사는 '함께 만드는 우리들의 노래'가 개인 프로젝트가 아닌 팀 프로젝트로 팀원 모두가 발표를 하는 것을 원칙으로 하여 발표를 준비하도록 학생들을 격려한다.

최종발표회 준비하기
1. 과제: 최종보고서 작성하기
　　　최종발표 준비하기
2. 다음 차시 준비물: 워크북, 최종보고서, 최종산출물 등

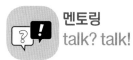

멘토링
talk? talk!

8차시 수업, 이것만은 꼭 기억하라!

학생들이 다른 학생들 앞에서 발표를 하는 모습을 지켜보다 보면 종종 너무 긴장을 한 나머지 말이 점점 빨라져서 전달력이 떨어질 때가 있습니다. 이처럼 긴장할 것에 대비하여 천천히 연습을 하고, 끊어 읽을 구간까지도 꼼꼼히 체크하면서 연습을 하는 게 좋습니다. 그리고 되도록 대본을 보고 읽지 않도록 자기가 맡은 부분을 최소한 5번 이상 큰 소리로 읽어보도록 연습을 시키는 것이 좋습니다.

최종발표하기

최종발표에서 그동안 완성한 노래를 공개합니다.
또한 탐구 보고서와 악보를 전시해 오가면서 다른 팀원의 성과물을 감상할 수 있게 합니다.

노래 발표와 악보 전시하기

9차시 최종발표회에서는 그동안 탐구한 과정을 다른 팀의 학생들과 함께 나누는 시간을 갖게 된다. 모두가 다른 주제를 선정했지만, 같은 목표를 가지고 한 학기의 프로젝트를 열심히 해왔기 때문에 교사는 학생 모두에게 많은 격려를 해주어야 한다. 특히나 다른 교과와 달리 자신의 목소리가 담겨 있는 산출물을 친구들 앞에서 내보이기란 결코 쉬운 일이 아니므로 용기 있게 발표한 것에 대해서도 많은 칭찬을 해준다.

　또한 교실 바깥에는 학생들이 작성한 최종 탐구 보고서의 요약서와 악보를 크게 뽑아 전시해두어 오며 가며 다른 팀의 산출물을 보고 좋은 점들을 배워나갈 수 있도록 한다.

함께 만드는 우리들의 노래 영상
학생들이 직접 만든 〈사랑에 빠진 걸까?〉라는 노래의 영상을 담아 QR코드로 제작하였습니다. 오른쪽 QR코드를 통해 학생들이 제작한 노래를 들으실 수 있습니다.

학생들이 만든 노래 악보

함께 만드는 우리들의 노래 영상
학생들이 직접 만든 〈사랑하고 싶어〉라는 노래의 영상을 담아
QR코드로 제작하였습니다. 오른쪽 QR코드를 통해 학생들이 제
작한 노래를 들으실 수 있습니다.

프로젝트 활동 **돌아보기**

그간 진행해온 프로젝트 활동을 정리하는 시간을 갖습니다.
앞으로 더 나은 프로젝트 학습을 위한 도약의 시간이 될 수 있게 지도합니다.

프로젝트의 성찰을 통한 성장의 시간

한 학기 동안 학생들은 분명 많은 성장을 이루었을 것이다. 하지만 동시에 팀원과의 갈등과 불만, 시간을 맞추는 것에 대한 어려움도 느꼈을 것이다. 이번 차시에서는 프로젝트에서 즐거웠던 점, 발전해야 할 점 그리고 팀원 및 자기 자신에 대한 평가를 하면서 더 나은 프로젝트 학습이 이루어질 수 있도록 고민을 해보는 시간이 되도록 지도한다.

톡?톡!
교사후기

〈음악과〉 '함께 만드는 우리들의 노래' 프로젝트

탐구를 하던 아이들의 모습을 보면서 서로 의견들을 일치시키는 과정이 더 힘겹게 느껴졌고, 한 마디의 가사와 멜로디를 정하는 데에도 한참의 시간이 걸려 곡이 과연 완성될 수 있을까 걱정도 많이 했다. 하지만 그 과정에서 어떤 멜로디나 가사가 더 좋은지를 끊임없이 확인하고 방법들을 고민하며 음악을 즐겁게 '배우는' 모습을 목격했다. 이 프로젝트 학습을 통해 학생들은 앞으로도 음악을 즐기며 배움을 더욱 확장해갈 것이라고 생각한다.

음악 프로젝트 학습은 나에게 최고의 선물이다
6학년 박지호

나는 평상시에도 과제를 열심히 하는 편이었다. 그렇지만 프로젝트 학습을 하는 동안 나의 모습은 다른 공부를 할 때와는 조금 달랐던 것 같다. 검사를 하시기 때문에 혹은 해야 하기 때문에 과제를 한 것이 아니라, 과제를 잘하면 수업에 왔을 때 더 많은 아이디어를 내고 더 좋은 산출물을 만들 수 있다는 생각으로 탐구를 했다는 점이다. 작은 차이인 것 같지만 프로젝트 학습은 이렇게 스스로 공부하는 법을 알게 해주었고, 앞으로도 내가 공부하는 모습에 더 큰 변화를 가져올 것 같다.

프로젝트 학습의 즐거움을 알게 된 것은 나 혼자만은 아니었다. 팀 친구들 한 명 한 명 정해진 역할이 있고, 또 각자 잘 해와야만 다음 시간에 탐구를 계속 진행할 수 있기 때문에 모두가 더더욱 열심히 하게 되었던 것 같다. 물론 음악 프로젝트 학습에서 다양한 노래들을 직접 조사하고, 분석해보고, 노래를 만들어가는 과정은 간단하지 않았다. 그렇지만 친구들도 열심히 탐구를 하고 팀원들의 생각을 모아 다양한 아이디어를 내어 나 혼자만의 생각으로는 절대 만들지 못했을 것 같은 노래도 멋지게 만들어낼 수 있었다.

처음에는 '이게 노래야?' 싶었던 우리들의 노래가 반주까지 완성되었을 때 "오~" 하는 소리가 절로 나왔고 친구들이 우리가 만든 노래를 교실에서 따라 부를 때 정말 큰 뿌듯함을 느꼈다. 이 느낌은 공부를 하면서 받을 수 있는 최고의 선물이라고 생각한다. 멋진 선물을 받을 수 있게 열심히 함께해준 팀원들과 지도해주신 선생님께 정말 감사한 마음이 든다.

웹툰의 세계로

- 관련 단원 : 아침나라 4-7.
  움직임을 애니메이션으로
- 적용 학년 : 초등학교 6학년
- 관련 교과 : 미술, 창의적 체험활동
- 팀 구성 : 7모둠 (22명)

◆ 왜 미술과에서 이 주제로 프로젝트 수업을 진행했나?

웹툰은 인터넷을 뜻하는 웹(web)과 만화를 의미하는 카툰(cartoon)이 합쳐져 만들어진 용어이다. 웹툰은 일상의 소소한 경험을 그려내는 데일리툰의 유행으로 시작되었지만, 점차 소설 못지않은 서사 구조를 가진 장편 웹툰이 유행하면서 어느새 웹툰은 거대한 문화 콘텐츠의 한 부분으로 자리를 잡게 되었다.

웹툰은 언제, 어디서든지 누구나 쉽게 볼 수 있다는 점과 독자와 작가의 소통이 가능하다는 점 등 수많은 매력으로 남녀노소 모두에게 사랑을 받고 있다. 특히 학생들에게 웹툰은 열렬한 사랑을 받으며 매우 큰 인기를 얻고 있고, 웹툰 작가를 꿈꾸는 학생들도 나날이 증가하는 추세이다. 웹툰을 단순히 보고 즐기는 소비자를 넘어서서 자신의 이야기를 담은 웹툰 제작자가 되는 것은 학생들에게 매우 흥미로운 일이 될 것이다. 또한 웹툰을 제작하기 위해 고민하고 탐구하는 모든 과정에서 학생들에게 뜻깊은 배움이 일어날 것이라 생각한다.

'웹툰의 세계로'는 학생들이 기존의 웹툰을 조사·분석해 웹툰의 구성 요소와 표현 기법을 이해하고, 모둠별 협의를 통해 웹툰을 창의적으로 제작한 다음, 지식나눔강연회를 통해 제작한 웹툰을 공개하는 프로젝트 학습 방법으로 재구성했다.

탐구 문제	어린이 웹툰 작가가 되어 어린이들에게 유익하고 재미있는 웹툰을 어떻게 제작할 수 있을까?

남녀노소 누구나 즐기는 웹툰! 웹툰을 볼 때면 잠시 현실에서 벗어나 이야기 속으로 풍덩 빠져 들어 하하하 웃기도 하고 눈물을 흘리기도 하지요. 언제, 어디서든 볼 수 있는 웹툰은 다양한 매력으로 우리의 삶에 나날이 가까이 자리 잡고 있습니다. 특히나 어린이들의 웹툰 사랑은 폭발적입니다. 힘든 공부에서 벗어나 잠시 휴식을 갖게 해주고 스트레스를 날려주기도 하니까요.

그런데 말입니다. 우리도 우리의 이야기를 담은 웹툰을 제작할 수 있지 않을까요? 어린이의 눈으로 그려낸 웹툰은 어른들이 그려내는 웹툰과 또 다른 매력이 있지 않을까요? 이제는 웹툰을 보기만 하는 독자에서 벗어나 웹툰 작가가 되어 우리의 스토리를 풀어봅시다.

재미있고 참신한 내용을 담은 멋진 웹툰을 만들기 위해서는 어떠한 것들을 알아야 할까요? 여러분의 손에서 어떤 웹툰이 탄생할지 무척 기대되는군요! 지금부터 웹툰의 세계로 출발해볼까요?

차시	단계	주요 학습 요소	활동 내용
1	프로젝트 계획하기	준비하기 및 소집단 구성하기	• '웹툰의 세계로' 프로젝트 학습내용 안내하기 • 소집단 구성하기 및 역할 나누기 • 팀 이름 정하기 및 팀 빌딩 활동하기
2	프로젝트 실행하기 I	탐구 계획하기 및 탐구 활동하기	• 조사 과정 구체적으로 계획하기 • 좋아하는 웹툰과 웹툰 작가 조사하고 발표하기
3		탐구 활동하기	• 웹툰 장르와 주제 조사하여 특징 파악하기 • 제작하고자 하는 웹툰의 장르와 주제 협의하기
4		탐구 활동하기 및 주제 결정하기	• 웹툰 캐릭터 조사하여 분류하기 및 특징 파악하기 • 중간발표를 위한 모둠별 역할 분담 및 중간발표 자료 만들기
5		중간 탐구 결과 발표하기	• 중간 탐구 결과 발표하기 • 선생님 및 다른 팀의 의견을 듣고 세부적인 활동 방법 수정 및 보완하기
6	프로젝트 실행하기 II	산출물 제작 계획하기	• 결과물 제작 방법 협의하기 • 웹툰 시놉시스, 콘티 제작하기
7		최종보고서 작성하기 및 산출물 제작하기	• 최종보고서 작성 방법 알아보기 • 웹툰 스케치 및 채색하기
8		최종발표회 준비하기	• 좋은 발표에 대해 생각해보기 및 발표 방법 알아보기 • 프레젠테이션 준비 및 역할 분담하기 • 발표 방법 협의 및 프레젠테이션 최종 점검하기
9-10	프로젝트 발표하기	최종 탐구 결과 발표하기	• 탐구 과정 및 결과물 발표하기 • 다른 모둠의 발표를 경청하고 질문하기 • BEST 웹툰 선정하기
		지식나눔강연회 및 평가하기	• 각 교과별 산출물 결과가 우수한 2팀씩 출전하여 탐구 과정 및 결과 발표하기 • 프로젝트 활동 반성 및 소감 나누기

준비하기 및 소집단 구성하기

웹툰을 직접 제작해보는 프로젝트인 만큼,
이번 프로젝트의 경우 가급적 성향이나 관심사가 유사한 학생들끼리 팀을 이루도록 지도합니다.

'웹툰의 세계로' 프로젝트 소개하기

1차시는 미술 '웹툰의 세계로' 프로젝트의 첫 시작을 알리는 중요한 단계이다. 학생들에게 이 프로젝트에 대한 기대감을 증폭시킬 수 있는 동기 유발의 시간이 필요하기 때문이다. 사실 학교 수업 시간에 '웹툰'이라는 주제를 다룬다는 것만으로도 이미 학생들은 충분한 동기 유발이 될지도 모르겠다. 우리는 평소 즐겨보는 웹툰에 대한 이야기를 나누면서 편안한 분위기를 조성한 후, 가볍게 즐기기만 했던 웹툰을 이 프로젝트에서는 좀 더 학문적(?)으로 접근할 것이고, 이러한 접근은 매우 신선한 시도라는 말로 학생들에게 기대감을 심어주었다.

웹툰이란 'web + toon'의 합성어로 '인터넷을 통해 배포하는 만화'라는 뜻이다. 현재 대한민국 웹툰 연재 매체는 약 28개 정도이고, 최근 몇 년 사이 웹툰을 원작으로 한 애니메이션, 영화, 드라마 등이 제작되어 많은 사랑을 받고 있어 앞으로 더욱 다양한 방면으로 발전할 가능성이 높은 분야이기도 하다.

한 편의 웹툰을 제작하기 위해 스토리 구상, 캐릭터 제작, 시놉시스, 콘티, 스케치, 채색 등 많은 활동을 하게 된다. 교사는 학생들에게 이 프로젝트를 통해 우리만의 재미있는 웹툰을 만드는 것이 최종 목표이며, 이를 위해 기존의 웹툰을 분석하고 스토리, 작화 등 다양한 활동을 하게 될 것임을 알려준다.

팀 구성하기 및 팀 이름 정하기

교사는 사전 조사지를 통해 학생들의 그리기 능력, 컴퓨터 활용 능력 등을 미리 파악한 후 팀을 구성한다. 한 팀당 3~4명이 적절하며 반드시 한 팀에 리더의 역할을 할 수 있는 학생이 포함되도록 구성하는 것이 중요하다.

이번 프로젝트에서는 성향이나 관심사가 비슷한 학생들끼리 팀을 구성했다. 너무도 다른 성향의 학생들이 한 팀이 되었을 때 웹툰의 주제와 장르를 결정하는 데 어려움이 생길 것이 걱정스러웠고, 관심사가 비슷한 학생들끼리 모여 자신들이 원하는 웹툰을 즐겁게 제작했으면 하는 바람이었다.

공개된 팀을 보고 팀별로 모둠 책상에 앉아 팀원 간의 서먹함을 해소해주는 간단한 아이스브레이킹 활동 후 팀 이름을 정하는 활동으로 이어졌다. 팀 이름을 정할 때에는 학생들에게 '프로젝트 주제와 관련된 이름', '우리 팀원들의 공통점, 장점을 반영한 이름' 등 조건을 제시해주는 것이 좋다.

멘토링 talk? talk! 　　　　　　　　**1차시 수업, 이것만은 꼭 기억하라!**

ICEBREAKING 활동 - 협동 그림 그리기!
제시어를 보고 주어진 제한 시간 안에 팀원들이 차례대로 그림을 그려 제일 마지막 팀원이 완성된 그림을 보고 정답을 맞히는 게임

'친해지길 바라' 아이스브레이킹 활동	거북이	지하철	소 잃고 외양간 고친다

협동 그림 그리기 제시어 예시

과제 안내하기

프로젝트 수업을 온전히 학교 수업으로만 진행하기에는 분명 한계가 있다. 그래서 학생들에게 과제를 부과하는 경우가 많은데, 효율적인 방법은 인터넷 프로젝트 카페를 통한 안내이다.

우리는 수업이 끝난 후 항상 수업 내용 PPT나 과제를 카페를 통해 안내하곤 했다. 학생들은 휴대폰을 통해 수시로 수업 내용을 점검하고 과제를 확인할 수 있다. 매우 중요한 과제나 알림 같은 경우는 단체 문자 메시지를 활용하는 방법이 있다. 프로젝트 시작 전 학생들의 휴대폰 번호를 저장해 그룹으로 지정해두고 한 번에 메시지를 전달했다.

웹툰의 세계로 1차시 과제 안내 (예시)	내가 배우고 싶은(좋아하는) 웹툰 작가와 대표 작품 조사하기 - 웹툰 작가 - 대표 작품 - 인상적인 캐릭터, 이야기, 표현 기법 등

1차시의 수업 자료

프로젝트 최종 목표

대한민국 웹툰을 낱낱이 분석하여
인기 웹툰을 제작하는 것!

퀘스트 NO. 1

내가 배우고 싶은 웹툰 작가와
대표작품 조사하기 (ppt)

-웹툰작가
-대표작품
-인상 깊은 작품의 캐릭터, 이야기,
표현 기법

활동 계획 및 탐구 활동하기

좋아하는 웹툰 및 웹툰 작가를 소개하면서 웹툰에 대해 자유롭게
이야기하는 시간을 갖습니다. 이 시간에는 웹툰의 표현 기법도 함께 지도합니다.

미술 프로젝트는 다른 프로젝트와는 달리 2차시부터 탐구 활동을 시작했다. 웹툰에 대해 탐구하는 활동이 먼저 선행되고 난 후 이를 바탕으로 웹툰 제작에 대한 계획을 세우기 위함이다.

마인드맵 그리기 및 활동 계획하기

2차시의 도입부에서는 마인드맵 그리기와 활동 계획하기 시간을 가졌다. 웹툰을 주제로 웹툰의 장르와 구성 요소 등의 내용으로 간단하게 마인드맵을 그려 보고 교사와 함께 워크북을 작성하며, 프로젝트의 전체적인 계획을 구성했다. 교사는 이 두 가지 활동을 통해 웹툰 제작을 위해 어떤 과정을 거쳐야 하는지 학생들이 대략적으로나마 인지할 수 있도록 지도하는 것이 좋다.

좋아하는 웹툰과 작가 소개하기

2차시 전개에서는 1차시 과제인 '좋아하는 웹툰과 웹툰 작가 소개하기' 활동을
진행했다. 이제는 6학년 학생들 대부분이 스스로 PPT 제작을 할 수 있었기 때
문에 과제를 PPT로 제작하도록 했고, 팀별로 먼저 이야기를 나눈 후에는 각 팀
에서 1명씩 선발해 앞에 나와서 소개하도록 했다.

웹툰의 세계로 2차시 과제 안내 (예시)	웹툰의 장르와 스토리 분석하기 - 웹툰에는 어떤 장르가 있을까? - 장르별 대표 웹툰의 대략적인 스토리 등

멘토링
talk? talk!

2차시 수업, 이것만은 꼭 기억하라!

학생들이 좋아하는 웹툰을 주제로 발표한 후 학생들과 함께 자유롭게 발표한 웹툰에
대해 이야기를 해보는 시간을 가지는 것이 좋습니다. 교사는 대화 중간중간에 "웹툰에
서 소리를 나타내기 위해 어떤 방법을 사용하였나요?", "웹툰 속 캐릭터의 표정 말고
도 캐릭터의 감정을 나타낼 수 있는 방법은 무엇이 있을까요?" 등 웹툰만의 표현 기법
들을 파악할 수 있는 질문들을 던지며 학생들이 다양한 표현 기법을 발견할 수 있도록
도와주면 좋을 거예요.

탐구 활동하기

웹툰의 장르와 장르별 특성을 알아봄으로써,
앞으로 어떤 장르의 웹툰을 만들고 싶은지 정하는 시간이 되게 합니다.

웹툰 스토리·장르 분석하기

3차시에서는 2차시 과제인 '웹툰의 장르와 스토리 분석하기' 활동을 진행한다.
웹툰 제작을 위해 '웹툰에는 어떤 장르가 있을까?', '장르별 특성은 무엇일까?'
를 탐구하고 2차시와 마찬가지로 팀별로 간단한 발표를 통해 모든 학생들이
탐구 내용을 확인할 수 있도록 했다. 그 후에 우리 팀은 어떤 장르의 웹툰을 만
들고 싶은지 협의하는 시간을 가졌다.

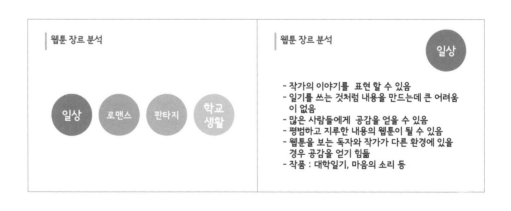

웹툰 장르 분석	웹툰 장르 분석
- 모든 장르의 웹툰에서 자주 다뤄지는 로맨스 - 많은 사람들에게 쉽게 공감을 얻을 수 있음 - 매력적인 캐릭터들을 만드는 것이 중요함 - 캐릭터들간의 관계가 어떻게 진행되는지가 중요함 - 작품 : 연애혁명	- 작가의 상상력으로 만들어 내는 이야기 - 아이디어를 자유롭게 표현할 수 있음 - 독자들의 상상력을 자극함 - 웹툰에 나타내려는 판타지 세계에 대해 자세하게 설정해야 함 - 설정이 빈약하면 작품의 완성도가 떨어짐 - 작품 : 계룡선녀전, 문유 등

학생들의 웹툰 분석 자료

IV. 탐구를 통해 알게 된 내용(조사 내용)
1. 웹툰 장르

만화 | 웹소설

만화홈 | 웹툰 | 베스트 도전 | 도전만화 | 마이페이지 | N스토어 | 단행본 만화 | 장르소설

요일별 | 장르별 | 작품별 | 작가별 | 연도별 | 테마웹툰 | 완결웹툰

에피소드 | 옴니버스 | 스토리 | 일상 | 개그 | 판타지 | 액션 | 드라마 | 순정 | 감성 | 스릴러 | 시대극 | 스포츠

웹툰 이야기 전개 방식을 기준으로 한 '옴니버스, 에피소드, 스토리' 장르에 대해 탐구하였다.
스토리는 한 이야기를 중심으로 길게 이어지는 것이다. 대표작품으로는 '연애혁명', '외모지상주의'가 있다.
그리고 **옴니버스**는 여러 회 동안 한 주제로 이야기가 진행되는 것을 말한다. 대표작품으로는 '기기괴괴', '덴마' 등이 있다.
에피소드는 큰 주제가 있으면 매 회 다른 이야기로 나오는 것이다. 대표작품으로는 '마음의 소리', '대학일기'가 있다.

최종보고서 – 웹툰 장르 탐구 내용

| 웹툰의 세계로
3차시 과제 안내
(예시) | 팀 협동 퀘스트 No. 2
웹툰 캐릭터 분석하기(PPT)
- 웹툰 캐릭터 특징 조사하기
- 기준 세워 캐릭터 분류하기
- 장단점 생각해보기 | 팀 협동 퀘스트 No. 2
웹툰 캐릭터 분석하기(PPT)
1) 조사 대상 웹툰은 어떻게 선정할 것인가?
 - 네이버? 다음?… 조회순? 별점순?…
 우리 학교 6학년 학생들이 좋아하는
 웹툰 20개, 조사 대상 웹툰 개수는?
2) 웹툰 캐릭터 대략적인 특징 파악하기
3) 기준을 세워 분류하기- 사람(학생, 직장인…), 동물, 기타… 주인공 1명과 기타 캐릭터 3
4) 분류한 그룹의 특징, 장단점 생각해보기 |

탐구 활동 및 중간발표회 준비하기

웹툰에 등장할 캐릭터를 정하고, 중간발표를 준비합니다.
중간발표를 하는 경우 교사는 반드시 역할 분담이 확실히 되고 있는지를 점검해야 합니다.

웹툰 캐릭터 분석하기

4차시에서는 3차시 과제인 '웹툰 캐릭터 분석하기' 활동을 진행했다. 웹툰 제작을 위해 기존 웹툰에 등장하는 캐릭터들의 특성을 파악하고 비교·분류해본 것이다. 앞으로 제작할 웹툰에는 '몇 명의 캐릭터를 등장시키면 좋을까?', '동물 캐릭터와 사람 캐릭터의 장단점은 무엇일까?' 등에 대해 서로 이야기를 나누고, 우리 팀은 어떤 캐릭터를 만들 것인지 협의하는 시간을 가졌다.

중간 탐구 발표회 준비하기

4차시에는 앞으로 5차시에 진행될 중간 탐구 발표를 위한 안내를 반드시 해주어야 한다. 교사는 지금까지 탐구하고 협의한 내용을 잘 정리하여 발표해서 이에 대한 피드백을 얻을 수 있도록 안내해준다. 중간 탐구 발표회를 위해 학생들은 발표 PPT를 제작하고 중간 탐구 보고서를 작성해야 하는데, 학생들이

PPT와 보고서 제작에 어려움을 겪지 않도록 교사는 미리 PPT와 보고서의 틀을 제공해줄 필요가 있다.

웹툰의 세계로 4차시 과제 안내 (예시)	중간 탐구 발표회 준비하기 - 중간보고서 작성하기 - 중간 탐구 발표 PPT 제작하기 ★ 완성본은 프로젝트 카페에 업로드하여 피드백 받기

멘토링
talk? talk!

3~4차시 수업, 이것만은 꼭 기억하라!

학생들이 웹툰 제작을 위해 필요한 기존 웹툰 분석, 중간 탐구 발표 준비 등의 일로 힘들어할 수도 있습니다. 프로젝트의 일정과 주제에 따라 중간 탐구 발표회를 생략할 수도 있지만, 중간 탐구 발표회를 한다면 교사는 반드시 역할 분담이 확실하게 되고 있는지를 점검해야 합니다. 무임승차 학생으로 인해 한 학생이 보고서, PPT, 자료 수집 등 모든 일을 도맡아 한다면 그 학생에게 프로젝트 학습은 어마어마한 부담으로 다가올 거예요. 따라서 교사는 중간보고서 작성은 A학생이, 중간 자료 PPT 제작은 B학생이, 자료 수집 및 발표 시나리오 작성은 C학생이 하도록 역할 분담에 적극적으로 개입할 필요가 있답니다. 그리고 학생들은 형식에 맞게 보고서를 작성하는 데 미숙하여 어려움을 느낄 수 있어요. 반드시 보고서 예시를 제공하고, 보고서에서 학생들이 채워넣어야 할 부분을 최소화한다면 학생들의 부담을 덜어줄 수 있다는 점, 꼭 기억해주세요!

중간 탐구 결과 발표하기

중간발표를 통해 팀별로 부족한 부분과 개선할 점을 파악할 수 있어야 합니다.
이후의 탐구가 한층 도약할 수 있는 시간이 되도록 지도합니다.

더 높은 도약을 위한 중간 점검, 중간 탐구 결과 발표하기

5차시에는 첫 번째 발표 수업이 이루어진다. 학생들은 발표 때문에 두근거리는 마음으로 수업에 임하게 되는데, 이 시간이 지금까지 탐구한 내용을 냉정하게 평가받는 자리가 아니라, 이후 더 좋은 탐구를 위해 잠시 되돌아보는 시간이라는 분위기를 조성하는 것이 교사의 중요한 역할이다. 팀별로 중간 탐구 결과를 3분 정도 발표하고, 발표 후 다른 팀들의 질문에 답변하도록 한다.

실제 수업에서는 탐구한 내용 중 새롭게 알게 되어 좋았던 점과 발표 팀이 구상한 아이디어에 추가적인 아이디어를 제공하는 피드백이 많이 나왔다. 다른 팀들의 탐구 내용과 웹툰 아이디어를 들으며 우리 팀의 부족한 부분을 확인하고 어떤 부분을 더 개선시켜야 할지 파악하는 시간이 되었다.

중간 탐구 결과 PPT 발표 자료

웹툰의 세계로 5차시 과제 안내 (예시)	**웹툰 줄거리 작성하기** - 언제, 누가, 어디서, 무엇을, 어떻게, 왜의 육하원칙이 모두 들어간 짜임새 있 는 줄거리로 작성!

memo

중간 탐구 결과 보고서

프로젝트 산출물 발표대회 중간보고서

프로젝트 주제	장르별 웹툰 캐릭터조사			교과명	미술
팀 명	이름을 뭘로하지			지도교사	

팀 원	학년 반	이 름	주 역할		
	6-3		보고서작성,ppt작성,질문답변		
	6-3		자료제공,질문답변		
	6-1		설문조사,보고서수정,발표		

탐구 방법	1.다양한 싸이트에서 웹툰 찾아보기 2.우리학교 6학년 대상으로 웹툰 선호도조사 하기

탐구를 통해 알게된 내용	1.장르 선택하여 특징 조사 -개그:역전!야매요리(야매토끼의 이상한 레시피요리),놓지마 정신줄(엉뚱 발랄한 가족들의 개그 스토리),마음의 소리(솔직,담백함) -판타지:외모지상주의(몸이 바뀌는 이야기),금수저(후천적 금수저가 된 아이의 인생 어드벤처) -순정:소녀의 세계(여러 갈등과 오해를 함께 겪으며 진짜 친구가 된다),연애혁명(학생들의 개그 로맨스 스토리),복학왕(즐거운 대학생활 거기안에 숨겨진 순정,개그) 2.우리학교 6학년 대상으로 한 설문조사 -대상:20명 개그를 좋아하는 사람:55%(대표웹툰:연애혁명,마음의 소리) 순정을 좋아하는 사람:45%(대표웹툰:연애혁명) 판타지,일상을 좋아하는 사람:(아무도 없음) 3.만화책과 웹툰의 차이점 -웹툰은 음악을 넣어 더 실감나게 해주지만 만화는 그렇게 하지 못한다. -웹툰은 간편하게 핸드폰이나 컴퓨터로 볼 수 있지만 만화책은 볼 때 마다 구입해야한다.

프로젝트 결과물 제작 방법	장르:개그,순정 캐릭터:비현실적인 2등신 캐릭터 이유: 웹툰 사이트 요일별 1~3위 웹툰을 확인해 보면 주로 개그와 순정 장르의 웹툰이다. 개그와 순정 장르가 사람들에게 많은 인기를 끌고 있다는 것을 알 수 있다. 그리고 다른 장르의 웹툰에서도 연애나 개그적인 요소가 들어가 있는 것을 볼 수 있다. 웹툰 제작 시 캐릭터는 비현실적인 2등신 캐릭터로 정하였다. 사람들은 비현실적 2등신 캐릭터를 보며 재미있어 하고 웹툰을 제작할 때도 쉽게 그릴 수 있다.

프로젝트 과정 (일정)	일 시	탐구 내용
	5.9	웹툰 캐릭터 특징조사
	5.10	웹툰 캐릭터 분석ppt만들기
	5.13	장르별 웹툰에대해 알아보기
	5.15	중간보고서 작성하기
	5.22	중간보고서 수정해서 다시 올리기
	5.23	중간탐구발표ppt만들기
	5.24	발표

어려웠던 점 이나 느낀 점	이 름	소 감
		친구들과 시간이 안 맞아 어려웠지만 보고서를 다 작성하니 뿌듯했다
		웹툰을 주제로 조사해서 즐겁고 웹툰을 빨리 만들고 싶다.
		친구들에게 설문조사 하는게 힘들었지만 결과가 잘나와 좋았다

산출물 제작하기

이제는 본격적으로 웹툰을 만들기 시작합니다. 다만 그림 솜씨가
서툰 학생들도 많은 만큼 그림 그 자체보다는 스토리의 중요성을 강조해 지도합니다.

웹툰 완성하기

5차시까지 학생들은 웹툰의 장르와 주제, 대략적인 줄거리를 정했다. 이제 6
차시부터는 콘티 제작, 스케치 및 채색, 컴퓨터 작업을 통해 웹툰을 완성해가
게 된다. 실제 웹툰 작가들은 태블릿 PC 등을 통해 작업한다. 하지만 그러한
여건은 학교에 조성되어 있지 않으므로 실제 수업에서는 아날로그 만화 제작
방식을 선택했다. 크게 5단계 과정을 통해 제작했는데, 각 단계별 활동은 다음
과 같다.

6~7차시의 수업 자료

<table>
<tr>
<td>

웹툰 제작 과정

시놉시스-콘티-스케치-펜터치-컬러링-
완성

</td>
<td>

시놉시스 구성하기

작품 내용, 주제를 다른 사람들에게 알리
기 위해 쉽고 간단하게 표현한 줄거리

</td>
</tr>
<tr>
<td>

시놉시스 구성하기

1. 시작 중간 끝
2. 기 승 전 결

</td>
<td>

시놉시스 예시 - good

[해님 달님 패러디]
아주 옛날 옛적에 해님과 달님이란 이름을 가진 예쁜 남매가 살았다. 이 남매에겐
도박 중독에 빠진 아버지가 있었는데, 남매의 아버지는 돈이 부족하다는 이유로 남
매를 돈을 받고 팔아넘기려고 했다. 이것을 눈치챈 남매에게는 선택의 여지기 없었
다. 그래서 해님과 달님은 눈물을 흘리며 하느님에게 소원을 빌었다.
" 하느님 제발 저희를 살려주세요 저희 아버지가 저희를.. 흑흑…"
"어! 밧줄이다!"
때마침 하늘에서 밧줄이 내려왔다.
"하느님 감사합니다." 감격의 눈물을 흘리는 두사람… 그런데 그들이 달아나려고
밧줄을 잡는 순간!
"앗" 밧줄이 화투로 변하면서 끊어지고 남매는 함께 죽음을 맞는다. 밧줄이 화투와
돈, 그리고 사람들로 변화면서 온 가족이 함께 목숨을 잃었다.
"흑흑" 도박은 아버지 한 사람만 망치는게 아니었다.
아버지는 물론 그의 가족 모두를 영원히 돌아올 수 없는 구렁텅이로 몰고 간다.

</td>
</tr>
<tr>
<td>

콘티 구성하기

웹툰 그리기에 앞서 전체적인 그림의 특
과 연출을 미리 그려 잡아 놓는 것

</td>
<td>

콘티 구성하기

1. 타이틀 : [더러운 항해] , 바다위를 항해하는 배 한척 (임재현)
2. 항해하던 배가 급류를 만나가 갑자기 풍랑에 휩쓸리고 있다.
    " 승객 여러분 지금 급류에 휘말려 배가 요동치고 있습니다"
3. 선장이 다급한 목소리로 외친다. " 모두 제자리에서 움직이지 마시고 대기하여
주시기 바랍니다."
    파도에 요동치는 배 모습
4. 더 크게 요동치는 모습 " 모두 제자리에서 움직이지 마시고 대기하여 주시기 바
랍니다."샤아아"
5. 동그란 물 위에 가라앉는 배 모습 , 이 때 들려오는 고막을 찢을 듯한 소리" 어디
서 장난질이야!"
6. 변기통 물에서 장난감 배를 가지고 놀다가 혼나는 어린 남자아이 모습, 울고 있
음. 옆에서 화내는 엄마모습"더럽게 장난치지 말했지!!"
7. 마무리 : 세월호? 우리에겐 꿈이었으면 좋겠습니다.

</td>
</tr>
</table>

출처: 길문섭, 《나도 웹툰 작가》, 한스미디어, 2015

학생 활동 자료(시놉시스 & 콘티 & 채색본)

시놉시스

처음에는 귀신들이 모여 이야깃거리를 찾다가 자신이 귀신이 된 사연을 말하기로 한다. 첫 번째 이야기는 학교에서 죽은 귀신의 이야기인데 학교에서 밤늦게 공부를 하다가 바람을 쐬러 옥상으로 간다. 그때 누군가가 밀어서 죽은 것 같았지만, 사실은 그게 아니라 강한 바람이 불어 혼자 죽은 것이었다. 그다음 귀신도 자신이 죽게 된 이야기를 말한다.

귀신들이 차례대로 자신의 사연을 말하고, 마지막 귀신의 이야기를 들어보자고 한다. 그리고 갑자기 귀신들이 고개를 획! 돌리며 이것을 보고 있는 사람들에게 어떻게 귀신이 되었냐고 물어보며 끝이 난다.

'부족 팀'의 웹툰 〈귀신들의 이야기〉 시놉시스에서 발췌

'포메' 팀의 웹툰
〈악연 or 인연〉 콘티

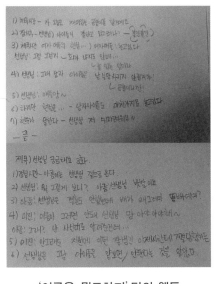

'이름을 뭘로하지' 팀의 웹툰
〈치킨 유치원 아이들〉 시놉시스

'긍배협' 팀의 웹툰
〈소녀의 드라마〉 채색

'부족 팀'의 웹툰
〈귀신들의 이야기〉 채색

'노네임 이즈 굿' 팀의 웹툰
〈특별한 면담〉 채색

'최고의 웹툰' 팀의 웹툰
〈비밀의 그녀〉 채색

'아이돌아이' 팀의 웹툰
〈산골 학교〉 채색

웹툰의 세계로 6~7차시 과제 안내 (예시)	웹툰 제작하기 1. 채색 후 교무실 스캐너를 이용하여 스캔하기 2. 그림 파일로 변환하여 PPT 제작하기 3. 최종보고서 역할 분담하여 작성 시작하기

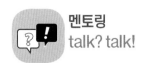

멘토링
talk? talk!

6~7차시 수업, 이것만은 꼭 기억하라!

그리기 실력이 뛰어나 실제 웹툰처럼 멋진 장면을 그려내는 학생도 있지만, 현실적으로 그렇지 못한 친구들도 많습니다. 생각만큼 멋지게 표현해낼 수 없다는 생각에 학생들은 자칫 좌절하기도 하지요. 그래서 우리가 웹툰 제작 단계에서 학생들에게 거듭 강조했던 것은 멋지고 아름다운 그림이 아니라 웹툰의 참신한 내용이라는 점입니다. 실제로 그림 수준은 형편없지만 기발하고 참신한 내용으로 인해 대중의 많은 사랑을 얻고 있는 웹툰은 꽤 많습니다. 교사는 학생들에게 독자들을 감동시키거나, 배꼽 빠지게 재밌거나, 무릎을 탁 치게 하는 반전이 있는 내용일수록 훌륭한 웹툰임을 강조하고, 내용에 집중하여 웹툰을 제작할 수 있도록 격려해주어야 한다는 점, 꼭 기억해주세요!

최종발표회 준비하기

최종발표를 하기 전에 웹툰을 완성해야 합니다.
또한 성공적인 최종발표를 위해 발표 연습을 열심히 할 수 있게 지도합니다.

최종발표 리허설과 웹툰 작업 마무리하기

8차시는 다음 차시에 있을 최종 탐구 발표회를 준비하는 시간이다. 실제 8차시 수업에서는 발표할 때의 올바른 태도, 목소리, 적절한 몸동작 등에 대해 이야기해보고, 이를 직접 연습해보도록 했다. 그리고 발표 시나리오를 작성하도록 하여 발표할 부분을 팀원들과 나누고, 초시계를 이용하여 발표 시간도 확인하도록 했다. 어떤 학생들은 어느 부분에서 쉬어 읽고, 어떤 몸동작을 할 것인지 등 매우 세세한 부분까지 발표 계획을 세웠는데 그 모습이 인상 깊었다. 발표 준비와 더불어 각 팀의 진행 상황에 따라 최종보고서 작성, 웹툰 컴퓨터 작업 등을 위해 수업은 컴퓨터실에서 진행했다.

웹툰의 세계로 8차시 과제 안내 (예시)	1. 최종 PPT, 최종보고서, 최종산출물 (웹툰) 프로젝트 카페에 업로드하기 2. 발표 연습 열심히!

최종발표하기

최종발표 때의 질의응답 시간에는 성취감과 훈훈한 분위기 조성을 위해
가급적 잘한 점과 궁금한 점 위주로 발언하도록 격려해줍니다.

프로젝트의 소개와 발표,
질의응답으로 이루어진 최종발표

드디어 '웹툰의 세계로' 프로젝트 활동의 과정과 결과를 최종발표하는 시간이
다. 교내·외의 교사뿐만 아니라 학부모님들도 초대해 학생들이 그간 이룬 성
과를 마음껏 뽐낼 수 있는 자리를 마련했다. 학부모들도 학생들이 탐구해온
과정과 최종산출물을 공개하는 자리에 참석하면 아무래도 프로젝트 학습에
대한 이해도를 훨씬 더 높일 수 있으므로, 이 자리는 프로젝트 수업에 대한 가
정의 적극적인 협조를 얻을 수 있는 중요한 기회가 된다.

　최종발표는 프로젝트의 소개와 발표 그리고 질의응답의 3단계로 이루어진
다. 우선 도입부에서 프로젝트의 전체적인 진행을 소개하면서 학부모 및 교사
들에게 프로젝트를 간단히 안내하고, 학생들에게 발표 순서와 방식 및 주의점
등을 안내하는 시간을 갖는다. 이 시간은 또한 학생들이 프로젝트 진행 과정
을 돌아보며 발표에 임하기 전에 마음의 준비를 하는 시간이기도 한데, 약 3~4
분 정도면 적절하다.

프로젝트에 대한 소개를 마치면, 팀별로 본격적인 발표가 시작된다. 발표는 팀별 발표 시간과 질의응답 시간으로 이루어진다. 실제 수업에서 발표는 팀원들 모두가 교실 앞으로 나와서 진행했고, 모든 팀원들이 반드시 한마디라도 발표를 하도록 사전에 지도했다. 교실 앞에는 책상을 팀원 수대로 배치하여 발표하는 학생은 자리에서 일어나 발표하고, 자신이 맡은 부분의 발표가 끝나면 다시 앉도록 했다. 우선 프로젝트 과정에 대한 것을 먼저 발표한 다음에, 제작한 웹툰을 공개하는 순서로 진행했다.

　　질의응답 시간에는 잘한 점과 궁금한 점을 위주로 발언하도록 격려했다. 모든 프로젝트 활동이 끝나는 자리이므로 결과에 상관없이 학생들의 노력을 칭찬하고 성취감을 느낄 수 있는 훈훈한 마무리가 되는 것이 좋겠다고 판단했기 때문이다.

'이름을 뭘로 하지' 팀의 웹툰 완성본

'최고의 웹툰' 팀의 최종산출물 발표 자료

[발표 자료 1면]

웹툰의 세계로
- 비밀의 그녀 -

서울종암초등학교 6학년 미술 교과
팀명: 최고의 웹툰
팀원명:

Ⅰ. 주제선정 이유
우리 학교 친구들의 독특한 행동과 성격들을 소개하고 6학년 학생들의 생활 모습을 웹툰에 담아 공감과 재미를 주고 싶었기 때문이다.

Ⅱ. 탐구(프로젝트) 목표
1. 내용이 참신하고 6학년 학생들이 즐겁게 볼 수 있는 웹툰을 만들자
2. 친구들의 행동에서 재미있는 웹툰을 만들자
3. 6학년 2반 친구들을 재미있게 웹툰에 표현하자

Ⅲ. 탐구 방법 및 역할 분담

1. 탐구 방법

기 간	할 일	방 법	준비물 (참고 도서 및 사이트명)
(1) 4월 19일 ~ 4월 26일	사전 계획 및 좋아하는 웹툰 작가 탐구하기(개인)	웹툰 작가 선정하여 인터넷 검색하기	네이버
(2) 4월 26일 ~ 5월 11일	드라마로 나온 웹툰 조사하기 웹툰 캐릭터 분석 및 조사하기	인터넷 검색하기 웹툰 캐릭터 분석하여 컴퓨터로 정리하기	컴퓨터, 네이버, 노트
(3) 5월 11일 ~ 5월 24일	웹툰 장르(스토리) 분석하기	네이버 웹툰에 있는 장르별 웹툰 조사하기	컴퓨터
(4) 5월 15일 ~ 5월 24일	중간보고서 작성하기 중간발표 연습하기	그동안 조사한 자료 정리하기	필기구, 컴퓨터
(5) 5월 24일 ~ 6월 7일	웹툰 주제 선정하기 웹툰 스토리, 캐릭터 설정하기	조사한 내용 바탕으로 팀 협의하기	중간보고서 필기구, 화이트보드
(6) 6월 7일 ~ 6월 14일	시놉시스 작성하기	팀 협의 후 활동지에	'나도 웹툰 작가', 활동지, 필기구
(6) 6월 14일 ~	그림 콘티 만들기	팀 협의 후 활동지에 그림 콘티 그리기	'나도 웹툰 작가', 활동지, 필기구
(6) 6월 21일 ~ 6월 25일	최종보고서 작성하기	조사한 내용 정리하여 최종보고서 작성하기	'나도 웹툰 작가', 활동지, 필기구 발표자료

- 1 -

[발표 자료 2면]

2. 역할분담

학년 반	이 름	주 역할
6학년 2반		PPT, 최종보고서 작성
6학년 2반		발표, 콘티 조사
6학년 4반		시놉시스, 자료 조사
지도교사		탐구방향 제시 및 지도 조언

Ⅳ. 탐구를 통해 알게 된 내용(조사 내용)

1. 네이버 인기 웹툰 순위

[조회수 상승 순위 5월 10일]

2. 종암초 학생 웹툰 장르 및 작품 선호도 조사

선호하는 장르 NO.1 연애, 개그

선호하는 웹툰 NO.1 마음의 소리

서울 종암초등학교 6학년 2반 학생 26명을 대상으로 가장 선호하는 웹툰 장르와 웹툰 작품을 조사한 결과 웹툰 장르에서는 연애와 개그가 가장 많았고, 웹툰 작품에서는 '마음의 소리' 웹툰을 가장 많이 선호했다

3. 드라마 또는 애니메이션으로 만들어진 웹툰

<미생> 윤태호 작가

2012년 다음 웹툰에서 연재된 웹툰 '미생'이 2014년 tvN 드라마 '미생'으로 만들어져 큰 인기를 얻었다.

<마음의 소리> 조석 작가

2006년 네이버 웹툰에서 연재 팀 웹툰 '마음의 소리'가 2016년 kbs2 드라마 '마음의 소리'로 만들어졌다

<늘지마 정신줄> 나승훈작가

늘지마 정신줄은 2015년 투니버스에 방송하여 아직도 인기를 얻고 있다.

- 2 -

[발표 자료 3면]

Ⅴ. 탐구 결과(산출물 제작 방법 및 과정)

1. 시놉시스

종암 초등학교에 새로 전학 온 도예인. 낯선 환경과 새로운 친구들 속에서 적응해 가던 중 어느 날 갑자기 친구들이 이상하게 보이기 시작하였다. 이것은 흉일 것이라 생각했지만 다음 날 거울 속에 비친 자신의 모습을 보고 꿈이 아니라는 것을 확신하였다. 거울 속의 나의 모습이......

2. 콘티

Ⅵ. 프로젝트 후기

1. 배운 점이나 알게 된 점
가. : 사람들이 좋아하는 웹툰 장르와 웹툰 캐릭터 그림체가 뭔지 잘 알게 되었고 또 이 프로젝트를 하면서 웹툰 작가들이 어떻게 웹툰을 만드는지 알게 되었다.
나. : 웹툰은 단순히 컴퓨터로 그림 그려서 완성되는줄 알았는데 직접 웹툰을 만들어보니 제작 과정이 단순하지 않다는 것을 알게 되었다.
다. : 사람들에게 흥미를 끌수 있는 웹툰을 만들기 위해서는 여러 제작 과정과 재미있는 상상력이 반드시 필요하다는 것을 알게 되었다.

2. 소감 한마디
가. : 여러 탐구와 조사를 통해 웹툰에 대해 잘 알게 되었고 나만의 웹툰을 만드는 좋은 경험을 하여 즐거웠던 것 같다.
나. : 웹툰에 대해 더 많은 사실을 알게 되어서 좋았고 지식이 더 쌓이는 것 같아 좋았다.
다. : 친구들이 좋아하는 웹툰의 장르에 대해 알게 되어서 좋았다.

- 3 -

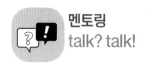

멘토링
talk? talk!

9차시 수업, 이것만은 꼭 기억하라!

웹툰을 공개할 때 만약 인물의 대사와 해설을 아이들이 직접 더빙한다면 발표는 더욱 더 즐거운 시간이 될 것입니다. 실제 수업에서는 부끄러워하는 학생이 있어서 교사도 더빙에 직접 참여했습니다. 그리고 완성된 웹툰에 적절한 배경음악과 효과음을 삽입하여 웹툰을 공개했더니 그 재미가 배가되더군요. 학생들이 웹툰을 제작할 때 적절한 배경음악이나 효과음을 찾아 삽입하는 것을 지도하여 스스로 해보는 작업도 매우 의미 있는 활동이 된다는 점, 꼭 기억해주세요!

학생들의 최종산출물인 웹툰을 QR코드로 제작하였습니다. 오른쪽 QR코드를 통해 웹툰 〈비밀의 그녀〉, 〈산골 학교〉를 감상하실 수 있습니다.

프로젝트 활동 **돌아보기**

그간 독자로만 접해온 웹툰을 직접 제작하는 과정에서 느낀 점과
배운 점을 나누는 시간을 갖습니다. 성찰일지를 통해 프로젝트를 의미 있게 마무리합니다.

한 뼘 더 성장하는 계기가 된 성찰과 반성의 시간

10차시에는 '웹툰의 세계로' 프로젝트를 성찰하는 시간을 가졌다. 학생들은 그
동안 인터넷에서 독자로만 접해온 웹툰을 직접 만들어보고, 여러 가지 시행착
오를 겪어왔다. 그 모든 경험을 바탕으로 프로젝트 학습을 통해 배운 점, 아쉬
웠던 점, 좋았던 점 등이 담긴 성찰일지를 작성하면서 프로젝트를 의미 있게
마무리하는 시간이 되었다.

톡?톡!
교사후기

〈미술과〉 '웹툰의 세계로' 프로젝트

이 프로젝트 수업을 진행하며 학생들은 낯선 프로젝트에 과정마다 수많은 어려움에
부딪혔다. 교사인 나도 전 과정에 참여하며 학생들과 함께 고민하고 토의했다. 덕분
에 학생들이 학습을 하며 느끼는 모든 감정들을 함께 경험한 것 같다. 프로젝트가
진행될수록 학생들도, 나도 탐구의 노하우를 발견해가게 되었다. 최종 탐구 결과 발
표에서 느꼈던 보람은 잊지 못할 것이다. 학생들은 물론 나에게도 소중한 경험이었
고, 오래도록 자랑스러운 수업으로 남을 것 같다.

톡?톡!
학생후기

지식, 친구 관계, 자신감 등등 아낌없이 주는 나무, 프로젝트 학습!
6학년 곽하은

사실 내가 프로젝트 미술팀에 들어간 이유는 웹툰이 좋아서가 아니었다. 처음에 주제가 발표되기 전에 나는 무슨 활동을 할지 매우 궁금해서 심장이 두근두근하였다. 그런데 이게 무슨 일인가? 내가 13년 인생을 살면서 단 한 번도 본 적이 없는 웹툰을 만든다는 것이었다!

'웹툰'을 만드는 프로젝트는 낯설었지만 그래도 내가 좋아하는 미술 교과를 더 배울 수 있다는 점이 너무나 기뻤다.

첫날 난 기대가 되었다. '과연 누가 나의 첫 팀원들인가?' 하고 말이다. 그런데 결과를 본 후 난 매우 실망했다. 나랑 사이가 좋지만은 않은, 그것도 남자아이 둘이랑 팀이 되었다. 그리고 팀명을 지을 때도 팀원들과 의견이 맞지 않아 속상하였고 결국 우리 팀의 이름은 '노네임 이즈 굿!'이 되었다.

매시간 프로젝트 수업은 기존의 수업과는 달리 우리가 끊임없이 공부하고 움직여야만 뭔가가 만들어지는 참 독특한(?) 수업이었다. 우리는 웹툰을 그리는 과정, 웹툰을 보고 재미있는 장르 등을 정하여 콘티 작성을 준비했다. 몇 번을 다시 고쳐 쓴 콘티가 통과되고 웹툰을 본격적으로 만들었는데 시간이 많지 않아 제작 과정에서 아쉬움이 남았지만 우리가 쓴 콘티대로 우리만의 웹툰을 완성한 것에 뿌듯하고 보람 있었다.

그리고 대망의 최종발표회 날, 부모님들과 선생님들께서 지켜보셔서 매우 떨렸지만 하다 보니 자신감이 생겨서 점점 당당하게 발표했다.

처음엔 팀원들과 의견이 안 맞아 다투기도 했지만 여러 가지 우여곡절 끝에 무사히 프로젝트를 마치니 서로에게 정도 들고 사이가 더욱 가까워진 계기가 되었다. 물론 선생님과의 거리도 가까워졌다! 프로젝트 수업을 통해 많은 컴퓨터 기술들, 지식, 발표 능력, 자신감, 친구와의 관계까지 아낌없이 받은 프로젝트 학습이었다.

에티켓 배우며 세계여행하기

- 관련 단원 : YBM(최) Lesson9.
  You have to wait in line
- 적용 학년 : 초등학교 6학년
- 관련 교과 : 영어, 국어, 창의적 체험활동
- 팀 구성 : 6모둠 (21명)

◆ 왜 영어과에서 이 주제로 프로젝트 수업을 진행했나?

대부분의 영어 수업은 듣기, 말하기, 쓰기, 읽기와 같은 언어 기능을 향상시키는 데 중점을 두고 있다. 하지만 영어 학습을 통해 외국의 다양한 문화를 이해하는 것 또한 국가 교육과 정 교과 목표에도 제시되어 있을 만큼 중요한 의미를 갖는다. 2015 개정 교육과정에 제시된 영어과 핵심 역량 중 하나인 '공동체 역량' 역시 언어 및 문화적 다양성에 대한 이해와 포용력을 통해 얻을 수 있다.

하지만 초등학교 영어 수업에서 매 단원마다 문화 활동을 한 차시 이상씩 배정하여 수업하기란 쉽지 않다. 교과서에 제시되어 있는 문화 관련 글과 영상을 보며 세계 여러 나라의 다양한 문화에 대해서 접하는 수준으로 수업을 진행하기 쉽다. 이것이 곧 문화에 대한 진정한 학습은 아닐 것이다.

흔히 알려진 문화 교육의 방법은 정보 수집하기, 직접 체험해보기, 자문화와 비교하기, 발표하기로 정리해볼 수 있다. 그리고 이 네 가지 방법을 자연스럽게 접할 수 있게 하는 방법이 바로 프로젝트 수업이다.

프로젝트 수업 '에티켓 배우며 세계여행하기'는 학생들 스스로 여행하고 싶은 나라를 선택한 후 그 나라의 에티켓에 대하여 역사적, 문화적으로 그 의미를 조사하고 홍보하는 활동이다. 단순히 흥미 위주로 에티켓에 대하여 알아보는 게 아니라, 선택한 나라에서 왜 이러한 에티켓이 생기게 되었는지 역사적, 문화적으로 분석하는 과정도 함께 진행된다. 학생들은 이 프로젝트 수업을 통해 한 나라의 문화에 대해서 다방면으로 이해하고 학습하게 될 것이다.

탐구 문제	세계 여러 나라의 에티켓을 조사해보고 왜 이러한 에티켓이 생겼는지 역사적, 문화적으로 탐구해봅시다.

에티켓은 '사회생활의 모든 경우와 장소에서 취해야 할 바람직한 행동 양식'을 뜻합니다. 쉬운 말로 '지켜야 할 매너'라고도 합니다. 우리나라에 여러분의 외국인 친구가 놀러왔다고 상상해봅시다. 처음 방문한 나라라 굉장히 낯설고 어색하겠지요? 여러분은 이 외국인 친구에게 우리나라에 적응하기 위해서 필요한 에티켓으로 어떤 것을 알려주고 싶나요?

존댓말과 반말이 있다는 것을 알려줄 수 있겠죠. 또 식사할 땐 어른이 먼저 숟가락을 든 후에야 비로소 밥을 먹는 식사 예절을 알려줄 수도 있을 거예요. 우리나라에는 왜 이러한 에티켓들이 생겼을까요? 아마 예로부터 예의를 중시하는 우리나라의 문화가 반영되어 있기 때문일 것입니다.

그렇다면 다른 나라는 어떨까요? 여러분이 여행하고 싶은 외국의 나라가 있나요? 그 나라를 이해하는 좋은 방법 중 하나는 그 나라의 문화를 파악하는 것입니다.

여러분이 여행하고 싶은 나라의 에티켓에는 어떤 것이 있나요?

그 에티켓은 우리나라와 어떻게 다른가요?

그렇다면 왜 이러한 에티켓들이 생겨났을까요?

여러분이 여행하고 싶은 나라의 에티켓을 홍보해주세요! 다른 사람들이 여러분의 에티켓 홍보를 보고 그 나라의 문화에 대해 이해할 수 있도록 만들어주세요!

여러분이 만든 자료가 그 나라를 여행하려고 하는 많은 여행객들에게 소중한 가이드북이 될 수 있지 않을까요?

차시	단계	주요 학습 요소	활동 내용
1-2	프로젝트 계획하기	준비하기 및 소집단 구성하기	• '에티켓 배우며 세계여행하기' 프로젝트 학습내용 안내하기 • 소집단 구성하기 및 역할 나누기 • 팀 이름 정하기 및 팀 빌딩 활동하기
		주제 결정 및 활동 계획하기	• 조사하고 싶은 나라 선택 및 홍보 방법 수제망 짜기 • 조사 과정 구체적으로 계획하기
3	프로젝트 실행하기 I	탐구 활동하기	• 각자 조사한 내용을 팀원과 나누기 • 여러 에티켓 중 깊이 있게 탐구할 에티켓 선정하기
4		탐구 활동하기	• 에티켓이 만들어진 이유를 역사 및 문화적으로 깊이 있게 탐구하기 • 중간발표를 위한 모둠별 역할 분담 및 중간발표 자료 만들기
5		중간 탐구 결과 발표하기	• 중간 탐구 결과 발표하기 • 선생님 및 다른 팀의 의견을 듣고 세부적인 활동 방법 수정 및 보완하기
6	프로젝트 실행하기 II	산출물 제작 계획하기	• 결과물 제작 방법 협의하기 • 에티켓 홍보 자료 제작하기
7		최종보고서 작성하기 및 산출물 제작하기	• 최종보고서 작성 방법 알아보기 • 에티켓 홍보 자료 제작하기
8		최종발표회 준비하기	• 좋은 발표에 대해 생각해보기 및 발표 방법 알아보기 • 프레젠테이션 준비 및 역할 분담하기 • 발표 방법 협의 및 프레젠테이션 최종 점검하기
9-10	프로젝트 발표하기	최종 탐구 결과 발표하기	• 탐구 과정 및 결과물 발표하기 • 다른 모둠의 발표를 경청하고 질문하기 • BEST 홍보 방법 선정하기
		지식나눔강연회 및 평가하기	• 각 교과별 산출물 결과가 우수한 2팀씩 출전하여 탐구 과정 및 결과 발표하기 • 프로젝트 활동 반성 및 소감 나누기

1차시 계획하기

준비하기 및 소집단 구성하기

학생들의 학습 호기심을 자극하는 시간으로 만들어가야 합니다.
또한 학생들의 영어 능력을 감안해 교사가 편향되지 않게 직접 팀을 구성합니다.

'에티켓 배우며 세계여행하기' 프로젝트 소개하기

첫 시간인 만큼 학생들에게 학습에 대한 부담보다는 학습동기를 불러일으키는 것이 중요하다. 교사는 특별한 설명 없이 다음과 같이 학생들에게 질문한다. "'에티켓 배우며 세계여행하기'라는 프로젝트명을 들었을 때 무엇이 떠올랐는지 자유롭게 발표해봅시다". 이때 에티켓이 무엇인지 모르는 학생들이 있다면 간단히 정의를 설명해주는 것도 좋다.

프로젝트명에 대한 첫 느낌을 나눈 다음 질문을 구체화하여 학생들에게 묻는다. "우리나라의 에티켓에는 어떤 것이 있을까요?", "우리나라에 여행 온 외국인에게 알려주어야 할 에티켓에는 어떤 것이 있을까요?", "우리나라는 왜 이런 에티켓이 생기게 되었을까요?", "우리나라 에티켓을 홍보할 수 있는 방법에는 어떤 것들이 있을까요?"

이 질문들은 학생들이 진행할 프로젝트 과정의 핵심 질문들이다. 학생들은 익숙한 우리나라 에티켓들로 미리 답변을 생각해봄으로써 프로젝트 주제를 쉽게 이해할 수 있다.

영어 교과의 프로젝트는 '우리 팀이 여행하고 싶은 나라의 에티켓을 조사한 후 가장 효과적인 방법으로 홍보하기'이다. 이때 핵심 단어는 '우리 팀', '나라', '에티켓', '조사', '효과적인', '홍보'로 추려볼 수 있을 것이다. 이 단어들의 순서에 따라서 학생들은 프로젝트 학습을 진행하게 된다. 내가 가고 싶은 나라가 아닌 우리 팀원들이 모두 가고 싶은 나라를 찾는 것이 첫 번째 단계가 된다. 그 다음에는 그 나라만의 특색 있는 에티켓과 왜 이러한 에티켓이 생겼는지 조사하고, 마지막은 효과적인 방법으로 에티켓을 다른 친구들에게 홍보하는 것으로 프로젝트 활동이 진행된다.

팀 구성하기 및 팀 이름 정하기

팀은 교사가 미리 구성한다. 영어 교과에 지원한 학생들의 학습 능력, 참여도, 성향, 성별 등을 사전 조사지(78쪽 참고)를 통해 파악한 후 한 팀당 3~4명 정도로 구성하는 것이다. 이때 팀별로 주도적인 역할을 해줄 수 있는 학생들을 적절하게 배치하는 것이 좋다. 교사가 앞으로 10차시 동안 함께 탐구 활동을 진행할 팀을 발표하면 학생들은 자리를 이동하여 모둠 책상으로 앉게 된다.

첫 번째로 진행하는 활동은 팀 이름 정하기이다. 처음은 팀원끼리 아직 어색한 사이이므로 토의하기 전 자기소개와 같은 간단한 활동으로 긴장을 풀어주어도 좋다. 팀 이름은 팀원 모두의 의견을 들어본 후 토의를 거쳐 결정한다. 팀 이름을 정하는 것에서부터 팀별 특색이 반영된다. 실제로 수업을 한 학생들이 어떻게 접근했는지 살펴보면 팀 이름 결정에 어려움을 겪는 팀들에게 도움을 줄 수 있을 것이다.

표 4-9 실제 수업에서 학생들이 정한 팀 이름과 의미

팀 이름	의미	접근법
꼬둘키둘	키가 작은 꼬마 2명, 키가 큰 키다리 2명으로 구성	우리 팀은 어떤 팀원들로 구성되어 있을까?
114 검색창	1반 2명, 4반 1명으로 구성되어 114라는 단어를 활용함	
빛나는 별	별처럼 빛나는 팀이 되고 싶어서	어떤 팀이 되고 싶은가?
T.T (Twinkle Team)	협동을 잘해서 빛나는 팀이 되고 싶어서	
벼는 익을수록 고개를 숙이조	속담처럼 겸손한 팀이 되고 싶어서	
에티켓 FACTORY	공장과 같이 다양한 에티켓을 배우고 싶어서	영어 프로젝트와 어떻게 연관 지을 수 있을까?

과제 안내하기

40분 수업으로만 프로젝트 활동을 진행하기엔 무리가 있다. 따라서 매 차시마다 프로젝트 과제가 주어진다. 교사가 과제를 정확하게 안내하고, 학생들이 그 과제를 잘 수행해왔을 때 프로젝트가 계획한 순서에 따라 원활히 진행될 수 있다. 과제 안내는 카페, 팀장, 종이쪽지 등을 통해서 수시로 안내해주어야 한다. 가장 간단한 방법은 수업 후에 카페를 통해서 과제를 안내하는 것이다. 급하게 안내할 내용이 있다면 팀장들에게 문자 메시지로 안내할 수도 있다. 우리의 경우에는 모두가 알아야 할 중요한 안내나 과제의 경우는 종이쪽지를 통해 직접 전달하기도 했다.

에티켓 배우며 세계여행하기 1차시 과제 안내 (예시)	1. 내가 조사하고 싶은 나라와 이유 생각해오기 2. 홍보 방법에 어떤 것들이 있는지 검색해보기 3. 팀장 정해서 댓글 달기

1차시의 수업 자료

에티켓 배우며 세계여행하기

2017.9.13
첫 번째 수업

오늘의 활동

1. 프로젝트 소개
2. 팀 발표
3. 팀 활동
4. 과제 안내

영어 프로젝트 소개

우리 팀이 여행하고 싶은 나라의
에티켓을 조사한 후
가장 효과적인 방법으로
홍보하기!

전체 일정 안내
9월 13일 (1) : 프로젝트 소개, 팀 발표
9월 27일 (2) : 나라, 홍보방법 선정
10월 11일(3), 10월 18일(4)
: 에티켓과 생긴 이유를 역사, 문화와 관련 지어 조사
10월 25일(5) : 중간발표
11월 1일(6), 11월 15일(7) : 최종보고서, 산출물 제작
11월 29일(8) : 발표준비
12월 6일(9), 12월 15일(10) : 과목별 발표, 지식나눔 강연회

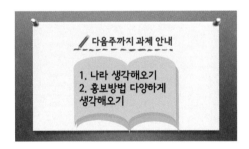

팀 발표

팀 활동 안내

1. 팀 이름 정하기
2. 팀 서약서 작성하기
3. 팀 게임하기

다음주까지 과제 안내

1. 나라 생각해오기
2. 홍보방법 다양하게 생각해오기

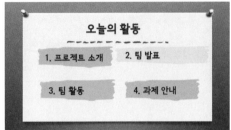

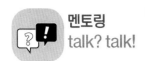
아마 아이들은 교실에 들어오면서부터 "선생님, 전 누구랑 같은 팀이에요?"라는 질문을 쏟아낼 거예요. 그만큼 한 학기를 함께할 친구들이 누구인지 궁금한 상태로 첫 수업에 들어오는 거죠. 하지만 모든 학생들이 원하는 사람과 팀이 될 순 없습니다. 따라서 팀 발표를 하기 전에 팀을 어떻게 구성하게 되었는지 설명해준다면 큰 도움이 될 거예요. 또는 인터넷에서 쉽게 찾을 수 있는 '대학교 팀플 짤'들을 활용하여 재미있게 접근하는 것도 좋습니다. 협동의 의미, 팀원으로서 가져야 할 자세, 협동의 어려움 등을 충분히 설명해준다면 학생들은 효과적으로 프로젝트를 수행하기 위해서는 어떤 마음가짐을 가져야 하는지 느끼며 수업에 임할 수 있으니, 꼭 기억해주세요!

주제 결정 및 활동 계획하기

조사하고 싶은 나라와 홍보 방법을 정하는 시간입니다.
아직 큰 주제만 정해진 상태에서는 역할 분담이 어렵기 때문에 교사의 적절한 지도가 필요합니다.

탐구 주제 결정

첫 번째 수업 후에 학생들에게 제시된 첫 번째 과제는 '내가 조사하고 싶은 나라와 이유 생각해오기'였다. 수업이 시작되면 학생들은 각자 생각해온 내용을 포스트잇에 적는다. 피라미드 토의 방법을 간단히 이용하여 최종으로 팀원들과 함께 탐구할 나라를 선택해본다. A4 용지를 4등분하여 맨 아래 단계에 팀원들의 의견을 붙인 후 나의 것을 제외하고 마음에 드는 의견을 한 칸씩 올려가며 가장 먼저 피라미드의 맨 꼭대기에 오른 의견을 최종으로 결정하는 것이다.

이때 두 나라 중에서 선뜻 결정을 내리지 못하고 고민하는 팀들이 종종 나온다. 이럴 경우 후보로 두 나라를 모두 선정하도록 한다. 왜냐하면 막상 에티켓을 조사하다 보면 생각했던 것만큼 특색 있는 에티켓이 나오지 않아서 나라를 바꾸는 경우가 생기기도 하기 때문이다. 따라서 나라 하나를 꼭 집어 선택하기 어렵다면 2순위까지 생각해두어도 좋다. 이번 프로젝트 수업에서 학생들이 최종적으로 선택한 나라에는 러시아, 호주, 프랑스, 스페인, 인도, 그리스가 있었다.

피라미드 토의법을 활용한 탐구 주제 결정하기

홍보 방법 주제망 그리기

나라에 대한 토의를 거친 후에는 두 번째 과제였던 홍보 방법에 대해 주제망을 작성해야 한다. 먼저 학생들 각자 워크북에 자신이 조사해온 방법들을 적어본다. 그다음에는 팀원들과 함께 생각나눔판에 자유롭게 적어가며 아이디어를 공유한다. 대부분 아이들이 한글, PPT, 영상 등을 떠올린다. 생각이 멈춰 있는 팀이 있다면 교사가 개입하여 아이디어를 주거나 "가장 기억에 남는 홍보 방법에는 무엇이 있니?", "사람들에게 정보를 전달할 때 어떤 방법이 가장 효과적일까?", "재미있고 참신한 홍보 방법에는 어떤 것들이 있을까?" 등의 질문을 던져 사고를 확장시켜주면 다양한 의견이 나오게 된다.

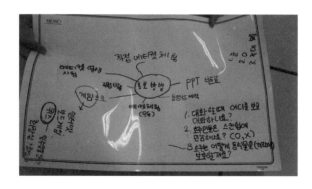

홍보 방법 주제망 그리기

활동 계획하기

조사할 나라와 다양한 홍보 방법에 대해 알아보고 나면 학생들은 프로젝트 학습 계획서를 작성한다. 뒤죽박죽 섞여 있던 생각들을 틀에 담아보면서 학생들은 어떤 과정으로 프로젝트가 진행되는지 전반적인 흐름을 이해할 수 있게 된다. 아직 초반이므로 계획서의 모든 내용을 완벽하게 작성하는 것은 어렵다. 특히 활동 방법, 활동 자료를 구체적으로 작성하는 데 다소 어려움을 느낄지 모른다. 아직 큰 주제밖에 정해지지 않았으므로 학생들이 어려움을 느낀다면 이 부분은 프로젝트 과정이 조금 진행된 후 적어도 좋다.

역할 분담 역시 아이들이 앞으로 어떤 일을 해야 하는지 구체적으로 정해지지 않았으므로 명확하게 적기 어려운 부분이 있다. 그렇기 때문에 교사는 학생들이 좀 더 용이하게 작성할 수 있도록 앞으로 해야 할 역할들을 예시로 제시해주면 많은 도움이 될 것이다.

에티켓 배우며 세계여행하기 2차시 과제 안내 (예시)	1. 결정한 나라(1~2개)의 에티켓에 대해 조사하기 2. 조사한 내용은 팀별 게시판에 올리기 3. 워크북 활동 계획서 완성하기

탐구 활동하기

본격적인 탐구 활동이 시작됩니다. 특히 교사 또한 상황별
적절한 피드백을 제공하기 위해 나라별 에티켓에 대한 사전 학습이 필요합니다.

최종산출물의 질을 결정하는 탐구 활동의 시작

3차시부터는 실행하기 단계가 시작된다. 그동안 세운 계획을 바탕으로 학생들이 직접 조사하는 기간이다. 이 기간 동안 어떤 자료를 찾고 선택하느냐에 따라서 학생들이 최종적으로 완성하게 될 산출물의 질이 결정된다. 이때 교사는 학생들이 탐구하는 과정을 점검하여 올바른 방향으로 나갈 수 있도록 피드백해주어야 한다.

이 프로젝트 수업에서 학생들이 탐구해야 할 것은 '나라별로 특색 있는 에티켓을 찾고, 왜 그런 에티켓이 만들어졌는지 조사하는 것'이다. 그런데 학생들이 처음 찾아오는 에티켓들은 너무 단순하거나 우리나라에서도 찾아볼 수 있는 일반적인 매너나 예의로 볼 수 있는 것들이 대부분일 것이다. 따라서 교사는 학생들이 찾아온 에티켓들을 함께 선별하고 특색 있는 에티켓을 찾을 수 있도록 팁을 주어야 한다. 또 이러한 탐구 과정이 팀장 혼자만의 과정이 되지 않고 팀원들이 고루 참여할 수 있도록 항상 역할 분담에 신경 써주어야 한다.

개별 조사와 모둠 활동을 통한 탐구 활동의 심화

3차시 수업 시간에는 각자 조사한 에티켓을 팀원들과 나누고 깊이 있게 탐구할 에티켓을 3개 정도 선정한다. 이때 교사는 4차시 수업을 위해서 결정된 에티켓의 역사적, 문화적 유래에 대해 조사하는 것을 3차시 수업 후 꼭 과제로 제시해야 한다.

4차시에는 팀에서 선택한 에티켓이 만들어지게 된 이유를 역사 및 문화적으로 깊이 있게 탐구한다. 또 5차시에 있을 중간 탐구 결과 발표를 위해 모둠 내에서 역할 분담 및 중간발표 자료를 만드는 수업도 함께 진행한다.

표 4-10 학생들이 선택한 나라별 에티켓

나라	선택한 에티켓
인도	• 오른손으로 식사를 한다. • 힌두교에서 소를 귀하여 여겨 소가 길을 막고 있어도 기다려야 한다. • 인도인은 우리와 달리 고개를 끄덕이면 부정의 의미를, 고개를 옆으로 흔들면 긍정을 의미한다.
러시아	• 러시아 사람들은 약속을 중요하게 여긴다. • 음식을 먹을 때 한 접시를 공유하지 않는다. • 패스트푸드점에서는 치워주는 사람이 따로 있으므로 셀프로 치우지 않는다.
스페인	• 시에스타라고 불리는 낮잠을 잔다. • 저녁 식사를 늦게 한다. • 상대방의 성 앞에 특별한 단어(세뇨르, 세뇨리타 등)가 붙는다.
프랑스	• 상황별 다양한 식사(테이블) 에티켓이 있다. • 프랑스에서는 코를 훌쩍거리는 것이 예의 없는 행동이다.
그리스	• 그리스인들은 주로 약속 시간에 늦는 경향이 있다. • 손을 펼치는 것은 심한 욕이다. • 저녁을 늦게 먹는다.
호주	• personal space라는 개인적인 공간을 지켜주어야 한다. • 양말과 슬리퍼를 같이 신지 않는다. • 좌측통행을 한다.

에티켓 배우며 세계여행하기 3~4차시 과제 안내 (예시)	**3차시: 에티켓 추가 조사해오기** 1. 각자 맡은 에티켓을 깊이 있게 조사하기 　깊이 있게 = 왜 이런 문화가 생겼을지 역사, 문화적으로 파악해보는 것 　★Tip : 에티켓을 조사할 때는 우리나라에서 볼 수 있는 비슷한 에티켓보다 　　　　그 나라만의 '특별한 에티켓'을 찾도록 노력하기
	4차시: 중간 탐구 발표 준비하기 중간보고서, PPT 카페 게시판에 업로드하기

 멘토링
talk? talk!

3~4차시 수업, 이것만은 꼭 기억하라!

프로젝트 과정이 흥미롭게 흘러가려면 어떤 에티켓을 선택하느냐가 가장 중요합니다. 본인들이 탐구하면서 참신하고 재미있다고 느낄수록 그 과정을 온전히 즐길 수 있기 때문이지요. 사실 그 나라에 직접 가보지 않은 학생들이 거의 인터넷에만 의존해 특색 있는 에티켓을 찾아내기란 상당히 어려울 거예요. 따라서 교사도 학생들이 선택한 나라들의 에티켓을 함께 찾아보는 것이 좋습니다. 탐구 과정에 어려움을 느끼고 있는 팀들에게 적절한 피드백을 제공하려면 교사 또한 충분한 사전 지식을 갖추고 있어야 한다는 점을 기억해주세요!

중간 탐구 결과 발표하기

중간발표는 앞으로의 탐구 방향을 결정하는 중요한 시간입니다. 발표 이후 교사는
수정이 필요한 팀은 수정하도록 하고, 팀별로 홍보 방법을 협의해오도록 지도합니다.

프로젝트 중간 점검을 통한 숨 고르기

5차시는 잠시 숨을 고르며 우리 팀의 프로젝트 진행 과정을 되돌아보는 시간
이다. 아울러 다른 팀들의 진행 과정을 보며 좋은 점을 배우는 시간이기도 하
다. 이번 차시가 잘 이루어지려면 사전 작업이 많이 필요하지만 실제 수업 과
정은 간단하다. 순서상의 변형이 가능하며 영어 교과는 다음과 같은 절차에
따라 40분 수업을 진행했다.

표 4-11 '에티켓 배우며 세계여행하기' 5차시 수업의 진행 절차

	수업 과정	유의점
전 (5분)	1. 활동 안내 • 학습 문제 : 팀 주제에 맞게 탐구한 내용을 발표해봅시다. • 활동 안내 1) 중간 탐구 결과 발표 및 질의응답하기 2) 탐구 방법 협의하기	특별한 동기 유발이 필요한 수업이 아니므로 차시에서 할 학습 문제와 활동들만 간단히 언급한다.

전 (5분)	2. 평가 항목 및 배점 안내 　1) 팀 발표 (5점) 　　① 발표 소리 (1.5점) 　　② 대본 숙지 (1점) 　　③ 역할 분담 (1점) 　　④ 질문에 응답 (1.5점): 다른 팀→우리 팀 　2) 팀 질의 (5점): 우리 팀→ 다른 팀 　　① 팀원 참여 (1점) 　　② 질문 내용 (3점) : 좋은 점, 궁금한 점, 보완할 점 　　③ 듣는 태도 (1점)	평가 항목과 배점은 미리 안내하여 학생들이 항목 에 따라 발표를 준비할 수 있도록 한다. 배점 및 항목은 교사 자율적으로 수정할 수 있다.
전 (5분)	3. 발표 및 질의응답 순서 안내 　발표 순서에 따라 질문 우선권을 부여 **질의 응답** **질의 응답 순서** | 발표 순서	팀명	질문 우선권
1	꼬물키울	114검색창, T.T
2	114 검색창	T.T, 에티켓factory
3	T.T	에티켓factory, 빛나는 별팀
4	에티켓 factory	빛나는 별팀, 벼는 익을수록 고개를 숙이조
5	빛나는 별팀	벼는 익을수록 고개를 숙이조, 꼬물키울
6	벼는 익을수록 고개를 숙이조	꼬물키울, 114검색창 | 우선권이 있는 팀이 먼저 질문 할 수 있고 시간이 남는 경우 희망자에게 돌아감.	학생들이 순서를 헷갈리지 않도록 플로터로 출력하여 칠판에 부착하면 수업 진행에 용이하다.
중 (30분)	1. 5분씩 6모둠의 발표 　- 3분 : 팀 발표 　- 2분 : 다른 팀들의 질문 받고 응답하기 2. 워크북 작성 : 다른 팀의 발표를 들으며 작성한다. | 팀 명	
---	---
탐구 주제	| 나의 생각 (좋은 점/ 궁금한 점/ 보완할 점) . . . | 한 줄 평	별점
---	---
	☆☆☆☆☆		다른 팀들의 피드백은 좋은 점, 궁금한 점, 보완할 점이 다양하게 나오도록 평가 항목을 구성한다. 워크북 역시 평가 항목에 추가하여 학생들이 집중하여 들을 수 있도록 안내한다.
후(5분)	탐구 방법 협의하기 성찰일지 쓰기(자기평가 및 동료평가)	워크북에 첨부된 성찰 일지를 작성하는 것으로 수업을 마무리한다.

5차시의 중간 탐구 결과 보고서

프로젝트 산출물 발표대회 중간보고서

프로젝트 주제	스페인의 에티켓과 특별한 문화			교과명	영어
팀 명	TT (Twinkle Team)			지도교사	

팀 원	학년 반	이 름	주 역할		
	6-1		조사 및 중간보고서 작성, PPT 도움, 질의응답		
	6-2		조사 및 PPT 제작, 발표		
	6-2		조사 및 PPT 제작, 질의응답		
	6-4		PPT 제작, 질의응답		

나라 선정 이유	스페인을 프로젝트의 나라로 선정한 이유는 스페인이 역사가 1480~부터 약 640년으로 매우 긴 나라이기 때문이다. 그래서 에티켓이나 매너의 역사도 길고 특별한 문화가 많을 것 이라고 생각했다. 또한 예전에 스페인이 남아프리카(브라질 제외), 멕시코, 중남미의 나라들, 카리브해의 나라들(아이티, 자메이카, 쿠바 등이 속해있는 곳)을 식민지로 삼아 지배한 강대국이어서 비교적 부유한 삶을 살았기 때문에 에티켓이나 매너, 특별한 문화가 많이 발달 돼있을 것 같다고 생각했기 때문이다.

탐구 방법	1. 조사할 나라 선정 2. 에티켓 조사 (책, 'Google', 'Naver', 'Daum' 등에 인터넷) 3. 에티켓 홍보 방법 선택 4. 4.홍보방법에 따라 홍보

탐구를 통해 알게 된 내용

❶

에티켓	시에스타(siesta)
생긴 역사, 이유	시에스타는 라틴아메리카 등지에서 이른 오후에 자는 낮잠 또는 낮잠 자는 시간이다. 시에스타라는 문화가 생긴 이유는 스페인의 날씨가 매우 덥고 태양열이 매우 강하기 때문이다. 또 이 시간에는 상점들이나 식당이 문을 닫고 광장이나 공공장소에 사람이 줄어든다. 하지만 요즘에는 스페인의 경제침체로 인해 점점 폐지론이 부상하며 힘을 얻고 있다. 또한 관광지에는 시에스타가 이뤄지는 모습을 찾아보기 힘들다.

❷

에티켓	저녁식사가 늦다
생긴 역사, 이유	스페인의 저녁식사가 늦은 시간에 시작되는 가장 큰 이유는 스페인에는 식사를 1일 5식이기 때문이다. Desayuno(조식), Almuerzo(간단한 간식), Comida(점심식사), Merienda(간단한 식사), Cena(간단한 저녁식사)로 이루어지는데 마지막 Cena(간단한 저녁식사)가 바로 우리나라의 저녁식사이다. 스페인은 우리나라와 다르게 점심을 매우 거창하고 풍성하게 먹고 저녁식사는 Merienda(간단한 식사) 이후 간단하게 타파스와 술을 곁들여 먹으며 하루를 정리하는 시간으로 여겨진다.

❸

에티켓	스페인 사람에게 말을 걸 때에는 상대방의 성 앞에 특별한 단어를 붙여야 한다.
생긴 역사, 이유	스페인에서는 상대에게 말을 걸 때에는 Mr 의 '세뇨르(Senor)', Mrs 의 '세뇨라(Senora)', Miss의 '세뇨리타(Senorita)'를 붙여야 한다. 잘 아는 사이에는 세례명에다 남성에게는 '돈(Done)', 여성에게는 '도나(Dona)'를 붙여 부르는 것이 매너이자 문화이다. (참고로 스페인 결혼반지를 한국과는 다르게 오른손에 낀다.) 이런 매너가 생긴 이유는 아무래도 예전부터 그렇게 불러왔기 때문에 생긴 문화인 것 같다. 미국에서 Mr, Mrs, Miss라고 부르는 것이 그냥 예전부터 내려져 오던 문화이자 매너인 것과 비슷한 것 같다.

프로젝트 결과물 제작 방법	1. 홍보영상 제작 영상은 스페인의 역사적 사실을 설명하는 것을 위주로 만들 예정. 2. 홍보포스터 제작 홍보포스터는 에티켓과 문화를 중심으로 설명. 한글과 영어 두 가지 언어를 모두 사용해 제작할 예정. 여러 그림과 사진자료를 삽입 후 A2~A3 크기의 종이에 인쇄해 6학년 복도에 붙일 예정.

프로젝트 과정 (일정)	일 시	탐구 내용
	9.13~9.19	팀 선정, 팀 서약서 작성, 모둠명 정하기
	9.20~9.26	개인적으로 나라와 홍보 방법 생각하기
	9.27~10.4	주제 결정하기 및 활동 계획하기
	10.4~10.10	선정한 나라(스페인)의 역사와 에티켓을 조사하고 구체적인 홍보 방법 세우기
	10.11~10.17	조사활동1, 조사 해온 자료 나누기
	10.17~10.25	중간보고서 PPT 제작, 중간발표

어려웠던 점 이나 느낀 점	이 름	소 감
		스페인이라는 나라의 매너에 대해 알게 되어서 좋은 시간이었다.
		스페인의 매너에 대해 배워 좋았고 PPT 만들 때 조금 힘들었다.
		스페인이라는 나라의 에티켓을 알았을 때 좋았다.
		스페인에 대해 알 수 있어서 좋았다.

에티켓 배우며 세계여행하기 5차시 과제 안내 (예시)	1. 중간발표 이후 에티켓 수정이 필요한 팀은 수정해오기 2. 팀별로 홍보 방법 협의하기 3. 워크북 검사 20쪽까지 채우기 (점수 반영)

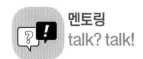

멘토링
talk? talk!

5차시 수업, 이것만은 꼭 기억하라!

이번 수업은 교사와 학생이 얼마나 준비하느냐에 따라 결과가 크게 달라집니다. 중간 발표를 준비하면서 발표를 준비하는 방법, 발표하는 방법 등을 연습한다면 최종발표를 준비하는 데 많은 도움이 될 거예요. 따라서 교사는 중간발표 역시 최종발표와 마찬가지로 신경을 써서 학생들이 준비할 수 있도록 도와주어야 합니다. 만약 시간적 여유가 있다면 완성된 PPT를 미리 교사 앞에서 연습해보는 것도 좋습니다. 실제 수업에서는 5차시 수업 전 팀별로 모두 면담을 진행하여 발표 준비가 원활히 될 수 있도록 도움을 주었지요. 시나리오를 작성하는 방법, 효과적으로 발표하는 방법, 발표 시간 조절하는 방법 등 이 모든 것들을 실제로 경험해보는 것이 학생들의 발표 능력을 향상시켜주는 데 큰 도움이 된다는 점을 기억해주세요!

산출물 제작하기

원하는 홍보를 할 수 있도록 홍보물을 제작하고 구현하는 시간입니다.
교사는 진행 상황과 적절한 역할 분담 여부를 지속적으로 점검해야 합니다.

홍보 목적과 대상의 명확한 안내

이제 2차시 때 학생들이 열심히 토의했던 효과적인 홍보 방법이 사용될 때가 왔다. 학생들이 홍보를 위한 산출물을 제작하기에 앞서 영어 교과의 홍보 목적과 홍보 대상이 누구인지 명확히 안내해줄 필요가 있다.

표 4-12 영어과 '에티켓 배우며 세계여행하기' 홍보 안내

홍보 내용	나라의 에티켓과 만들어진 배경(역사)
홍보 대상	6학년 친구들
홍보 목적	6학년 친구들에게 에티켓과 역사를 홍보하자!
홍보 방법	팀이 선택한 가장 효과적인 방법들
홍보 기간	최종발표(12. 6) 이후 일주일 동안
홍보 평가	일주일 후 투표(투표 결과가 평가에 부분 반영)

선택한 홍보 방법의 제작 및 구현

학생들은 스스로 어떤 방법이 가장 효과적일지 생각하게 되고, 어떻게 홍보를 할 것인지 계획도 세우게 된다. 대부분의 팀들이 선택한 방법은 포스터와 영상이다.

포스터는 복도에 붙여두면 학생들의 관심을 자연스럽게 끌 수 있기 때문에 좋은 홍보 방법이 될 수 있다. 문제는 영상이다. 지도교사로서 제작한 영상을 어떻게 보여줄 것인지에 대한 고민들이 많았다. 어떤 팀은 각 반의 담임 선생님들께 부탁하여 쉬는 시간을 이용해서 영상을 학생들에게 보여준 팀이 있었다. 또 다른 팀은 모든 학생이 가입되어 있는 카페에 영상을 올려 댓글 참여를 독려하기도 했다. 영상을 보고 댓글을 단 친구들 중 이벤트 추첨을 하여 선물을 주는 방법으로 영상 보는 것을 독려하겠다는 팀도 있었지만, 공정성의 문제로 그 방법은 사용하지 않도록 했다.

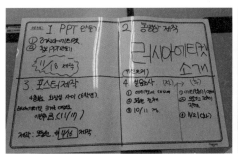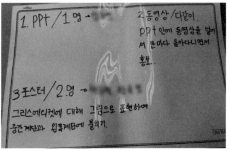

실제 프로젝트 수업에서 학생들이 정했던 홍보 방법과 역할 분담

에티켓 배우며 세계여행하기 6~7차시 과제 안내 (예시)	1. 홍보 방법 계획 완료 2. 홍보 자료(최종산출물) 제작 3. 최종보고서 작성 4. 최종 PPT 작성

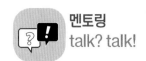

6~7차시 수업을 진행할 때 필요한 교사의 자세는 학생들의 진행 상황을 끊임없이 확인하는 것입니다. 제출해야 할 기한이 촉박해지면 팀 내에서 일을 주도적으로 하는 학생이 모든 과제물을 스스로 끝마칠 수도 있습니다. 이래서는 프로젝트 학습의 진정한 목표를 달성했다고 볼 수 없겠지요. 따라서 교사가 충분한 기한을 두고 지속적으로 역할 분담과 진행 상황을 확인해줄 필요가 있습니다.

실제 수업에서는 최종보고서와 PPT를 최대 3차까지 제출했습니다. 1차 제출로 미흡한 부분이 별로 없는 팀은 교사와 함께 이야기하며 즉석에서 수정했으며, 미흡한 부분이 많은 팀은 여러 번 피드백을 주어 한층 더 완성된 산출물을 제출할 수 있도록 도움을 주었습니다. 교사의 피드백이 중요하다는 점, 꼭 기억해주세요!

최종발표회 준비하기

홍보물 제작을 마무리하고, 최종발표를 앞두고 준비하는 시간을 갖습니다.
교사는 발표 연습을 모니터링해 팀별 면담을 통해 피드백을 제공합니다.

최종발표 리허설과 홍보 자료 제작의 마무리

8차시는 최종발표회에 앞서 발표 준비를 하는 시간이다. 8차시에 모든 것을 완벽하게 준비해서 40분 동안 발표 연습을 하면 좋겠지만 최종보고서, 최종 PPT, 최종산출물까지 모두 완성해서 수업에 임하기란 어려울 것이다.

8차시를 앞두고 학생들이 최소한 완성해야 할 것은 최종보고서이다. 학생들은 연습에 앞서 좋은 발표가 무엇인지에 대해 함께 이야기를 나누고, 워크북에 있는 수업 자료를 토대로 어떤 발표가 좋은 발표인지 생각해본다. 그런 다음 팀별로 결론 낸 것을 바탕으로 최종발표회 연습을 하게 된다.

교사가 잊지 말아야 할 지도와 피드백

교사가 미리 준비해줄 것은 팀별 최종보고서 출력본과 타이머이다. 학생들은 역할을 나누고, 각 부분별로 어느 정도 시간을 사용할 것인지 계획한다. 시간은 중간발표회 때보다 전달할 내용이 많으므로 5분으로 진행했다. 스스로 토의를 하라고 하면 여기저기서 선생님을 부르는 소리가 들려올 것이다. 예컨대 자기 팀은 도저히 5분 안에 발표를 끝내지 못할 것 같은데 어떻게 하냐며 도움을 요청하는 식이다. 이때 교사는 꼭 전달해야 할 필수 내용이 무엇인지 학생들 스스로 찾아보게끔 한 후 다른 팀들과 겹치는 내용, 눈으로 읽고 간단히 넘어가도 되는 부분을 찾아보게 하여 5분에 맞춰 발표를 끝낼 수 있도록 지도해준다.

에티켓 배우며 세계여행하기 8차시 과제 안내 (예시)	1. 모든 발표 자료 완성하기 2. 포스터 확대 출력 필요한 팀 usb에 담아오기 3. 발표 준비하기 4. 팀별 면담 시간 지키기!

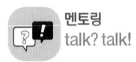

멘토링
talk? talk!

8차시 수업, 이것만은 꼭 기억하라!

9차시 발표를 앞두고 있으니 아마 교사도 걱정이 되고, 학생들도 걱정이 앞설 거예요. 따라서 9차시 최종발표에 앞서 남은 일주일 동안 팀별 면담이 필요합니다. 정해진 기간까지 발표에 필요한 자료를 모두 업로드할 수 있도록 확인해주세요. 그 후 팀별로 쉬는 시간을 이용하여 면담을 진행합니다. 이때 교사는 팀 내 역할 분담이 어떻게 이루어지고 있는지 확인하고, 부족한 부분과 잘하고 있는 부분을 함께 언급하여 남은 기간 동안 발표 연습에 매진할 수 있도록 도움을 주어야 한다는 점, 기억해주세요!

최종발표 자료를 보면서 발표 연습을 하는 모습

최종발표하기

영어로 발표하는 게 이상적이기는 하지만, 과제물은 영어로 제출하되
발표는 학생들의 수준에 따라 영어 또는 한국어로 선택할 수 있게 합니다.

발표와 질의응답으로 구성된 최종발표

9차시는 한 학기 동안 진행된 프로젝트를 마무리하는 시간이다. 학생들이 제작한 포스터를 복도에 전시하고 교사와 학부모를 초대해 그동안의 성과를 총망라해 발표하는 것이다. 중간발표 때와 진행 과정과 준비물 모두 비슷하다. 교사가 미리 준비해두어야 할 것은 최종보고서 합본(모든 팀들의 보고서가 담긴 것), 팀별 책상 이름표, 발표 순서를 플로터로 인쇄한 것 등이 있다. 바뀐 것은 발표 시간이 3분에서 5분으로 늘어난 것이다. 각 팀별로 준비한 홍보 영상, 포스터를 소개하는 시간이 추가되기 때문에 발표 시간이 길어진 것이다. 5분 정도의 발표를 들은 후 마찬가지로 두 팀씩 돌아가며 잘된 점, 보완할 점, 궁금한 점 등을 질문한다.

발표 자료(PPT)는 모두 영어로 작성했지만, 발표는 영어 또는 한국어로 알아서 선택해 진행할 수 있도록 하였다. 영어 수준이 높지 않은 교실에서 발표까지 영어로 하게 되면 발표자의 전달력이 떨어지고, 듣는 학생들 역시 이해가 되지 않는 문제가 있다. 이는 결국 발표 태도가 점점 흐트러지는 모습으로 나타난다. 따라서 학생 수준에 따라서 발표 언어를 결정하는 것이 좋다.

학생들이 제출한 최종산출물 포스터

Greece Etiquette

1. Gesture

To extend the palms
of the Greeks is united
with the greatest curse.
In Greece, raising
your chin gives you
a strong sense of
negation. If someone
raise his chin or
eyebrows, you can
never do.

2. Time for a meeting

The Greeks are often
10 to 20 minutes behind
Schedule. If you have
An appointment with
a Greek friend, please
wait patiently.

3. Meal time

It is more common
for Greek people to
invite themselves in
the evening because
they don't have lunch.
Dinner has been served
for more than two.

최종산출물 에티켓 홍보 영상
학생들의 최종산출물 홍보 영상을 담아 QR코드로 제작하였습니
다. 오른쪽 QR코드를 통해 학생들의 에티켓 홍보 영상을 보실 수
있습니다.

에티켓 홍보 산출물

PROJECT EINGLISH
- A trip around the world
SPANISH ETIQUETTE AND CULTURE

If you go to Spain! What you should know!

Siesta Siesta: Sleep early in the afternoon

It's so hot that it takes a nap!
It's important to know that if you go to Spain,
from 2:00 pm to 4:30 pm, Siesta will close the store and restaurant.

Late dinner

Spanish meals are five meals a day.
That is why dinner starts late.
Unlike our country, Spain is full of lunch.
But dinner is simple!
It is considered to be a time to organize a day with tapas and liquor.

**A special word that you must attach
when you talk to the other person is _ _ _ _**

In Spain,
when you call your opponent,
put a special word in front of your name
(Spain wears a wedding ring in his right hand.

남자	Senor
여성	Senora
미혼	Senorita
Closer man	Don
Closer woman	Dona

Thank you for looking at the poster~~   — TT team

프로젝트 영어
-세계 여러나라 여행
스페인의 에티켓과 문화

스페인을 간다면! 알아야 하는 것!

시에스타 시에스타: 이른 오후에 자는 낮잠

날씨가 너무 더운 탓에 생긴 낮잠시간!
중요한 것은
스페인에 간다면 오후 2시~4시30분까지는
시에스타 때문에
상점들이나 식당이 문을 닫는다는 것을 알고 있는 게 좋다.

저녁식사가 늦다

스페인의 식사는 1일 5식이다.
그렇기 때문에 저녁식사가 늦게 시작한다.
스페인은 우리나라와 다르게 점심을 풍성하게 먹고
저녁식사는 간단하게
타파스와 술을 곁들이며 먹으며 하루를 정리하는 시간으로 여겨진다.

상대방에게 말을 걸 때 붙여야 하는 특별한 단어

스페인에서는
상대방을 부를때
세례명 앞에 특별한 단어를 붙인다.
(스페인은 결혼반지를 오른손에 낀다.

남자		세뇨르
여성	기혼여성	세뇨라
미혼	미혼여성	세뇨리타
친한 남성		돈
친한 여성		도냐

포스터를 봐주셔서 감사합니다~~   — TT team

France Etiquette -영어-

· 빛나는 별 ·

Etiquette 1: Meal

The French don't use a knife or their mouths to rip their bread. They use their hands. After meals, the pointy part of the fork has to be facing up and you put the fork and knife diagonally on top of the plate.

Etiquette 2: meeting people

In France when you meet someone, it's good to say pleased to meet you. When saying farewell, it's good to shake hands. Unlike America, the French do not accept you waving your hands and saying 'bye bye'. When shaking hands, do not put strength and the person that has a higher status puts their hand out first. When a women reaches out first, it is excepted that a man releases.
Close friends, family members and young people blow air kiss to each other. One on the left and one on the right.

Etiquette 3: Blowing Your Nose

In Korea, burps are seen as natural phenomenon. In France burps are seen as a despite. Instead blowing your nose is okay. In restaurants instead of blowing your nose you sniffle, then the French will stare at you weirdly. Also the French believe that the mucus inside your nose is bad for you so you should get it out of your body.

Etiquette 4: Giving Carnations As A Gift

In France, carnations are used in funerals so it is seen as a bad gift. Carnations don't die as quickly as regular flowers. Also carnations maintain a relatively long lasocarnations maintain a relatively long lasting color.

프랑스 에티켓 -영어-

· 빛나는 별 ·

에티켓 1: 식사하기

프랑스인들은 빵을 칼이나 입으로 뜯지 않고 손으로 떼어먹습니다.
식사 후에는 포크의 날카로운 부분이 위를 향하게 하고 나이프와 포크를 접시 위에 나란히 올려놓습니다.

에티켓 2: 사람 만나기

프랑스에서 누군가를 만날 때는 Pleased to meet you 라고 하면 악수하는 것이 좋습니다. 헤어질 때는 모든 사람과 악수하는 것이 좋습니다. 미국과 달리 여러 사람들에게 손을 흔들며 byebye라고 하는 것은 호의적으로 받아들여지지 않습니다. 힘을 주어 악수를 하는 건 예의가 없다고 생각하며 일반적으로 높은지위에 있는 사람이 먼저 손을 내밉니다.
남녀간에는 여자가 먼저 내밀지만 상대 남자의 사회적 지위가 더 높을 때에는 예외라고 합니다. 친한 친구, 가족, 젊은 사람들끼리는 뺨에 에어키스를 합니다. 왼쪽에 한번 오른쪽에 한번 하면 됩니다. 그리고 일반적으로 시선을 맞추는 게 기본입니다. 시선을 피하는 것은 상대방에게 흥미가 없다는 표시로 무례하게 생각한다고 합니다.

에티켓 3: 코 풀기

우리나라의 경우 트름은 자연스러운 현상으로 보는놈이 않습니다.
프랑스는 식사 중에 트름하는것을 무례하게 생각합니다.
대신 코 푸는거에 대해 관대하다. 실제로 레스토랑에서 코를 훌쩍 않은 채 훌쩍거리면 이상하게 쳐다본답니다.

에티켓 4: 카네이션 선물

프랑스에서는 카네이션은 장례식에 사용되기 때문에 나쁜 뜻으로 사용 됩니다. 카네이션은 보통 꽃만큼 빨리 죽지 않고 비교적 오래 색상이 유지 됩니다. 그래서 카네이션은 평상시 선물로 사용하지 않습니다.

Russian etiquette

Members :   (꼬돌키들)

1. After meeting someone, you shouldn't make a false greeting. It is better not to make promises because you make appointments and keep your promise next time. The Russian people hold the promise important.

2. When eating food, many people do not eat it on a plate.
People in Russia (mostly foreigners) think that eating a meal from a plate of people's mouths is considered unsanitary, so they eat it separately and eat it separately.

3. Food must not be removed from the fast-food restaurants.
You can see the taste of food because there is someone who removes them from the Russian food restaurant.

Wait here!
What is etiquette?
In the case of social life, it is almost the same as the desirable behavior of the people who should be taken in and in and in the workplace. It is said that etiquette comes from a word meaning a person who has learned to enter the royal court as a Frenchman.

러시아의 에티켓

모둠원 :   (꼬돌키들)

1. 누군가와 만나고 나서 괜한 인사치레를 하면 안된다.
약속을 정하고 다음에 보기로 하다가 약속을 못 지킬 수도 있기 때문에 안하는 것이 좋다. 러시아 사람들은 약속을 중요하게 여긴다!!

2. 음식을 먹을 때, 많은 사람들이 여러 사람들이 먹게 않는다.
러시아 사람들 (대부분의 외국사람들)은 한 접시에서 여러 사람의 입을 오가는 식사도구가 닿는 것을 비위생적이라고 생각되어서 각자의 개인접시에 담아서 따로 먹는다.

3. 패스트푸드점에서는 먹은 음식을 치우면 안된다.
러시아 패스트푸드점에서는 따로 치워주는 사람이 있기 때문에 음식을 치워주는 눈치를 볼 수 있다.

여기서 잠깐!
에티켓이란?
사회 생활을 통해 모든 사람들과의 경우와 장소에서 취해가 잘 바람직한 행동양식 궁하게나 거의 같은 뜻이라고 할 수 있다. 에티켓은 원래 프랑스말로에 에티켓궁을 이긴 사람이 궁실에 출입할 수 있는 팃과뜻 같은 것을 의미한 말에서 나온 것으로 전해진다.

학생들이 제출한 최종보고서

스페인의 에티켓과 특별한 문화
- 에티켓 배우며 세계 여행하기 -

6학년 영어 교과
팀명: (TT)
팀원명: ( )

I. 나라 선정 이유
우리 팀이 선정한 나라는 스페인이다. 이 나라를 선택한 이유는 첫째, 역사가 1480~부터 약 640년으로 매우 길기 때문에 에티켓이나 매너의 역사도 길고 특별한 문화가 많을 것 이라고 생각했다. 둘째, 스페인이 남아프리카(브라질) 제외, 멕시코, 중남미의 나라들, 카리브해의 나라들(아이티, 자메이카, 쿠바 등)이 속해있는 곳을 식민지로 삼아 지배한 강대국이어서 중요로운 삶을 살았기 때문에 에티켓이나 매너, 특별한 문화가 많이 발달 되어있을 것 같다고 생각했기 때문이다.

II. 탐구(프로젝트) 목표
1. 스페인에 대해 알 수 있다.
2. 스페인의 역사에 대해 알 수 있다.
3. 스페인의 에티켓과 특별한 문화에 대해 알 수 있다.
4. 스페인의 에티켓을 특별한 방법을 세울 수 있다.
5. 스페인의 에티켓과 특별한 문화를 6학년에게 홍보할 수 있다.

III. 탐구 방법 및 역할 분담
1. 탐구 방법

기간	한 일	방법	준비물 (참고 도서 및 사이트명)
09월 13일~09월 27일	나라 선정하기 및 탐구 계획 세우기	팀원들과 의견을 나눔	생각나눔판, 보드마카
09월 28일~10월 18일	에티켓 선정 및 에티켓 탐구하기	인터넷 조사, 책 읽기	인터넷, 참고도서
10월 19일~10월 25일	중간탐구발표회 준비하기	중간보고서 제작, PPT 만들기	PPT, 중간보고서
10월 26일~11월 22일	최종산출물 제작 및 최종 보고서 작성	역할분담, 산출물제작과 보고서 작성	인터넷 (naver, google) 책 (유럽의 역사) Powerpoint, 최종보고서
11월 22일~12월 06일	발표 PPT 제작 및 최종 발표 연습하기	PPT제작 대본 작성, 발표연습하기	PPT, 대본

2. 역할분담

학년 반	이 름	주 역할
6학년 1반		홍보포스터, 최종보고서제작, 최종PPT 제작
6학년 2반		영상사료조사, 최종보고서제작, 최종PPT제작
6학년 2반		최종보고서제작도움
6학년 4반		홍보영상제작

IV. 탐구를 통해 알게 된 내용(조사 내용)

시에스타	시에스타는 (시에스타에)가 등장해 이른 오후에 자는 낮잠 또는 낮잠 자는 시간이다. 시에스타라는 문화가 생긴 이유는 스페인의 날씨가 매우 덥고 태양열이 매우 강해서 때문이다. 또 이 시간에는 상점들이나 식당의 문을 닫고 공영아나 공공장소에 사람이 줄어든다. 하지만 요즘에는 스페인이 경제타격으로 민해 상점 페이론이 부정해져 팀을 많고 있다. 또한 관광지에는 시에스타가 이뤄지는 모습을 찾아보기 힘들다.
에티켓 소개 저녁식사를 늦게 한다	스페인의 저녁식사가 늦은 시간에 시작되는 가장 큰 이유는 스페인에 식사가 1일 5차이기 때문이다. Desayuno(조식), Almuerzo(간단한 간식), Comida(정심식사), Merienda(간단한 식사), Cena(간단한 저녁식사)로 이루어서 시간에 마지막 Cena(간단한 저녁식사)가 바로 우리나라의 저녁식사다. 스페인은 우리나라와 다르게 점심을 매우 거창하고 풍성하게 먹고 저녁식사는 Merienda(간단한 식사) 이후 간단하게 태파스와 술을 곁들여 먹으며 하루를 정리하는 시간으로 여겨진다. -타파스: 스페인에서 식사 전에 술과 곁들여 간단히 먹는 소량의 음식을 이르는 말이다.

종류명	식사	내용
Desayuno	조식	
Almuerzo	간식	
Comida	점심	
Merienda	간식	
Cena	저녁	

스페인 사람에게 말을 걸 때에는 상대방의 성 앞에 특별한 단어를 붙여야 한다.	스페인에서는 상대에게 말을 걸 때에는 Mr 의 '세뇨르(Senor)', Mrs 의 '세뇨라(Senora)', Miss의 '세뇨리타(Senorita)'를 붙여야 한다. 잘 아는 사이에는 세례명을 부른다. 남성에게는 '돈(Done)' 여성에게는 '도냐(Dona)'를 붙여 부르는 것이 매너이다 문화이다. (참고로 스페인 경환반지를 한국과는 다르게 오른손에 낀다.) 이런 매너가 생긴 이유는 아무래도 예전부터 그렇게 불러왔기 때문에 생긴 문화인 것 같다. 미국에서 Mr. Mrs. Miss라고 부르는 것이 예전부터 내려와 그 나라의 문화이기 매너인 것과 비슷한 것 같다.

V. 탐구 결과(에티켓 홍보 과정 및 방법)

제작방법	관련 사진	기대효과
영상 내용을 정한 후 키네마스터라는 앱을 이용해 정리한다.	Hello. This is TT Do you know about Spanish etiquette and culture?	영상을 통해 스페인의 에티켓을 소개하고 다양한 사진이나 이미지를 사용해서 에티켓에대해 자세히 설명하고 홍보한다. (만들어진 배경 포함)
포스터 내용을 정한 후 간단하게 설명한 다음 A2용지 크기로 인쇄한다.	S.T.A.R PROJECT PEMBERLY SPANISH ETIQUETTE AND CULTURE	스페인의 에티켓을 간단히 설명하여 홍보한다.

VI. 프로젝트 후기 (배운 점이나 알게 된 점 등 소감 한마디)

학년 반	이 름	내용
6학년 1반		벌써 끝나서 시원섭섭하다. 한 학기동안 열심히 해준 팀원들에게 너무 고맙다. 그리고 잘 지도해주신 실혜인 선생님께도 너무 감사하다.
6학년 2반		스페인의 매너에 대해 배워 좋았고 보고서를 만들어 조금 힘들었다.
6학년 2반		스페인이라는 나라의 에티켓을 알게 되어서 좋았다.
6학년 4반		스페인이라는 나라에 대해 알 수 있어서 좋았고 조금 힘들었다.

'수업 마무리를 어떻게 할까?'에 대한 고민은 모든 교사가 갖고 있을 것입니다. 시작만큼 중요한 것이 의미 있는 마무리이기 때문이지요. 각자 손을 들어 소감을 발표하는 것도 좋지만 무엇인가 기억에 남는 방법으로 마무리하고 싶었습니다. 그래서 떠올린 것이 바로 비유 카드였지요. 수업 시간에 비유 카드 중 몇 가지 단어를 뽑아 PPT 화면에 그림으로 띄워주었습니다. 학생들에게 제시한 단어는 무지개, 우산, 장미, 신호등, 비행기, 우주, 산, 나비였습니다. 이 단어 중 하나를 선택하여 프로젝트 학습을 마무리하는 소감을 비유법으로 발표하는 거죠.

혹시 막막하게 여기면 어쩌나 걱정했는데, 아이들은 생각 외로 쉽게 비유법을 만들어 자신의 소감을 발표했습니다. 비행기를 선택한 학생은 "저희 팀에는 비행기의 기장처럼 프로젝트를 올바른 방향으로 잘 이끌어준 팀장이 있었습니다. 그래서 이번 프로젝트가 잘 진행되어서 기쁩니다", 또 비행기를 선택한 또 다른 학생은 "프로젝트 수업이 매일매일 비행기를 타는 것처럼 기뻤습니다"라는 표현으로 지도교사인 저를 기쁘게 하기도 했습니다. 우산을 선택한 학생은 "비가 오는 것처럼 프로젝트를 진행하면서 힘든 일이 많았습니다. 그럴 때마다 팀원들이 우산처럼 비를 함께 막아주어서 여기까지 올 수 있었습니다", 무지개를 선택한 학생은 "무지개 색처럼 저마다 다른 친구들이 모였지만 함께하니 아름다운 무지개처럼 빛날 수 있었습니다"라며 저마다의 소감을 발표하며 전체 프로젝트를 훈훈하게 마무리했습니다.

프로젝트 활동 돌아보기

그간의 탐구 활동을 돌아보는 시간을 갖습니다.
이 시간은 학생들의 성찰은 물론 교사 자신도 자신의 수업 운영을 돌아보는 시간이 되어야 합니다.

프로젝트를 성찰하고 한층 더 성장하기

10차시는 '에티켓 배우며 세계여행하기' 프로젝트를 성찰하는 시간으로 프로젝트 학습을 통해 얻은 점과 느낀 점 등을 자유롭게 나누었다. 교사도 이 시간을 통해 자신의 프로젝트 수업 운영을 되돌아보고 개선 점 등을 느낄 수 있다. 미리 제작된 학습지를 통해서 학생들은 프로젝트 과정을 돌아보며 자기 자신은 물론 팀원들과 그 안에서의 나의 역할에 대해 돌아보는 시간을 갖는다.

**톡?톡!
교사후기**

〈영어과〉'에티켓 배우며 세계여행하기' 프로젝트

수업에 대한 두려움을 해소하기 위한 답은 수업에 대한 더 많은 고민과 준비뿐이다. 이를 위해서는 전체 프로젝트 과정과 각 차시에서 학생들이 해야 할 일이 무엇인지 내가 정확히 알고 있어야 했다. 끝내며 되돌아보니 아쉬운 부분도 많았지만, 10차시에 걸쳐 수업 준비를 하면서 수업의 큰 숲과 나무를 번갈아보는 연습이 많이 되었다. 또 쉬운 과정은 아니었지만 그 속에서 교사로서의 수업 전문성을 키워갈 수 있었다.

프로젝트 학습··· 새롭고 즐거운 학습 경험
6학년 주현영

담임 선생님께서 처음 프로젝트 학습에 대하여 설명해주실 때 낯설기도 하고 어느 교과를 선택할까 무척 고민하게 되었다. 친한 친구랑 같이할지 아니면 부족한 교과로 할지··· 고민 끝에 나는 영어 교과를 선택하였다.

프로젝트 학습 첫 시간, 우리의 약속에 사인을 하며 정말 열심히 잘 하겠다고 다짐도 하게 되었다. 처음엔 모둠원끼리 시간 맞춰서 만나기도 힘들고 만나서도 서로 의견 내고 상의하는 것이 쉽지 않았다. 그런데 선생님께서 방향 제시, 조언해주시면서 이전 시간과는 다르게 좀 더 적극적으로 수정하고 다시 의견을 나누다 보니 보고서의 형태가 조금씩 만들어지고 있었다.

발표 자료를 만들고 카페에 글을 올리면서 다른 모둠은 어떻게 했는지 궁금했다. 부족해 보이는 발표 자료도 있었지만 정말 잘 만든 모둠이 있었다. 우리 모둠도 잘 만들어서 멋진 결과물을 내야겠다는 욕심이 들었다. 그래서 더 조사하고 더 생각도 하게 되었다. 조사하다 보니 자연스레 궁금한 점도 생기고 그 과정에서 나도 모르게 재미가 느껴지기 시작했다. 왜 프로젝트 학습을 하는지 이유를 알 것 같았다.

선생님들께서 교과를 담당하시면서 카페에 댓글도 달아주시고 우리 자료를 수정도 해주시니 선생님들이 너무 고생하신다는 생각이 들었다. 하지만 나는 선생님들과 친밀해진 것 같아서 좋기도 하였다. 발표 자료를 준비하면서 지쳐갈 때 선생님의 댓글은 다시 나에게 힘을 주었던 것 같다.

우리들로선 처음 접하는 프로젝트 수업이 다소 힘들기도 하였지만, 친구들과 협의해서 탐구하고 결과물을 만들어내는 과정이 그전의 수업과는 다른 새롭고 즐거운 경험이었다. 프로젝트 학습에 참여해서 우리 6학년들에게 노력과 열정을 갖게 해준 선생님들께 너무 감사드리며 후배들에게도 이런 좋은 프로젝트 수업을 경험하게 해주시면 좋을 것 같다는 생각이 든다.

부록

나눔!
프로젝트 학습 자료

이 장에서는 그동안 이 책에서 프로젝트 수업 10차시를 진행하는 동안 사용되었던 다양한 학습 자료들의

포맷을 제공한다. 여기에서 소개하고 있는 학습 자료들을 복사해서 실제 수업에서 그대로 적용을 해봐도

좋을 것이고, 교사 나름대로 포맷을 수정하거나 응용해서 적용해본다면 프로젝트 수업을 한층 더 재미있

고 풍요롭게 진행하는 데 분명 큰 도움이 될 것이다.

10차시 학생 워크북

활동 일지

활동 날짜	월 일 요일	핵심 역량	
활동 주제			

탐구 문제 해결을 위한 아이디어 및 팀 의견 정리

문제 해결을 위해 해야 할 과제	기한	체크
1.		☐
2.		☐
3.		☐
4.		☐
오늘 나의 활동 돌아보기		

평가 내용	잘함	보통	노력 요함
(문)			
(의)			
(협)			
활동을 통해 알게 된 점			

팀 이름 정하기 활동 자료(1차시 수업)

토의하기	우리 팀 이름을 정하기

토의 주제: 우리 팀의 성격과 특징이 잘 나타나도록 팀 이름을 정해봅시다.

내 의견	
그렇게 생각한 까닭	

▼

의견 나누기 및 의견 모으기	팀원 이름				
	팀명				
	이유				
	장점				
	단점				

▼

의견 결정 하기	모둠원끼리 다수결을 통해 모둠의 이름을 결정하여 봅시다. • 결정된 방안 : 우리 모둠의 이름은 ( )(으)로 결정하였습니다.

팀 빌딩하기 활동 자료(1차시 수업)

미션 1	기선 제압!! 우리 팀이 최고!!

★ 우리 팀의 자랑을 가능한 많이 찾아서 적어보고 1분 동안 발표해봅시다!

우리 팀 이름:	
우리 팀의 자랑	

미션 2	우리 팀의 경쟁 상대는 너로 정했어!!

★ 우리 팀을 제외하고 어느 팀이 경쟁력이 막강한지 예상해봅시다!

이 팀 막강하다!!	팀
이 유	

프로젝트 팀 서약서(1차시 수업)

프로젝트 팀 서약서

우리는 _____의 팀원으로 프로젝트 수업에 임할 때 아래의 약속을 지킬 것을 서약합니다.

☞ 프로젝트 팀원으로서 맡은 일에 최선을 다하겠습니다.

☞ 함께하는 프로젝트 팀원들을 존중하고 서로의 의견을 경청하겠습니다.

☞ 프로젝트 활동에 적극적으로 참여하여 프로젝트 활동이 잘 수행될 수 있도록 협력하겠습니다.

☞ 어려움이 있을 때에는 팀원이나 선생님께 적극적으로 도움을 요청하겠습니다.

☞ _____

날짜 : 20   년   월   일

팀원 이름	맡은 역할	팀원 서명(사인)

마인드맵 그리기(2차시 수업)

■ 프로젝트 활동 주제에 대한 Mind-Map 그리기

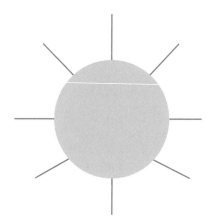

프로젝트 계획서(2차시 수업)

■ **프로젝트 계획서**

프로젝트 교과		
프로젝트 주제		
활동 참가자		
활동 기간		
활동 준비물		
활동 과정	활동 방법	
	활동 자료	

역할 분담				

1. 이 프로젝트를 통해 배우고 싶은 것은 무엇인가요?	
2. 이 프로젝트에 어떤 자세로 참여할 것인가요?	
프로젝트에 앞서 나의 다짐 한마디!	

청중 피드백 자료(5차시 수업)

■ 프로젝트 청중 피드백

팀 명	
탐구 주제	

나의 생각 〈좋은 점/ 궁금한 점/ 보완할 점〉

-
-
-

한 줄 평	별점
	☆☆☆☆☆

팀 명	
탐구 주제	

나의 생각 〈좋은 점/ 궁금한 점/ 보완할 점〉

-
-
-

한 줄 평	별점
	☆☆☆☆☆

성찰일지(5차시 수업)

■ 〈정리〉 성찰일지

프로젝트 학습 성찰일지(자기평가) 6학년 ( )반 이름( )			
내 용	잘함	보통	노력 요함
1. 우리 프로젝트 팀의 탐구 주제와 내용에 대해 잘 알고 있다.			
2. 팀 내에서 모둠원들을 배려하고 존중하며 협력을 잘했다.			
3. 팀 친구들과 토의하고 탐구 활동에 적극적으로 참여하였다.			

4. 오늘 중간결과 발표를 하면서 느낀 점 및 우리 팀의 보완점은 무엇입니까?

〈느낀 점〉

〈보완할 점〉

프로젝트 학습 성찰일지(동료평가)			

팀의 활동을 되돌아보며

6학년 ( )반 이름( )

※ 다음 항목에 대해 친구들의 활동을 평가해주세요! (잘함: ☆, 보통: ○, 노력 요함: △)

항목	친구 이름		
1. 우리 프로젝트 팀의 탐구 주제와 내용에 대해 잘 알고 이야기해요!			
2. 팀 내에서 친구들을 배려하고 존중하며 협력을 잘했어요!			
3. 팀 친구들과 토의하고 탐구 활동에 적극적으로 참여했어요!			

4. 우리 팀 ○○○을(를) 칭찬합니다!!	친구 이름	칭찬 이유	

좋은 발표의 조건 활동 자료(8차시 수업)

■ 좋은 발표란 무엇일까요?

---

1. 발표 영상을 보고 좋은 점과 아쉬운 점을 적어봅시다.

좋은 점   아쉬운 점

★ 영상 보는 포인트 ★
발표자의 몸짓, 말의 빠르기, 발음 및 전달력, 목소리의 높낮이,
발표자의 자세, PPT 슬라이드 내용(청중이 읽기 쉬운지)

2. 좋은 발표란 무엇일까요?

① 좋은 발표의 여러 가지 조건들을 생각해본다.
② 우리 팀이 가장 중요하게 생각하는 발표 조건 4개를 결정한다.
③ 생각나눔판에 적는다.

3. 발표를 할 때 하지 말아야 할 행동 5가지

① (   )를 하면서 시작하는 행동
② 추가 (   )을 요청하는 행동
③ 슬라이드 자료를 그냥 (   ) 것
④ 청중들에게 (   )을 보이지 않기
⑤ 슬라이드 자료를 (   ) 넘기는 것

최종 탐구 결과 발표 시나리오(8차시 수업)

■ 최종 탐구 결과 발표 시나리오

발표 연습 TIP
1. 각자 발표할 내용을 정한다. (최종발표 시 전원 발표)
2. 팀원 한 사람씩 돌아가며 각자 발표할 내용을 연습하고 팀원들이 한 발표에 피드백을 해준다. (목소리 크기, 시선, 제스처, 발음, 표정, 말의 빠르기 등)
3. 연습이 끝나면 팀원들이 피드백해준 내용을 생각하며 실전처럼 처음부터 끝까지 발표를 해보고 시간을 재어본다.
   (불필요한 내용은 줄이고 핵심만 간결하게 발표하기!! 산출물 발표 시간을 포함하여 5분 정도에 맞추기!!)

발표 시나리오					
순서		시간 (총 5분)	자료	내용 (멘트)	맡은 사람
시작하는 말			□ PPT □ 영상 □ 기타		
최종 보고서	주제 선정 이유		□ PPT □ 영상 □ 기타		
	탐구 목표		□ PPT □ 영상 □ 기타		
	탐구 방법 및 역할 분담		□ PPT □ 영상 □ 기타		
	탐구를 통해 알게 된 내용		□ PPT □ 영상 □ 기타		
	제작 과정 소개		□ PPT □ 영상 □ 기타		
최종산출물			□ PPT □ 영상 □ 기타		
후기			□ PPT □ 영상 □ 기타		
끝맺는 말			□ PPT □ 영상 □ 기타		

프로젝트 청중 피드백 활동지(9차시 수업)

프로젝트 청중 피드백	프로젝트명		발표 팀원명	

☞ 발표를 듣고 궁금한 질문을 적어봅시다.

질문	답변 내용

☞ 프레젠테이션에서 무엇이 가장 좋았는지 적어보세요.

☞ 프레젠테이션에서 배운 점이나 생각하게 된 점을 적어보세요.

☞ 발표를 듣고 한줄 평을 해줍시다.

한 줄 평	별점
	☆ ☆ ☆ ☆ ☆

프로젝트 평가 자료(9차시 수업)

■ 프로젝트 팀별 평가

*팀별 발표를 잘 듣고 기준에 맞춰서 평가해봅시다.
  단, 평가 시에는 책임감을 갖고 공정하게 참여하도록 합니다. (팀별 점수 10점 반영)

평가 기준	
1. 탐구가 성실하게 잘 진행되었으며, 탐구 주제 해결을 위한 조사가 충분히 이루어졌는가? (3점)	
2. 탐구 주제와 연관된 적절하며 관심을 끄는 산출물인가요? (3점)	
3. 발표를 명확하고 설득력 있게 하였나요? (3점)	
표기 방법	○: 3점 △: 2점 ×: 1점

팀 이름	팀원명 팀 탐구 주제	1. 탐구 성실성 (3점) (○, △, ×)	2. 산출물 (3점) (○, △, ×)	3. 발표 (3점) (○, △, ×)	합계 (9점) 모든 팀 1점 플러스 (총 10점)

프로젝트 돌아보기(10차시 수업)

프로젝트 이모저모! 우리들만의 이야기!	(　　)학년 교과: (　　　　) 이름: 닉네임:

> 프로젝트 학습을 하면서 느낀 좋았던 점, 힘들었던 점, 고마운 점, 궁금한 점, 반성해볼 점에 대해 쓰고 함께 나누어보는 시간을 가지려 합니다. 여러분의 생각과 느낌을 진술하고 구체적으로 적어주세요.

☞ Share : 프로젝트를 하면서 느낀 좋았던 점과 어려웠던 점을 나누어요.

좋았던 점	
어려웠던 점 (개선되었으면 하는 점)	

☞ Thanks to : 프로젝트를 하면서 고마운 점을 나누고 우리 팀에 한마디 해보아요.

고마운 친구와 그 이유	친구의 이름: (　　　　　　　　　　)
	고마운 이유:
우리 팀에게 한마디 또는 우리 팀 자랑	팀 이름: (　　　　　　　　　)
	팀에게 한마디 또는 우리 팀 자랑:

☞ Ask : 프로젝트를 하면서 잘 모르는 부분, 어떻게 해야 할지 몰라 고민이 되는 부분들이 있었다면 질문해요.

궁금한 점 또는 고민	

☞ Reflection : 프로젝트를 하면서 나를 돌아보고 스스로 반성해보아요.

프로젝트를 하면서의 나의 모습은 : ☆☆☆☆☆

그 이유 :

앞으로 나의 다짐 :

CONTENTS

활동 날짜	월 일 요일 교시	( )회차
프로젝트 수업 주요 내용 (학생들이 완성해야 할 것들)	학생들에게 필요한 지식과 기술	필요한 자료
□ □ □ □ □	□ □ □ □ □	□ □ □ □ □
수업 반성	다음 차시 및 과제 안내	

정의적 영역 관찰 평가													
팀	이 름	참여	책임	공동체	과제	행동발달 및 특기사항	팀	이 름	참여	책임	공동체	과제	행동발달 및 특기사항

수행평가 척도: 상○, 중△, 하×

수행평가 척도	
참여성	모둠 활동에 바른 태도로 능동적으로 참여한다.
책임감	모둠 활동에서 자신의 역할에 최선을 다한다.
공동체 및 상호작용	모둠 내에서 상호 협력하며 상대방을 배려한다.

1. 점수 배점표

항목	과제 수행도	태도	워크북	중간 탐구 결과 발표	최종산출물 발표	총점
점수	10	10	10	20	50	
세부 사항	매 수업 시 과제 수행도	매 수업 시 참여도, 경청 및 협력 태도	워크북 작성도	중간보고서: 10점 발표 및 질의응답: 10점	최종산출물: 20점 최종보고서: 10점 최종발표: 10점 청중평가: 10점	100

2. 중간 탐구 결과 발표 점수 및 피드백

중간보고서 평가 기준	
독창성	- 가치 있는 탐구를 계획하였는가? - 새롭고 독특한 아이디어를 제시하는가?
논리성	- 탐구 과정이 논리적으로 타당한가?
문제해결력	- 문제를 해결하기 위한 조사가 충분히 이루어졌는가?

중간보고서 평가				
팀명	팀원명	기여도 (○, △, ×)	점수	피드백
			/10	
			/10	
			/10	
			/10	

중간발표 평가 기준	
의사소통 능력	- 자신의 생각과 의견을 전달력 있고 명확하게 표현하는가? - 친구들의 질문에 적절하게 대답하는가? - 발표 시간을 지켜서 발표하는가?
정보처리 능력	- 발표할 내용을 효과적으로 전달할 수 있는 자료를 제작 및 활용하여 발표하는가?

중간발표 평가				
팀명	팀원명	기여도 (○, △, ×)	점수	피드백
			/10	
			/10	
			/10	
			/10	
			/10	

3. 최종 탐구 결과 발표 점수 및 피드백

최종보고서 평가 기준	
독창성	- 가치 있는 탐구를 계획하였는가? - 새롭고 독특한 아이디어를 제시하는가?
논리성	- 탐구 과정이 논리적으로 타당한가? - 탐구 과정이 유기적으로 관련되어 전체적으로 일관된 느낌을 주는가?
문제해결력	- 문제를 해결하기 위한 조사가 충분히 이루어졌는가?

최종보고서 평가				
팀명	팀원명	기여도 (O, △, ×)	점수	피드백
			/10	
			/10	
			/10	
			/10	
			/10	

최종산출물 평가 기준	
문제해결력	- 탐구 목적이 달성된 적절한 산출물인가? - 가치 있는 산출물인가? - 새롭고 독특한 아이디어의 산출물인가?
협업 능력	- 탐구의 전체적인 진행 과정에서 적절하게 역할 분담을 했으며 협력적으로 산출물을 완성했는가?

최종산출물 평가				
팀명	팀원명	기여도 (○, △, ×)	점수	피드백
			/20	
			/20	
			/20	
			/20	
			/20	

최종발표 평가 기준	
의사소통 능력	- 자신의 생각과 의견을 전달력 있고 명확하게 표현하는가? - 친구들의 질문에 적절하게 대답하는가? - 발표 시간을 지켜서 발표하는가?
정보처리 능력	-발표할 내용을 효과적으로 전달할 수 있는 자료를 활용하여 발표하는가?

최종발표 평가				
팀명	팀원명	기여도 (○, △, ×)	점수	피드백
			/10	
			/10	
			/10	
			/10	
			/10	

■ 프로젝트 학습 안내

1. 프로젝트 학습이란?

프로젝트를 통한 학습 활동으로 학생들이 학습할 흥미와 가치가 있는 주제를 선정하여 개인 또는 협동 학습의 형태로 학습자가 특정 주제에 대해 깊이 있는 학습 활동을 하는 것을 의미한다.

2. 프로젝트 학습의 목적

가. 스스로 주제를 선택하고, 자신이 추구하는 방법대로의 자유로운 활동을 통해 자기관리 능력, 창의적 사고력 및 문제해결 능력을 기른다.

나. 타인과의 활발한 토의를 통해 자신의 의견이나 마음을 정확히 표현하여 대인관계 능력 및 의사소통 능력을 기른다.

다. 탐구 활동을 통해 얻은 자료를 분류, 해석하고 보고서를 작성하는 과정을 통해 여러 지식들을 체계적으로 정리하는 정보처리 능력을 기른다.

라. 탐구 수행 과정을 통해서 만든 산출물을 발표할 수 있는 기회를 제공하고 이를 통해 성취감을 느끼게 해줌으로써 창의성 계발의 동기를 부여한다.

3. 프로젝트 활동 계획

순	일자	단계	활동 내용	학생 과제
1	3.29(수)	오리엔테이션	프로젝트 학습 홍보 및 안내하기 탐구 계획서 작성하기	탐구하고 싶은 교과 생각해오기
2	4.12(수)	주제 정하기 및 대상 모둠 정하기	탐구할 주제를 정하고 함께 연구할 팀 구성하기	탐구 교과와 관련하여 관심 있는 주제 생각하기
3	4.26(수)	탐구 활동	탐구 계획 세우기	탐구 주제와 관련된 도서 읽기
4	5.10(수)	탐구 활동	탐구 계획 실천하고 팀별 토의하기	탐구 주제와 관련된 도서 읽기
5	5.24(수)	중간 점검	중간 탐구 결과 발표하기	중간발표 준비하기
6	6.7(수)	탐구 활동	탐구 계획 실천하고 팀별 토의하기	탐구 주제와 관련된 도서 읽기
7	6.21(수)	탐구 활동	탐구 계획 실천하고 팀별 토의하기	탐구 주제와 관련된 도서 읽기
8	7.5(수)	산출물 발표하기	탐구 활동 결과 발표하기	탐구 결과 발표 자료 준비하기
9-10	7.14(금)	산출물 전시회 및 지식나눔강연회	탐구 활동 결과 발표하기	탐구 결과 발표 자료 준비하기

4. 프로젝트 활동 전개

교과 선정 및 지도교사 배정	학생들이 원하는 교과를 조사하고, 주제 탐구 활동 수행 계획을 작성하여 이를 바탕으로 교과 및 지도교사를 배정한다.

소주제 선정 및 모둠 배정	선택한 교과 안에서 학생들이 탐구해보고 싶은 소주제를 선정하고, 비슷한 소주제별로 모둠을 구성한다. 단, 개별화된 과제 연구 활동이 진행될 수 있도록 모둠별로 3~4명의 학생을 배정한다.

지도교사와 함께하는 프로젝트 학습 활동	지도교사는 각 팀의 역할 분담 상황을 확인하고 탐구 활동의 방향을 잡아주는 역할 및 수행 과정을 교사와 학생이 함께 공유하여 지속적인 관심과 흥미를 유발하는 촉진자 역할을 한다.

전시회 및 지식나눔강연회 운영	학생들이 탐구한 과정 및 탐구 활동 실시 중에 얻은 산출물을 수집하여 전시회를 열고, 산출물을 발표할 수 있는 지식나눔강연회를 1, 2학기 각 1회씩 실시한다.

과정 중심 평가 실시	프로젝트 워크북 안에 프로젝트 학습 과정 활동지를 제작해 학습 과정들을 기록하게 하고 기록물 및 참여 태도 등을 관찰해 학생들의 정의적 영역까지 평가할 수 있는 평가 도구를 개발하여 과정 중심 평가가 이루어지게 한다.

5. 프로젝트 학습 교과

교과	프로젝트명	단원	활동 목표
국어	세상을 바꾸는 AD Maker	5. 광고 읽기	광고의 표현의 특성을 고려하여 광고를 제작할 수 있다.
사회	역사인물 판정단	1. 조선사회의 새로운 움직임	역사 속 인물 중 더 알고 싶은 인물을 찾아 탐구할 수 있다.
미술	웹툰의 세계로	4-7. 움직임을 애니메이션으로	웹툰의 제작 과정을 알아보고 다양한 재료와 방법으로 웹툰을 창의적으로 제작할 수 있다.
음악	뮤지컬 음악 함께 연주하기	1-4. 여러 나라의 극음악	뮤지컬 음악을 장면의 느낌을 살려 바꾸어 표현하며, 다양한 곡을 엮어 뮤지컬 음악을 만들 수 있다.
영어	Cooking Gem	6. I have a stomach	아픈 증상과 이에 따른 세계 민간요법이 담긴 레시피를 만들 수 있다.

〈자체 발광 빛나는 사람 되기 프로젝트〉

프로젝트 학습 교과 선택하기

기간	2017. 9. 13 ~ 2017. 12. 15			
	교과	프로젝트명	단원	수업목표
프로젝트 학습 교과 안내	국어	나는 학생기자다!	10. 뉴스와 생활	뉴스가 우리 생활에 미치는 영향을 생각하며 뉴스를 만들 수 있다.
	사회	지구촌 문제해결단	4-3. 함께 해결하는 지구촌 문제	지구촌의 문제를 해결하기 위하여 우리가 실천할 수 있는 방법을 알아볼 수 있다.
	미술	종암 주니어 도슨트	미술 작품과의 즐거운 만남	작가의 생애와 예술 활동을 알아보고 이를 통해 미술 작품을 바르게 감상할 수 있다.
	음악	함께 만드는 우리들의 노래	2-6. 내 노래 만들기	친구들이 가지고 있는 어려움이나 관심사를 노랫말로 표현하며 이에 어울리는 가락을 붙여 곡을 만들 수 있다.
	영어	에티켓 배우며 세계 여행하기	9. You have to wait in line	세계 여러 나라의 에티켓을 알아보고 지켜야 하는 규칙을 표현할 수 있다.

---절취선---

2017 프로젝트 학습 과목 지망서

신 청 자	제 ( )학년 ( )반 이름 : ( )				
1학기 활동 교과	위의 프로젝트 교과 중에서 희망하는 교과명을 순서대로 적으시오.				
	1순위	2순위	3순위	4순위	5순위
프로젝트 활동 돌아보기	팀 활동을 할 때 적극적으로 참여하였나요?		□ 상 □ 중 □ 하		
	팀 안에서 서로 협력하며 상대방을 배려하였나요?		□ 상 □ 중 □ 하		
	다양하고 창의적인 방법으로 산출물을 완성하였나요?		□ 상 □ 중 □ 하		
	자신의 생각과 의견을 친구들에게 효과적으로 표현하였나요?		□ 상 □ 중 □ 하		
	기한 내에 해야 할 과제를 모두 마쳤나요?		□ 상 □ 중 □ 하		
	학습에 대한 진지한 태도로 자료 조사를 하였나요?		□ 상 □ 중 □ 하		
2학기 프로젝트를 시작하는 나의 다짐					

■ 프로젝트 학습 최종발표회 수업 참관록

프로젝트 학습 최종발표회에 참석해주셔서 진심으로 감사합니다. 프로젝트 학습은 아이들이 팀을 구성하여 탐구 주제를 선정하고 그 탐구 주제를 해결하기 위해 연구하고 조사하여 결과물을 제작해보는 학습자 중심 학습입니다. 1학기 동안 의미 있는 프로젝트 수업을 진행하기 위해 선생님들의 많은 노력이 있었고 아이들도 열심히 잘 따라와주었습니다. 처음 하는 프로젝트 활동이라 결과물이 다소 부족해 보일 수도 있고 발표에도 실수가 많을 수 있습니다. 하지만 아이들이 스스로 탐구한 자신만의 프로젝트 결과를 발표하는 첫 자리인 만큼 아낌없는 격려와 칭찬 부탁드립니다. (교육활동에 참고가 될 수 있도록 참관록을 꼭!!! 써주시기 부탁드립니다!!)

교과			지도교사	
참관자	학생 ( )의 (부, 모,) (이름:)			
관찰 내용			잘함	보통
1. 프로젝트 수업에 흥미를 느끼며 즐겁게 참여하는가?				
2. 자기의 생각을 명확하고 자신감 있게 발표하는가?				
3. 다른 친구들의 생각과 발표를 주의 깊게 듣는 자세가 되어 있는가?				
4. 팀 내에서 맡은 역할을 성실히 수행하는가?				
5. 선생님의 말씀에 주의 집중을 잘하는가?				
6. 요점을 파악하고 메모하면서 듣고 적절하게 질문하는가?				
7. 학습 자세는 바르게 형성되었나?				
부모님께 듣는 프로젝트 학습 이야기				

★ 프로젝트 학습 활동이 좋았던 점은 무엇인가요?

★★ 프로젝트 학습 활동이 보완해야 할 점은 무엇인가요?

★★★ 자녀가 프로젝트 활동에 참여하는 모습에서 느낀 점이나 소감을 적어주세요!

중간보고서

프로젝트 주제				교과명	
팀 명				지도교사	
팀 원	학년-반	이 름	주 역할		
주제 선정 이유					
탐구 방법					
탐구를 통해 알게 된 내용					
프로젝트 결과물 제작 방법					
프로젝트 과정 (일정)	일 시	탐구 내용			
	1주				
	2주				
	3주				
	4주				
	5주				
	6주				
어려웠던 점이나 느낀 점	이 름	소 감			

최종 결과 보고서

■ **프로젝트 주제**

(　　　　　　)초등학교 6학년 (　　)교과

팀명:

팀원명: ○○○, ○○○, ○○○

Ⅰ. 주제 선정 이유

Ⅱ. 탐구(프로젝트) 목표

　1.

　2.

　3.

Ⅲ. 탐구 방법 및 역할 분담

　1. 탐구 방법

기 간	한 일	방 법	준비물 (참고 도서 및 사이트명)

　2. 역할 분담

학년 반	이 름	주 역할
지도교사		

Ⅳ. 탐구를 통해 알게 된 내용(조사 내용)

    1.

    2.

    3.

Ⅴ. 탐구 결과(산출물 제작 방법 및 과정)

Ⅵ. 프로젝트 후기

    1. 배운 점이나 알게 된 점

        가.   :

        나.   :

        다.   :

    2. 소감 한마디

        가.   :

        나.   :

        다.   :

톡?톡!
학생들과 부모님들의
프로젝트 수업후기

6학년 박지호

프로젝트 학습은 나에게 최고의 선물이다. 나의 생각과 아이디어를 더 풍부하게 해주었기 때문이다.

6학년 김하영

프로젝트 학습은 나에게 진짜 나를 찾을 수 있게 도와준 도구이다. 프로젝트 학습을 하면서 내가 진짜로 좋아하고 원하는 것이 무엇인지 알게 되었고, 내가 힘들어하는 것들을 겪으면서 나에 대해 알게 되었기 때문이다.

6학년 편예인

프로젝트 학습은 나에게 자신감이다. 프로젝트 학습으로 인해 더 자신감이 늘어나 나의 생각들을 더 명확하고 정확하게 말할 수 있게 도와주었기 때문이다.

6학년 유병현

프로젝트 학습은 나에게 배움의 지름길이다. 친구들과 함께 연구하고 소통하고 조사하는 것이 재밌고 제일 쉽게 배움으로 다가갈 수 있었기 때문이다.

6학년 박예진

프로젝트 학습은 나에게 최고이다. 학교를 다니면서 프로젝트 학습이란 걸 해본 적이 없고 그냥 앉아서 선생님들의 수업을 듣기만 해서 지루했었는데 최고의 프로젝트, 최고의 친구들, 최고의 선생님들 덕분에 더 즐겁게, 더 많이 배울 수 있었기 때문이다.

6학년 김새은

프로젝트 학습은 나에게 내가 한 일에 대한 뿌듯함이다. 내가 스스로 탐구하고 조사한 일이 잘 마무리되었을 때의 뿌듯함이 있고 내가 더 많은 것을 알게 된 것 같아 뿌듯했기 때문이다.

6학년 학부모

주입식 공부가 아니라 스스로 문제를 발견하고 거기에 관한 여러 과제를 통해 배워가는 게 좋아 보였고, 다른 친구들과의 탐구 활동을 통해 내면적으로도 성장한 것 같다. 매우 좋았고 선생님들께 감사하다.

6학년 학부모

수동적인 학습 방법에서 친구들과 능동적으로 참여하고 협동하고 과제를 수행하는 과정이 너무 보기 좋았고 활기차 보였다. 아이들의 만족도도 높았다.

6학년 학부모

접해보지 못한 새로운 학습 활동으로 처음에는 힘들어하지만, 고민하고 연구하고 노력하는 학습 활동이어서 너무 보기 좋았다. 열정과 적극성을 더 갖게 되어 좋았다.

6학년 학부모

평소에 관심이 없었던 분야 및 주제에 대해서 심도 있게 관심을 가지고 고민해보며 친구들과 협의해서 문제를 해결하는 과정에서 혼자 해보는 과제랑은 다른 것들을 느끼며 성취감을 가질 수 있어서 좋았다.

6학년 학부모

좀 더 폭넓은 학습을 체험하고 공부하며 배우는 활동인 것 같다. 아이가 스스로 즐거워하면서 학습하고, 시키지도 않았는데 흠뻑 빠져서 공부하는 모습을 보고 놀랐다.

6학년 학부모

그룹 단위 활동에 적극 참여하려는 적극적, 긍정적 참여의 사회적 활동을 이해하며 하나의 일원으로 소신 있는 자신의 의견을 표출해가는 모습은 성장 과정의 필수적인 아주 훌륭한 교육 방법인 것 같다.

삶과 교육을 바꾸는
맘에드림 출판사 교육 도서

나는 혁신학교에 간다

경태영 지음 / 값 14,000원

공교육을 바꾸겠다는 거대한 희망을 품고 시작된 '혁신학교'. 이 책은 일곱 개 혁신학교의 이야기를 담고 있다. 지금 우리 교육이 변화하는 생생한 현장의 모습과 아이들이 꿈을 키우고 행복하게 공부하는 희망의 터로 새롭게 자리매김하는 학교들을 이 책에서 만날 수 있다.

혁신학교란 무엇인가

김성천 지음 / 값 15,000원

교육공동체가 만들어내는 우리 시대 혁신학교 들여다보기. 혁신학교 전반에 관한 이야기를 다루고 있는 책으로, 공교육 안에서 혁신학교가 생기게 된 역사에서부터 혁신학교의 핵심 가치, 이론적 토대, 원리와 원칙, 성공적인 혁신학교의 모습을 보이고 있는 단위학교의 모습까지 담아냈다.

학부모가 알아야 할 혁신학교의 모든 것

김성천, 오재길 지음 / 값 15,000원

학부모들을 위한 혁신학교 지침서!
'혁신학교에서는 무엇을, 어떻게 가르치고 있는지, 교사·학생·학부모는 어떻게 만나서 대화하고 관계를 맺어가는지, 어떤 교육 목표를 지향하고 있는지 등 이 책은 대한민국 학부모들의 궁금증에 친절하게 답을 한다.

덕양중학교 혁신학교 도전기

김삼진 외 지음 / 값 14,500원

이 책의 1부는 지난 4년 동안 덕양중학교가 시도한 혁신과 도전, 성장을 사실과 경험에 기반한 스토리텔링 방식의 성장기로 전개하고 있다. 그리고 2부는 지역사회와 협력하여 펼치고 있는 교육 프로그램, 배움의 공동체 수업 등을 현장 사례 중심의 교육적 에세이 형태로 담고 있다.

학교 바꾸기 그 후 12년
권새봄 외 지음 / 값 14,500원

MBC 〈PD 수첩〉에 방영되어 화제가 되었던 남한산초등학교.
아이들이 모두 행복하고, 얼굴 표정이 밝은 아이들. 학교 가는 것을 무엇보
다 좋아하고, 방학을 싫어하는 아이들. 수업과 발표를 즐겼던 이 학교를 졸
업한 아이들이 그 후 12년의 삶을 세상에 이야기한다.

교사는 수업으로 성장한다
박현숙 지음 / 값 12,000원

그동안 교사는 수업에서 아이들을 만나지 못해왔다. 관계와 만남이 없는
성장의 결손을 낳았다. 그리하여 우리 아이들과 교사들은 모두 참 아프고
외로웠다. 이 책에서는 교사, 학생, 학부모, 지역사회가 공동체로서 서로
관계를 맺을 때에만 배움은 즐거운 활동으로서 모두가 성장하는 삶의 일부가
될 수 있음을 보여준다.

교사와 학부모가 함께 읽는 주제 통합 수업
김정안 외 지음 / 값 15,000원

'서울형 혁신학교'로 지정된 7개 혁신학교들이 지난 1~2년 동안 운영한
주제 중심 통합 교육과정과 수업 사례를 소개한 책이다. 이 학교들의
교육과정은 전국적으로 이루어지는 혁신학교들의 성과를 반영하였고,
자신의 지역사회의 실제 환경과 경험을 살려 실제 수업에 적용한 것이다.

혁신교육 미래를 말한다
서용선 외 지음 / 값 14,000원

혁신교육은 2009년 이후 공교육 되살리기의 새로운 희망이 되어왔다.
이러한 정책을 입안하고 추진하는 데 기여해왔던 6명의 교사 출신
연구자들이 혁신교육 발전에 필요한 정책 과제들을 모아 하나의 책으로
제시한다. 이 책은 교육철학, 교육과정, 교육행정과 학교 운영(거버넌스)
등에서 주요 이슈들을 정리하고 혁신교육의 성과와 과제가 무엇인가를
보여준다.

수업을 살리는 교육과정

서우철 외 지음 / 값 16,500원

최근 교육과정을 재구성하는 논의가 활발한 가운데, 이 책에서는 개별 교과목과 교과서의 형식에 얽매이지 않고 아이들의 발달을 고려하여 주제를 중심으로 교육과정을 재구성하여 통합적으로 운영하는 방법과 구체적인 실천 사례를 설명하고 있다. 이러한 과정은 같은 학년을 맡고 있는 교사들의 토론과 협력을 통해서 이루어진 것임을 이야기한다.

수업 딜레마

이규철 지음 / 값 14,000원

이 책을 관통하는 키워드는 '사람'이다. 저자의 노하우를 전수하는 것이 아니라, 수업 속에서 딜레마에 맞닥뜨려 고통받고 있는 선생님들의 고민을 담고, 신념을 담고, 그것을 이겨내기 위한 한 분 한 분의 마음을 담고 있다. 이런 고민 속에 이 책을 집어든 나를 귀하게 여기며 다시 한 번 교사로 잘 살아보고 싶은 도전을 하게 한다.

좋은 엄마가 스마트폰을 이긴다

깨끗한미디어를위한교사운동 지음 / 값 13,500원

스마트폰에 대한 아이들의 집착은 대단하다. 스마트폰은 '재미있고 편리하다.' 그러나 스마트폰 때문에 아이들은 시간을 빼앗기고, 건강이 나빠지고, 대화가 사라지며, 공부와 휴식, 수면마저 방해를 받는다. 이 책은 이러한 사례들을 생생하게 소개하고 부모들에게 아이들의 스마트폰 사용에 어떻게 대응해야 하는지 대안을 제시한다.

엄선생의 학급운영 레시피

엄은남 지음 / 값 14,000원

34년 경력의 현직 교사가 쓴 학급운영의 생동감 넘치는 지침서. 초등학교에서 아이들은 문자와 숫자를 익히는 것보다 학교와 교실에서 낯설고 모험적인 사건을 겪으면서 더 많은 것을 배운다. 이 책은 초등학교에서 교과서 지식보다 더 중요한 역할을 하는 학교생활과 학급문화를 만드는 데 있어 담임교사의 역할을 다룬다. 교사와 아이들이 서로 존중하고 신뢰하는 관계를 어떻게 만들어야 하는지 구체적인 경험과 사례로 설명해준다.

진짜 공부

김지수 외 지음 / 값 15,000원

혁신학교가 추구하는 '진짜 공부'와 '진짜 스펙'이 무엇인지 보여주는, 졸업생들의 생동감 넘치는 경험담. 12명의 졸업생들은 학교에서 탐방, 글쓰기, 독서, 발표, 토론, 연구, 동아리, 학생회 활동을 통해 자신들이 생각하지도 못한 진짜 공부를 경험했음을 보여준다. 이 책을 통해 수능시험이 아니라 정말로 청소년 스스로 하고 싶은 것을 즐기면서 성장하는 일이 우리 사회에 필요한 것임을 새삼 느낄 수 있다.

수업 디자인

남경운, 서동석, 이경은 지음 / 값 15,000원

서울형 혁신학교의 대표적인 수업 혁신을 담은 이야기. 아이들이 서로 협력하면서 배우는 수업을 목표로 삼은 저자들은 범교과 수업모임을 통한 공동 수업설계를 대안으로 제시한다. 아이들은 교사의 설명을 통해 배우는 것이 아니라 서로 '옥신각신'하며 함께 문제에 도전할 때 수업에 몰입하고 배우게 된다. 이 책은 이러한 수업을 위해서 교사들이 교과를 넘어 어떻게 협력하고 수업을 연구해야 하는지 잘 보여준다.

아이들이 가진 생각의 힘

데보라 마이어 지음 / 정훈 옮김 / 값 15,000원

미국 공교육 개혁의 전설적 인물 데보라 마이어가 전하는 교육 개혁에 대한 경이롭고도 신선한 제언. 이 책은 학교 혁신의 생생한 기록을 통해 우리가 학교에서 무엇을, 왜 가르치고 배워야 하는지에 대한 근원적인 성찰을 담고 있다. 아이들이 지성적으로 생각하는 마음의 습관을 배우는 것이 얼마나 중요하고 그것을 위해 학교가 무엇을 해야 하는지를 일깨워준다.

어! 교육과정? 아하! 교육과정 재구성!

박현숙·이경숙 지음 / 값 16,500원

교육과정 재구성을 고민하는 교사를 위한 현장 지침서. 이 책은 저자들이 학교 현장에서 교육과정 재구성이라는 화두를 고민하고, 실행한 사례들이 담겨져 있다. 책의 내용은 주제 통합 수업, 교과 통합 수업, 범교과 주제 학습, 교과 체험 학습, 프로젝트 수업 등 학교 현장에서 적용해 큰 성과를 본 것들을 세밀하게 소개하면서 교육과정 재구성 작업의 노하우를 펼쳐 보인다.

행복한 나는 혁신학교 학부모입니다

서울형혁신학교학부모네트워크 지음 / 값 16,000원

이 책은 학부모가 자신의 눈높이에서 일러주는 아이들의 혁신학교 적응기일 뿐만 아니라, 학부모 역시 학교를 통해 자신의 삶을 고양시켜가는 부모 성장기라는 점에서 대한민국의 모든 학부모들에게 건네는 희망 보고서이기도 하다. 혁신학교가 궁금한 모든 학부모들이 이 책을 통해 혁신학교 학부모로서의 체험을 미리 하는 데 부족함이 없을 것이다.

일반고 리모델링 혁신고가 정답이다

김인호, 오안근 지음 / 값 15,000원

교육 환경이 열악한 지역에 있던, 서울의 한 일반계 고등학교가 혁신학교로 4년간 도전과 변화를 겪으면서 쌓은 진로, 진학의 비결을 우리 사회 모든 학생, 학부모, 교사, 시민 등에게 낱낱이 소개해주는 책. 이 책은 무엇보다 '혁신학교는 대학 입시에 도움이 안 된다'는 세간의 편견을 말끔히 떨어 없앴다. 이 책에서 저자들은 '결과' 중심 교육과정을 '과정' 중심으로 바꾸고, 교내 대회와 동아리 활동, 봉사 활동을 장려함으로써 대학 진학에 놀라운 결과가 어떻게 이루어질 수 있었는지를 보여주고 있다.

우리가 신뢰하는 학교, 어떻게 만들 것인가?

데보라 마이어 지음 / 서용선 옮김 / 값 15,000원

이 책의 저자인 데보라 마이어는 보수와 진보를 막론하고 미국 공교육 개혁 분야에서 가장 신뢰받는 실천가이자 이론가로 평가받는다. 학교 안에서 '신뢰의 붕괴'를 오늘날 공교육이 직면한 가장 큰 도전으로 인식한다. 이 책의 원제 〈In Schools We Trust〉에서 나타나듯, 저자는 신뢰할 수 있는 공교육의 조건이 무엇인지 자신의 경험 속에서 제안하고, 탐색하고, 성찰한다.

교사, 어떻게 살아야 하는가

김성천 외 지음 / 값 15,000원

오랫동안 교육 현장에서 교육과 연구를 병행해온 저자 5인이 쓴 '신규 교사를 위한 이 시대의 교사론'. 이 책은 학교 구성원과의 관계 맺기부터 학교 현장에서 맞닥뜨리게 되는 여러 가지 문제들과 극복 방법, 교육 개혁에 어떻게 주체로 설 수 있는지, 어떤 과정을 통해 개인의 성장을 도모해야 하는지 등 신규 교사의 궁금점에 대해 두루 답하고 있다.

리셋, 교육과정 재구성

서울신은초등학교 교육과정 연구회 모임 지음 / 값 16,000원

서울형 혁신학교인 서울신은초등학교 교사들이 1학년부터 6학년까지 모든 학년의 교육과정을 재구성하고 실천한 경험을 모두 담았다. 이 책에 소개된 혁신학교 4년의 경험은 진정한 학습이란 몸과 마음을 통해 경험함으로써, 생각이나 감정을 다른 사람과 주고받음으로써, 과거 경험을 새로운 지식으로 다시 생각함으로써 실현된다는 점을 잘 보여주고 있다.

다섯 빛깔 교육이야기

이상님 지음 / 값 16,000원

이 책은 충북 혁신학교(행복씨앗학교)인 청주 동화초등학교의 동화 작가 출신 선생님의 한해살이 이야기를 놀이 교육, 생태 환경 교육, 생활 교육, 수업 이야기, 공동체 교육 등 다섯 가지 이야기로 구분하고 모았다. 여기에는 이오덕 선생의 '아이들의 삶을 가꾸는 교육'을 고민하던 저자가 동화초등학교 아이들을 만나면서 초등학생의 특성에 맞도록 활동 중심으로 교육과정을 재구성하는 한편, 표현 위주의 교육을 위한 생활 글쓰기 교육 실천이 바탕을 이루고 있다.

만들자, 학교협동조합

박주희·주수원 지음 / 값 14,500원

이 책은 학교협동조합이 무엇인지, 어떤 유형의 학교협동조합이 가능한지, 전국적으로 현재 학교협동조합의 추진 상황은 어떠한지, 국내외 사례를 통해 소개하고 안내하는 한편, 학교협동조합을 운영하는 원리와 구체적인 교육방법을 상세하게 풀어놓고 있다. 저자들이 책에서 풀어놓은 실천적 지침들을 따라가다 보면 학교협동조합은 더 이상 상상이 아니라 학교 구성원의 필요와 의지, 실천으로 극복할 수 있는 실현 가능한 미래라는 점을 알게 된다.

땀샘 최진수의 초등 수업 백과

최진수 지음 / 값 21,000원

초등학교에서 20여 년간 아이들을 가르쳐온 저자가 초등학교 수업에 대해서 기록하고 연구하고 실천하며 쌓아온 경험을 바탕으로 초등학생들과 수업을 함께하는 방법을 담고 있다. 아이들의 학습 동기, 아이들이 수업에 참여하는 방법, 칠판과 공책을 사용하는 방법, 모둠 활동, 교과별 수업, 조사와 발표 등 초등학교 교사가 아이들을 가르칠 때 알아야 할 가장 기본적이면서도 가장 중요한 모든 것을 다루고 있다.

혁신 교육 내비게이터 곽노현입니다

곽노현 편저·해제 / 값 17,000원

서울시 18대 교육감이자 첫 번째 진보 교육감으로서 혁신 교육을 펼쳤던 곽노현은, 우리 사회 전반을 아우르는 주요 교육 현안들을 이 책에서 포괄적으로 다루고 있다. 2014년 3월부터 1년간 방송된 교육 전문 팟캐스트 '나비 프로젝트' 인터뷰에 출연한 전문가들과 나눈 대화와 그에 대한 성찰적 후기를 담고 있다. 이 책은 그야말로 우리가 '지금 알아야 할 최소한의 교육 이야기'를 포괄하고 있다.

무엇이 학교 혁신을 지속가능하게 하는가

권성호, 김현철, 유병규, 정진헌, 정훈 지음 / 값 14,500원

독일 '괴팅겐 통합학교', 미국 '센트럴파크이스트 중등학교', 한국 혁신학교의 사례들을 통해 성공적인 학교 혁신의 공통점을 찾아내고 그것을 지속가능하도록 만들기 위해서 필요한 것은 무엇인지를 보여준다. 독자들은 이 책에서 괴팅겐 통합학교의 볼프강 교장이 말한 것처럼 '좋은 학교'를 만들기 위한 학교 혁신에 세계적으로 보편적이라고 할 만한 공통점을 찾을 수 있다.

교과를 꽃피게 하는 독서 수업

시흥 혁신교육지구 중등 독서교육 연구회 지음 / 값 16,500원

이 책은 지난 5년 동안 진행된 혁신교육지구 사업의 일환으로 학교에서 고군분투하며 독서교육을 이끌어왔던 독서지도사들이 실천 경험을 엮어낸 것으로 청소년기 학생들에게 장래 진로, 사랑, 우정, 삶의 지혜를 찾는 데 도움을 주는 독서교육을 잘 보여주고 있다. 특히 이 책에 소개된 국어, 수학, 과학, 사회, 도덕, 미술, 역사 등 다양한 교과와 연계한 협력수업은 독서교육의 새로운 전망을 보여주는 결실이다.

혁신학교의 거의 모든 것

김성천, 서용선, 홍섭근 지음 / 값 15,000원

저자들은 이 책에서 혁신학교에 대한 100가지 질문에 답하면서 혁신학교의 역사, 배경, 현황, 평가와 전망을 구체적인 증거를 통해 설명하고 있다. 이 책에 서술된 혁신학교에 관한 100문 100답을 통하여 우리 사회에 필요한 교육은 무엇인지, 교사와 학생들이 더 즐겁게 가르치고 배우면서 성장할 수 있는 교육을 위해 필요한 것이 무엇인지, 그것을 위해서 우리 사회 시민 각자가 자신의 위치에서 무엇을 하면 좋은가를 더 깊이 생각해볼 기회를 얻을 것이다.

교실 속 비주얼씽킹

김해동 지음 / 값 14,500원

이 책은 비주얼씽킹 기본기부터 시작하여 교과별 수업, 생활교육, 학급운영 등에 비주얼씽킹을 응용하는 방법을 설명하고 있다. 특히 교사들이 초등학교 1학년부터 고등학교 3학년까지 국어, 수학, 영어, 과학, 사회 등 모든 교과 수업에 비주얼씽킹을 활용할 수 있도록 수업 지도안을 상세하면서도 간결하게 제시하고 있다. 또한 독자들이 책 내용에 대해 더욱 풍부한 이미지와 자료를 접할 수 있도록 저자의 블로그로 연결되는 QR코드를 담고 있다.

교육과정-수업-평가 어떻게 혁신할 것인가

이형빈 지음 / 값 15,500원

이 책은 교육과정 사회학자 번스타인(Basil Bernstein)이 제시한 '재맥락화(recontextualized)'의 관점에 따라 저자가 장기간에 걸쳐 일반 학교 한 곳과 혁신학교 두 곳의 수업을 현장에서 면밀하게 관찰하고 심층 인터뷰와 설문조사를 통한 연구를 바탕으로 무기력과 불평등을 재생산하는 교실을 민주적이고 평등한 구조로 바꾸기 위해 교육과정-수업-평가를 어떻게 혁신해야 하는지 제안하는 내용을 담고 있다.

혁신학교 효과

한희정 지음 / 값 15,000원

이 책에서 저자는 혁신학교 효과를 살펴보기 위해 혁신학교가 OECD DeSeCo 프로젝트에 제시된 '핵심 역량'을 가르치고 있는지, 학생·학부모·교사가 서로 배우는 교육공동체를 이루고 있는지, 학생의 발달을 위한 다양한 교육과정을 운영하고 있는지, 교사의 자율성과 전문성을 강화하고 있는지, 자치적이고 민주적인 학교문화를 가지고 있는지, 지역사회와 협력하고 있는지를 다른 일반 학교와 비교하여 설명한다.

교실 속 생태 환경 이야기

김광철 지음 / 값 15,000원

아이들이 자연과 친해지고 즐길 수 있도록 교육하는 것은 쉬운 일이 아니다. 특히 도시에서는 더욱 어렵다. 그래서 이 책은 도시 지역 학교에서도 쉽게 실천에 옮길 수 있는 다양한 생태·환경교육을 폭넓게 다루고 있다. 이 책에서 저자는 계절에 따라 할 수 있는 20가지 환경교육 프로그램을 제시하고, 방법과 순서, 재료 등을 상세히 설명해준다

이제는 깊이 읽기

양효준 지음 / 값 15,000원

교과서에는 수많은 예화와 발췌문이 들어가 있다. 이런 자료들은 교육부가 교육과정에서 요구하는 기준에 맞춰 어떤 이야기, 소설, 수필, 논픽션 등에서 일부만 가져온 토막글이다. 아이들은 교과서에 수록된 작품이나 이야기 전체를 읽지 못한 상태에서 단편적인 지문만 읽고 이해를 해야 하기 때문에 책을 읽으면서 생각하고 공감할 수 있는 기회와 흥미를 찾을 수 없게 된다. 이 책은 이러한 문제를 개선하기 위해서 한 권이라도 책 전체를 꾸준히 읽어가는 방법인 '깊이 읽기'를 대안으로 소개하고 있다.

인성의 기초가 되는 초등 인문학 수업

정철희 지음 / 값 15,500원

이 책은 아이들의 올바른 인성교육을 위한 새로운 방법으로서 인문학 수업을 제시하고 있다. 이 책에서 설명하고 있는 인문학 수업은 교사가 신화, 문학, 영화, 그림, 역사적 인물의 일대기 등에서 이야기를 찾아 아이들에게 제시하고, 아이들이 그 이야기에 나오는 여러 문제와 인물 등에 대해 자신의 감정을 스스로 공책에 기록하고 일상의 경험과 비교하고 토의와 토론을 통해 자신의 생각을 발전시키는 수업이다.

수업, 놀이로 날개를 달다

박현숙, 이응희 지음 / 값 13,500원

이 책은 교육계에서 최근 가장 중요한 과제로 삼고 있는, OECD의 여덟 가지 핵심 역량(DeSeCo)에 따라 여러 놀이들을 분류해서 설명하고 있다. "놀이에 내재된 긴장의 요소는 사람의 심성, 용기, 지구력, 총명함, 공정함 등을 시험하는 수단이 되므로" 그것은 학생들의 역량을 키우는 수단이 된다. 이 책의 저자들은 수업이 놀이를 만났을 때 어떻게 핵심 역량이 강화되는지 이야기하고 있다.

더불어 읽기

한현미 지음 / 값 13,500원

이 책은 교사들이 학습공동체를 통해 교직의 전문성과 자율성을 새롭게 발견하며 성장하는 이야기를 다룬다. 우리 사회의 기존 교육 제도는 효율성이라는 명분으로 아이들에게 경쟁을 강요하면서 교사들 역시 서로 경쟁하도록 만드는 시스템으로 이루어져 있다. 이 책에서 저자는 이러한 비인격적인 제도와 환경 아래서 교사들이 행복을 되찾기 위해서는 서로 협력하며 같이 배우면서 아이들과 함께 성장할 수 있어야 한다고 말한다.

땀샘 최진수의 초등 글쓰기

최진수 지음 / 값 17,000원

글쓰기가 아이들에게 필요한 중요한 것이 되려면 먼저 솔직하게 써야 한다.
모르는 것은 '모른다', 잘못은 '잘못이다', 싫은 것은 '싫다', 좋은 것은 '좋다'고
솔직하게 드러낼 때 글쓰기는 아이가 성장하는 디딤돌이 될 수 있다. 그리고
이것은 가르치는 교사에게도 적용된다. 지도하는 사람과 지도받는 사람이 따로
있는 것이 아니라 함께 쓰고 함께 나누면서 서로 성장을 돕는 것이다.

성장과 발달을 돕는 초등 평가 혁신

김해경, 손유미, 신은희, 오정희,
이선애, 최혜영, 한희정, 홍순희 지음 / 값 15,500원

이 책은 교육적 대안을 마련하기 위해 혁신학교에서 지난 5~6년 동안
초등학생의 성장과 발달을 돕는 평가를 실천해온, 현장 교사 8명이 자신들의
지혜와 경험을 모아놓은 최초의 결실을 담고 있다. 독자들은 이 책을 통해
평가는 시험이 아니며 교육과정과 수업의 연장으로서 아이들의 잠재력을
측정하고 적절한 조언을 제공한다는 원래의 목표를 되살리는 첫걸음을 찾을 수
있을 것이다.

수업 코칭

이규철 지음 / 값 15,500원

가르치는 일을 함으로써 학생들의 배움을 돕는 교사들에게 수업은
시간적으로도 공간적으로도 학교에서 자신이 하는 일의 중심을 이룬다. 그래서
수업에 관한 고민은 교과를 가리지 않고 교사들에게 일반적으로 드러난다.
교사들은 공통의 문제로 씨름하게 된다. 최근에 그 공통의 문제를 교사들이
함께 풀어나가자는 흐름이 곳곳에서 일어나고 있다. 이 책은 그중에서도 '수업
코칭'이라는 하나의 흐름을 다룬다.

교사들이 함께 성장하는 수업

서동석, 남경운, 박미경, 서은지,
이경은, 전경아, 조윤성 지음 / 값 15,000원

이 책은 아이들의 배움에 중점을 둔 수업을 위해 구성한 교사 학습공동체로서,
서로 다른 여러 교과 교사들이 수업을 디자인하고 연구하는 '수업 모임'에 관해
다룬다. 수업 모임 교사들은 공동으로 교과 수업을 디자인하고, 참관하고,
발견한 내용을 공유하고 평가하는 피드백을 통해 수업을 개선해간다.
그리고 이러한 실천이 쌓여가면서 공개수업을 준비하는 방법과 절차는 더욱
명료해지고, 수업설계는 더욱 정교해진다.

땀샘 최진수의 초등 학급 운영

최진수 지음 / 값 19,000원

이 책의 저자는 학급운영의 출발은 아이들을 '가르치는 대상'에서 '존중받는 존재'로 바라보는 것에서 시작해야 한다고 이야기한다. 또한 아이들과 함께하면서 교사는 성장한다. 이러한 성장은 시간이 흐르고 경력이 쌓인다고 이뤄지는 것이 아니라 여러 가지 어려운 문제를 헤쳐나가며 교사 스스로 자신을 되돌아보고 성찰할 때 비로소 아이들과 함께하는 올바른 학급운영이 이루어진다고 말한다.

당신의 교육과정-수업-평가를 응원합니다

천정은 지음 / 값 14,500원

이 책은 빛고을혁신학교인 신가중학교에서 펼쳐진, 학교교육 혁신 과정과 여전히 완성되지 않은 그 결과를 다루고 있다. 드라마 〈대장금〉에 나오는 '신비'의 메모가 보여준 것과 같이 교육 문제를 여전히 아리송한 것처럼 적고 묻고 적기를 반복하며 다가가는 것이다. 저자인 천정은 선생님은 이 책을 통해 자신의 수업이 앞으로도 교육의 본질에 더 가깝게 계속 혁신되기를 바라고 있다.

에코 산책 생태 교육

안만홍 지음 / 값 16,500원

오늘날 인류에게는 에너지와 자원을 대량으로 소비하는 생활양식이 보편화되어 있다. 이러한 생활양식은 자연을 파괴하고 수많은 환경 문제를 야기하고 있다. 이 책은 바로 그러한 생태 교육을 위해 필요한 내용을 다루고 있다. 아이들이 지구 환경을 다시 복원하기 위해서 갖춰야 할 것은 관찰하고 기록하고 어떤 과학적 추론을 이끌어내는 능력이 아니라, 오감을 통해 스스로 자연을 느끼고, 자연의 소중함을 배우는 것이다.

I Love 학교협동조합

박선하 외 지음 / 값 13,000원

학교에 협동조합을 만드는 일에 참여했던 학생들의 협동조합 활동과 더불어 자신과 친구들이 어떻게 성장했는지를 이야기한다. 글쓴이 중에는 중학교 1학년 때부터 사회복지사라는 장래 희망을 가지고 학교협동조합에 참여한 학생도 있고, 고등학교 3학년 때 참여하기 시작한 학생도 있다. '뭔가 재밌을 것 같다'는 호기심을 가지고 시작한 학생이 있는가 하면, 어떤 학생은 자의 반 타의 반으로 학교협동조합에 참여했다.

얘들아, 하브루타로 수업하자!

이성일 지음 / 값 13,500원

최근에는 공부 방식이 외우는 것에서 생각하는 것으로, 수업 방식은 교사 위주의 강의 수업에서 학생 위주의 참여 수업으로 많은 변화가 이루어지고 있다. 이는 4차 산업혁명 시대를 살아가야 할 학생들을 위해서는 당연한 것이다. 이 책《얘들아, 하브루타로 수업하자!》는 학교 교실에서 실제로 질문하고, 토론하는 하브루타 참여 수업의 성과를 담은 책으로 하브루타 수업을 통하여 점점 성장해가는 아이들의 모습을 보여준다.

내면 아이

이준원, 김은정 지음 / 값 15,500원

이 책은 그동안의 상담 사례를 모아 부모·교사의 마음속에 숨어 있는 완벽주의, 억압, 방치, 거절, 징벌, 충동성, 과잉보호 등의 '내면 아이'가 자녀/학생과의 관계에서 어떠한 영향력을 행사하는지, 어떻게 갈등을 일으키는지 볼 수 있게 한다. 그 뿌리를 찾아 근원부터 치유하는 방법들은 필자의 경험을 바탕으로 종합한 것이다. 또한 임상 경험을 아주 쉽게 소개하여 누구나 이 책을 읽으면서 스스로 자신의 '내면 아이'를 만나고 치유할 수 있도록 하는 데 중점을 두었다.

핵심 역량을 키우는 수업 놀이

나승빈 지음 / 값 21,500원

[월간 나승빈]으로 유명한 나승빈 선생님의《핵심 역량을 키우는 수업 놀이》는 나승빈 선생님만의 스타일이 융합된 놀이책이다. 놀이 백과사전이라고 불러도 될 만한 이 책은 교실에 갇혀 넘치는 에너지를 발산하지 못하는 아이들과, 단순한 재미를 뛰어넘어 배움이 있는 수업을 고민하는 선생님을 위한 것이다. 본문에서는 수업 속에서 실천이 가능한 다양한 놀이를 제시하고 있다. 각각의 놀이들을 수업과 어떻게 연계할 수 있으며, 수업 놀이를 통해 어떤 역량을 키울 수 있는지 이야기한다.

교실 속 비주얼 씽킹 (실전편)

김해동·김화정·김영진·최시강,
노해은·임진묵·공세환 지음 / 값 17,500원

전 편이 교과별 수업, 생활교육, 학급운영 등에 비주얼씽킹을 응용하는 방법을 이론적으로 설명했다면,《교실 속 비주얼씽킹 실전편》은 실제 초·중·고 학생을 대상으로 수업을 진행한 교사들의 활동지를 담았다.

수업 고민, 비우고 담다

김명숙 · 송주희 · 이소영 지음 / 값 15,500원

이 책은 수업하기의 열정을 잃지 않고 수업 보기를 드라마 보는 것만큼 재미있어
하는 3명의 교사가 수업 연구에 대한 이론적 체계가 아닌, 현장에서의 진솔한 실천
과정을 순도 높게 녹여낸 책이다. 이 속에는 수업에서 실패를 두려워하지 않는,
발랄한 아이들과 함께한 자신의 교실을 용기 있게 들여다보며 묵묵히 실천적
연구자로 살아가는 선생님들의 고민과 성장이 담겨 있다.

뮤지컬 씨, 학교는 처음이시죠?

박찬수 · 김준성 지음 / 값 12,000원

각고의 노력으로 학교 뮤지컬을 개척한 경험과 노하우를 소개한 책. 뮤지컬은
학생들의 삶을 보다 풍요롭게 만듦으로써 학교교육 위기의 대안으로 크게 주
목받고 있다. 현장에서 바로 적용하고 고민할 수 있는 현재진행형의 살아 있는
지식이 담겨 있다.

어서 와, 학부모회는 처음이지?

조용미 지음 / 값 15,000원

두 아이의 엄마인 저자가 다년간 학부모회 활동을 하면서 알게 된 노하우와
그간의 이야기들을 담은 책. 학부모회 활동을 처음 시작하는 이들이나, 이미
학부모회에서 활동 중이지만 학교라는 높은 벽에 부딪혀 방향성을 고민 중인
이들에게 권한다.

학교협동조합 A to Z

주수원·박주희 지음 / 값 11,500원

'학교협동조합'의 설립 및 운영과 관련해 학생, 학부모, 교사들이 궁금해할
만한 이야기들을 질문과 답변 형식으로 풀어냈다. 강의와 상담을 통해 자주
접하는 질문들로 구성했으며, 학교협동조합과 관련된 개념들을 좀 더 쉽고
빠르게 이해하는 데 중점을 두었다.

색카드 놀이 수학

정경혜 지음 / 값 16,500원

몸짓과 색카드로 초등학교 1학년부터 6학년까지 배우는 수와 연산을 익힐 수 있도록
가르치는 방법을 다룬다. 즉, 색카드, 수 놀이, 수 맵, 몸짓 춤, 스토리텔링, 놀이가
결합되어 아이들이 다양한 감각을 통해 몸으로 수학의 개념과 원리를 터득하게 하는
것이다. 놀이처럼 수학을 익히면서 개념과 원리를 터득해나갈 때 아이들은 단순히
수학 지식을 배우는 것이 아니라 그것을 실제로 사용할 수 있는 지혜를 배운다.

교육을 교육답게 우리교육 다시 세우기

최승복 지음 / 값 16,000원

20여 년간 교육부 공무원으로 정책을 연구하고 입안해온 저자가 우리 사회가 당면한
교육 문제의 본질과 대안을 명확하게 정리한 책. 저자는 표준화된 교육과정과
평가에 따라 학생들에게 획일성과 경쟁만 강조해왔던 과거의 교육을 단호히
비판하고 학생 개개인에게 맞는 개별화 교육이 필요하다고 주장한다.

처음부터 다시 시작하는 수업

민수연 지음 / 값 13,500원

1년 동안 아이들과 교사가 함께 행복한 교실을 만들어나간 기록들이 담겨
있다. 교육의 본질과 교사의 역할, 교육관과 인간 본성에 관한 철학적
고민부터 구체적 방법론, 아이들의 참여와 기쁨에 이르기까지 교육과
관련된 다양한 요소가 버무려져 마치 한 편의 드라마 같다.

혁신교육 정책피디아

한기현 지음 / 값 15,000원

이 책의 저자는 교육 현장은 물론, 행정 프로세스에 대한 경험을 모두 갖춘 만큼
교원업무정상화, 학폭법의 개정, 상향식 평가, 교사인권 보호, 교육청 인사,
교원연수 등과 관련해 교육 현장의 가려운 곳을 제대로 짚어 긁어주면서도 현실성
높은 다양한 정책들을 제안한다.

영화 만들기로 창의융합 수업하기

박현숙·고들풀 지음 / 값 13,000원

창의융합 수업의 좋은 사례로서 아이들과 영화를 만든 이야기를 담았다. 시나리오, 콘티, 촬영, 편집과 상영까지 교과의 경계를 넘나드는 영화 만들기 수업 속에서 아이들은 다양한 역량을 발휘하며 훌쩍 성장한다. 학생들과 영화 동아리를 운영한 사례들도 담겨 더욱 깊이 있는 노하우를 얻을 수 있다.

혁신교육지구란 무엇인가?

강민정·안선영·박동국 지음 / 값 16,000원

이 책은 혁신교육지구에 관한 거의 모든 것을 아우른다. 시흥시와 도봉구의 실제 운영 사례와 향후 과제는 물론 정책 제안까지 담고 있어, 혁신교육지구에 관심을 가진 사람들뿐만 아니라 혁신교육지구와 관련된 업무를 담당하고 있는 현장의 전문가 및 정책 입안자들에게도 큰 도움이 될 것이다. 또한 이 책은 전국의 혁신교육지구가 더욱 확대·발전해나가는 데 밑거름이 될 것이다.

주제와 감수성이 살아나는 공감 수업

김홍탁·강영아 지음 / 값 16,000원

교육의 본질은 수업이며, 학생들은 수업에서 삶을 배워야 한다. 저자들은 그 연결 고리를 '공감'으로부터 찾아냈다. 역사와 정치, 민주주의를 관통하는 주제가 살아 있는 수업, 타인과 사회를 공감하는 인권 감수성 수업을 통해 아이들은 사회를 정확하게 바라보는 시민으로 성장한다. 더불어 책 속에는 전문적 학습공동체를 경험한 선생님들의 성장 이야기가 담겨 있다.

....

독자 여러분의 소중한 원고를 기다립니다

맘에드림 출판사는 독자 여러분의 소중한 원고를 기다리고 있습니다. 원고가 있으신 분은 nurio1@naver.com으로 원고의 간단한 소개와 연락처를 보내주시면 빠른 시간에 검토하여 연락을 드리겠습니다.

....